GERMAN EMPIRE

陈振昌 著

德意志帝国

铁血宰相的霸业

中国国际广播出版社

选侯和神圣罗马帝国皇帝的纹章

选侯和神圣罗马帝国皇帝开会批准《威斯特伐利亚和约》

普鲁士国王弗里德里希二世

普鲁士黑鹰勋章

柏林的象征——勃兰登堡门

霍亨索伦城堡——霍亨索伦家族的发祥地

1844年的普鲁士铁路（油画）

1847年的普鲁士大型木材厂

德意志皇帝威廉一世　　　　　　　"铁血宰相"俾斯麦

威廉一世在法国凡尔赛宫镜厅加冕为德意志皇帝

最早的奔驰汽车

德国"威廉大帝号"大型邮轮中的一个客厅

德意志皇帝威廉二世

爱因斯坦

前　言

德意志帝国，是近代德国历史的重要发展阶段。统一所带来的便利条件，使帝国时期的德国经济增长和现代化水平进入前所未有的发展高峰。到第一次世界大战前夕，德国在工业、商业、航运、新能源开发等方面拥有的发展速度和潜力，已使它无可争辩地成为驱动欧洲经济增长的动力源泉。在科技和文化领域，这个时期的德国更是人才辈出，成就辉煌，和工商业发展一样，是把德国塑造成世界一流强国的重要条件。19世纪下半期，借助科技创新，德国工业比英国和美国工业进展更快，德国已从一群无足轻重的王室成员统治下的无足轻重的邦国，一跃而为欧洲最强大的国家。

然而，由于帝国统治集团所奉行的内外政策，德国这一时期高速发展的上升态势很快就因第一次世界大战的爆发而中断。战时的巨大消耗和外交上的孤立，最终战败的帝国随着一场革命风暴的冲击走向解体。不同于世界历史上众多古典帝国漫长的兴衰周期，德意志帝国为人们提供了一个迅速崛起而又急速败亡的新型帝国典型。

形成德意志帝国这一特点的原因首先在于帝国建立的条件。德意志帝国的创建是1789年迄今的民族国家运动史的组成部分，也是以英国为中心的工业化、现代化浪潮向周边和外缘地区扩散的产物。由于长期的政治分裂和各个邦国内部资本主义发展的不平衡，德国现代化的启动、发展，以及统一的民族国家的建立，主要是在普鲁士王国的主导和影响下，通过自上而下的改革和王朝战争来实现的。这一历史选择决定了普鲁士王国作为新的民族内核对德意志的双重影响：既发挥了强有力的政府对民族统一和国家现代化的积极影响，也使普鲁士的保守势力和军事扩张传统在新兴国家的建立和社会变革中，优于新兴的民主自由派，取得支配地位。就前者而论，正是普鲁士先体现在军队管理，以后又贯彻到政府部门中的发达的科层制度，不仅以高效率的军事组织很快赢得统一战争的胜利，而且以高素质的文官体系，先在普鲁士，后在统一帝国政府中，有力地推动了政府主导下的工业化、现代化进程，成为第一个在国家政权强有力的驱动下，加速实现现代化的"赶超"典型，取得了远超老牌资本主义国家英法等国的显著成就。

然而，普鲁士国家、普鲁士王室的权力和威望、兼任帝国宰相的普鲁士首相享有的地位、普鲁士邦议会及其下院的三级选举制、封建势力占优势的上院、缺乏民主机制的官僚机构、新教路德教为国教，以及专制色彩浓厚的政府控制下的军队在国家政治生活中所占的重要地位，都决定了这个新兴国家所具有的保守倾向及其与高速发展的社会经济之间深刻的矛盾性。进入帝国时代，在经济实力和军事实力迅速膨胀，以及国际范围争夺殖民地、附属国日益剧烈的形势下，急于表现自身意志和实力地位的德意志皇帝及其顾问，必然会在缺少民主机制制约的条件下，向周边大国发起挑战。这种挑战势必会冲击旧的国际秩序，引起国际力量的重新改组，也会使维持旧的国际秩序的力量与其他反对改变国际格局现状的力量联合起来，抵制这种挑战。如何在不招致诸多力量反对的情况下，实现与自身实力地位相应的目标，需要有冷静务实的态度和高超的外交技巧。但是，普鲁士军事扩张主义传统和德意志帝国实力地位快速上升，使德国统治集团不仅公开表示对现存秩序的不满，而且要求扩张的欲望和态势更具挑衅性。这不免引起邻国的恐惧与不安。一场维持旧秩序或改变旧秩序的国家联盟之间的总体大战就不可避免了。与古代漫长的战争和有限的战争消耗相比，第一次世界大战开辟的现代世界大战造成的消耗和破坏是空前的。德国受限于地理位置和战时遭受的严密封锁，无法支持长期战争的巨大消耗，因此战前尚处于巅峰发展的德意志帝国，经历4年战争的冲击，便迅速败亡。这说明，因工业化、科层化的结合而快速崛起的新兴国家，最终因民主化滞后，奉行扩张侵略，不可避免地为战争所摧毁。

德意志帝国从兴起到败亡的历史启示十分深刻。它表明，民族统一体的形成和高效率的政府，是促进本民族现代化的最重要的条件。帝国时期，德国异乎寻常的经济发展为以后的发展中国家提供了在国家政权主导下快速实现现代化的典范。但是，当帝国时期创造的巨额财富和生产资源开始被用于扩军备战，企图以武力争取成为霸权国家时，帝国潜在的衰亡就开始了。因此，它同时表明，一个国家无论多么强大，发展多么迅速，只要它奉行霸权主义，热衷于对外扩张，它必然会在不断升级的军备竞赛和军事对抗中走向衰亡。今天，许多历史上推行侵略扩张的帝国已不复存在，但仍有一些大国想继续扮演历史上的帝国角色，仍想以潜在的"帝国"形式，打着维持地区力量均势的旗号，干涉他国内政，确立自身的霸权地位。国与国之间国情不同，大国崛起与衰落的原因和节奏不同，但只要奉行强权政治和霸权主义，迟早都会像德意志帝国一样，从巅峰走向低谷，最终败亡。

作　者

2014年7月

目录

引　言　重建古典帝国的失败　　001

第一章　一个外缘地区的崛起　　008
　　一、勃兰登堡 – 普鲁士的形成　　008
　　二、军事立国　　013
　　三、弗里德里希二世的早期扩张　　022
　　四、七年战争　　029
　　五、"开明专制"改革　　037
　　六、瓜分波兰　　044

第二章　德意志的剧变　　051
　　一、法国大革命的影响　　051
　　二、拿破仑在德意志的统治　　056
　　三、普鲁士改革　　067
　　四、德意志民族解放战争　　080
　　五、德意志的新形态　　088

第三章　现代化的开端　　094
　　一、工业革命的开始　　094
　　二、农业改革的深入和现代化　　101
　　三、北德意志经济一体化　　107

四、大转变时期的文化成就　　113

第四章　统一之路　　126
　　一、1848 年革命　　126
　　二、19 世纪 50 年代至 60 年代的统一形势　　135
　　三、俾斯麦其人　　144
　　四、铁血宰相　　162
　　五、王朝战争与第二帝国的建立　　170

第五章　新帝国　　196
　　一、帝国的政治结构　　196
　　二、帝国的经济发展　　211
　　三、帝国时期的文化新潮　　222
　　四、俾斯麦的外交政策　　238
　　五、俾斯麦时代的终结　　251

第六章　威廉二世的帝国　　257
　　一、帝国的新发展　　257
　　二、年轻的君主　　264
　　三、新路线　　268
　　四、世界政策　　275
　　五、走向世界大战　　287

第七章　战时帝国　　301
　一、德军速决战战略的失败　　302
　二、德军在东线和西线的进攻　　308
　三、大海战　　315
　四、战时经济和国内政治危机　　321
　五、大战的转折　　327
　六、最后的攻势和帝国的覆亡　　332

附　录　霍亨索伦家族世系表（1417—1918）　　342

大事年表　　345

参考文献　　350

引　言
重建古典帝国的失败

德意志民族的国家形态出现于大约距今1000多年以前。此前，这个民族曾作为欧洲各民族统一发展进程中的组成部分，经历了由原始的日耳曼部落融合为地方王国，最后达于帝国的发展过程。

8世纪末形成的查理曼帝国，是在罗马奴隶制帝国解体后，日耳曼文明与罗马文明相互融合的基础上，在全欧范围内重建古典帝国的一次尝试。但封建制度在地方一级的分散发展和长期反复发生的蛮族入侵浪潮的冲击下，缺乏统一基础的帝国昙花一现，很快走向政治分裂。在查理曼帝国解体后的混乱中，以帝国东部疆土为核心的东法兰克王国成为早期德意志国家的雏形。"德意志"原指流行于莱茵河右岸、与罗曼语相对的一种民间方言，9世纪中叶泛指这一语言的使用者日耳曼人，11世纪开始被用于特指德意志国家和人民。德意志国家最初由五大部族公国（萨克森、法兰克尼亚、施瓦本、巴伐利亚和洛林）发展而来。10世纪中叶，随着统一王权肇兴，这些公国开始演变为一个相对稳定的国家实体。公元962年，德意志国王奥托一世（936—973）在罗马加冕称帝，从此名义上包括北意大利在内的德意志国家就被称作神圣罗马帝国①。但是这个帝国从一开始就有名无实，取得罗马帝号并未赋予德意志国王统治意大利的实际权力，相反却因为维持帝冕承担的义务，分散了统治德意志的力量。自奥托一世起，历代德意志国王都围绕加冕或谋求对意大利的统治，同罗马教皇发生程度不同的冲突。11世纪中期以后，这种冲突曾以争夺主教叙任权的斗争达到高潮；12世纪至13世纪又演变为控制北意大利城市和夺取南部的西西里世俗统治权的斗争。斗争导致德国王权全面崩溃，建立统一帝国的希望也随之破灭。自1254年起，德国历史处于无国王的"大空位时期"（1254—1273）。直至1273年，在教皇赞助下，哈布斯堡家族的鲁道夫（1273—1292）登上王位，史称鲁道夫一世，极度衰弱的神圣罗马帝国才再度出现。鲁道夫试图重建帝国的统一基石，但为时已晚。在德意志地方贵族的强烈反对下，德意志不可逆转地逐渐趋向于松散的公国联盟和一种不健全的君主选举政体。这一趋势于1356年在查理四世时期（1347—1378）颁布的《黄金诏书》中得到法律上的确认。依照这个诏书，神圣罗马帝国皇位将由7位大诸侯通过选举的方式来确定。这7位诸侯就是德国历史上的选侯。选侯拥有对自身领地的最高统治权，不得分割，实行长子继承制，皇帝不得干涉。皇帝赐给城市或任何人的权利，如有损选侯的利益，均属无效。

《黄金诏书》是对中世纪德意志政治分裂局面在法律上的确认，是神圣罗马帝国统一悲剧性失败的总结，注定了德意志未来600余年中不得统

---

① 神圣罗马帝国完整的称号在12世纪以前并未被采用，11世纪初始称"罗马帝国"，1157年称"神圣帝国"。后来，两号合并称"神圣罗马帝国"，1453年又加上了"德意志民族"字样。为了叙述方便，历史学家在其始创之年就开始使用"神圣罗马帝国"这一称号。

一的命运。它以有利于教皇，有益于诸侯，不利于王权和损害城市的方式，成为维持德意志永久分裂的根本法。这个诏书的法律效力一直延续到1648年，并作为一种制度性遗产，深深影响了德意志统一以前的发展历程。

德意志政治分裂是皇权与教权长期斗争的产物，但是教皇并非这场斗争的真正胜利者。作为最高精神权威，教皇权势在格里高利七世时期（1073—1085）和英诺森三世时期（1198—1216）曾达到最高峰。他们为教权至上的理论所鼓舞，以极端不妥协的方式，把意志强加于欧洲各主要君主，用圆通的手法挑拨他们之间的关系，使教廷作为一支重要力量发挥了前所未有的政治威力。然而，当教皇过度卷入欧洲强权政治的旋涡，使教权发挥出空前的政治化功能的时候，他们所肩负的拯救灵魂的精神使命便不可避免地受到削弱。当他们像世俗封建主一样，为财富和权力所累，充满对维护自身利益的渴望时，他们对普通信众的精神感召力不免黯然失色。随着他们与普通教徒之间的精神鸿沟日渐宽阔，在叙任权之争以后，享有250年政治优势的教皇权位，开始处于江河日下的衰微之中。

到16世纪初，随着商品经济的巨大涌流和资产阶级新文化运动的兴起，流行于全欧的教会制度开始受到宗教改革者的猛烈抨击，教皇及其属下的各级神职人员成为这场批判风暴的直接对象。德意志是这一运动的引爆中心。自马丁·路德（1483—1546）率先发起对教会的反叛以来，不到10年时间就不可阻挡地粉碎了教皇在基督教世界一统天下的局面。在德意志，新的信仰不胫而走，迅速掀起一场反教权主义的政治动乱。不愿放弃罗马天主教精神遗产的皇帝，未能利用这一民族复兴的形势重振统一王权，而是与过去的对手携手合作，分享了教权主义衰落的命运。皇权不再是统一的象征，而成为德意志一个教派的领袖。自

1546年起，以"施马尔卡登同盟"著称的新教诸侯与以皇帝为首的天主教同盟之间的矛盾迅速激化，很快演变为局部战争。查理五世（1519—1556）倾其全力镇压新教的叛乱，力图恢复天主教的传统地位，但在内外反对势力的干预下，天主教同盟最终为新教邦国所败。1555年，双方签订《奥格斯堡宗教和约》，确认"教随国定"的原则，达成暂时妥协。

《奥格斯堡宗教和约》是皇帝对诸侯的巨大让步，它标志着路德教和诸侯国获得完全胜利。神圣罗马帝国的每一邦国可依据"教随国定"的原则选择自己的信仰，路德新教就获得与天主教平等的合法地位，新教诸侯也借此赢得与皇帝分庭抗礼的法律依据。自此德意志正式裂变为相互对峙、充满矛盾的两大世界，皇帝重建天主教统一神圣罗马帝国的愿望以完全失败而告终。新的妥协未能从根本上消除双方的矛盾，敌对阵营的紧张关系持续加剧。经过半个多世纪的对抗冲突，至17世纪初，这场纠纷因波希米亚的纠纷演变为三十年战争。

三十年战争（1618—1648）是发生在德意志土地上的战争，它具有德意志内战和国际混战的双重性质。战争以宗教纷争为爆破口，但以世俗利益和国际范围内的权力和领土分配为主要动机。受新教诸侯支持的捷克同以哈布斯堡家族为代表的皇权和天主教同盟之间的冲突拉开战争的序幕，接着战争因外部势力的插手而演变为争夺欧洲霸权的国际战争。法国是反哈布斯堡家族的国际力量的真正组织者。法国首相、红衣主教黎塞留[①]奉行传统的削弱哈布斯堡家族的政策。他以

[①] 黎塞留（1585—1642），全名阿尔芒·让·迪·普莱西·德·黎塞留，法国政治家、外交家和红衣主教，法国专制制度的奠基人。1624年至1642年，他出任法国国王路易十三的首相。他对内惩治叛乱贵族，强化专制王权，以推崇铁腕强权著称；对外鼓励海上贸易和殖民掠夺，曾策划和组织三十年战争。

历代法国国王所标榜的"尊重德意志自古以来的自由"为口号，在国际范围内组成广泛的反哈布斯堡同盟，并在德国新教诸侯初战失利的形势下，先后在幕后策动丹麦和瑞典发动两次大规模入侵德意志的战争。能征善战的瑞典军曾以横扫北德意志的凌厉攻势，对神圣罗马帝国皇帝构成重大威胁。神圣罗马帝国皇帝被迫起用捷克名将华伦斯坦（1583—1634）与之周旋，并通过1635年《布拉格和约》与新教各邦达成妥协，孤立了入侵德意志的瑞典军。瑞典人的辉煌胜利很快因国王古斯塔夫二世（1594—1632）在吕岑会战中阵亡受到削弱。军纪日渐松弛的瑞典军最终在神圣罗马帝国皇帝与西班牙联军的夹击下走向失败。此后，法国从后台走向前台，联合瑞典向神圣罗马帝国皇帝和西班牙发动了新的攻势。旷日持久的战争又持续了13年，直至1648年10月，精疲力竭的双方签订《威斯特伐利亚和约》，才正式落下帷幕。

《威斯特伐利亚和约》是神圣罗马帝国走向解体的重要里程碑。它以满足战胜国的领土要求，确保德意志诸侯独立的国家地位，进一步削弱德意志皇权为内容，在事实上葬送了神圣罗马帝国。作为这场战争的胜利者，法国从德意志西部割去了若干战略要地和最富饶的地区；瑞典获取了波罗的海南岸的大片土地，控制了流入波罗的海的奥得河、易北河和威悉河河口；荷兰人不再从属于神圣罗马帝国，并控制了莱茵河和斯海尔特河下游地区；瑞士的永久中立获得国际承认。这些都从法律上缩小了神圣罗马帝国的边界。但是对神圣罗马帝国最沉重的打击并非领土的变更，而是和约所规定的帝国新结构。300多个小邦和1000多处骑士领地，超越皇帝的权威，成为独立或半独立的政治实体，其中诸侯邦国已拥有展开外交和缔结国际条约的独立权力。不经300多个诸侯、教士和自由城市代表组成的帝国议会的同意，皇帝不能立法、征税、征兵、宣战或媾和。帝国议会在诸多问题上难以达成一致，也同皇帝一样毫无权威，冗长的辩论、无益的空谈使它变得声名狼藉。自1663年在累根斯堡讨论反奥斯曼土耳其帝国进军多瑙河的措施以来，这个议会既未解散，也未重新召开，成为"永恒的帝国议会"，直至1806年同帝国一道终结了。帝国的涣散状态还因许多邦国君主身兼外国国王而加剧。勃兰登堡选侯于1701年成为普鲁士国王，汉诺威选侯于1714年继承了英国王位，波兰王位曾为两代萨克森选侯所继承，身为皇族的哈布斯堡家族自三十年战争以来就是波希米亚的世袭国王。这样，来自邦国、外国、宗教、世俗的各种利益冲突，使任何试图建立一个统一的帝国政府的愿望都成为奢望。此后100多年里，残存的帝国逐步蜕变为一个松散的国家联盟，无权皇帝成为德意志人和非德意志人共同玩弄的政治傀儡；分裂的德意志长期在欧洲不能发挥国家作用，已由一个政治概念演变为一个地理名词。到19世纪中期，一个在中部德意志乘火车旅行的人，常会发现，每隔一两个钟头，士兵的制服和铁道栅栏上的条纹颜色就会改变，实际上他已从一个邦国进入另外一个邦国。至此，帝国的存在已不复为臣民所记忆。

随着统一的政治生活的消失，德意志人的心理开始为许多新的感情所支配，而邦国爱国主义、地方主义的发展使统一的民族情感几近冬眠状态。在文化领域，德意志逐渐落伍于西欧诸国。面对英国、荷兰、法国日新月异的文化繁荣和经济发展，长期萧条不振的德意志相形见绌，变成了一个缄默的地区。与其西邻灿烂辉煌的文化成就相比，德意志成为欧洲文明中相对落后的部分。

然而，中欧这种"政治真空"和"文化真空"是不会长久维持下去的。随着大西洋沿岸人民率先进行变革，沉潜在德意志人心灵深处的统一愿望和民族情感必将再度复苏。在摆脱古典帝国单一结构的僵化外壳之后，德意志多元文明结构蕴含的社会变异潜力，在新的历史条件下获得发挥。不过，新的变化不是起源于传统帝国的核心地区，而是不自觉地开始于一个前途无量的地区。在帝国东北边陲一片平坦多沙的贫瘠土地上，一支适应性强的活跃变革力量正在缓慢兴起。它所处的边陲地位及其与周边环境长期斗争形成的竞争活力，使之易于突破传统帝国僵化模式的桎梏，率先走上变革之路。这支力量就是三十年战争兴起的军事国家普鲁士。普鲁士，特别是易北河以东的普鲁士地区，是德意志乡土中德意志特点最少的地方。它较少受传统因素的束缚，易于产生变革要求，是德意志文明系统中异变因素的汇聚中心。它诞生于一片混乱之中，并在远离帝国有效控制的边陲地带默默发展起来。这个邦国出现后，人们在旧帝国的残垣断壁中看到了一个与帝国旧体制迥然不同的国家结构和走向民族君主国的新类型。从此，随着神圣罗马帝国古老形态的解体，德意志进入向民族统一体迈进的新的历史时期。

第一章
一个外缘地区的崛起

普鲁士的兴起,是一部不断在地理上、政治上由德意志外缘向中心发展的历史。要了解这个国家的形成,我们需要追溯到它尚处于默默无闻状态的遥远时代。

一、勃兰登堡-普鲁士的形成

自12世纪起,在波罗的海南岸平坦开阔的波德平原上,有两块在地理上并不连接的近海土地先后与德国历史发生了密切联系。其中一块是勃兰登堡,另一块是普鲁士。勃兰登堡是中世纪德意志封建主在边疆区建立的前哨据点。这里原是一片荒芜的沙丘平原,人口稀少,土地贫瘠,为大海所封闭,没有突出的自然特征和自然边界。1240年以来,随着易北河以东的广大地区陆续为德意志军事贵族所征服,这里开始形成以柏林为中心的边地侯爵领地。柏林城兴建于13世纪初,由施普雷河两岸两个斯拉夫居民点构成,1317年与克尔恩合并为一座城市,1442年被确定为勃兰登堡选侯国首都。勃兰登堡的前身是斯拉夫人建立的勃兰尼堡公国。自1134年,萨克森地方贵族阿斯卡尼家族的阿尔布莱希特（绰号"大熊"），从神圣罗马帝国皇帝洛泰尔二世（1125—1137）手中获得对这块领地的统治权以来，历代勃兰登堡边地侯一直奉行向东扩张的政策。12世纪末，在"东进"浪潮的推动下，阿尔布雷希特的后裔已将其领地从哈菲尔河流域扩展到奥得河畔。到13世纪末，其疆土已达波兰西境的瓦尔塔河和维斯瓦河流域，并逐步控制了斯拉夫人的滨海地区，使这个边疆殖民地不断发展壮大。到阿斯卡尼家族统治末年，勃兰登堡的疆域已达4.5万平方千米。侯爵通过招徕移民、建立城市、发展商业，大大加速了这一地区的德意志化。1356年，依据《黄金诏书》，勃兰登堡侯爵成为神圣罗马帝国七大选侯之一。

从勃兰登堡向东，越过神圣罗马帝国的东部边界和一片辽阔的斯拉夫人滨海居住区，有一块德意志飞地，它就是普鲁士。普鲁士的原始居民是立陶宛人的一支，世代生息繁衍于维斯瓦河和涅曼河之间的滨海土地上，是这里最早的主人。12世纪末，波兰封建贵族在维斯瓦河口构筑但泽城堡（今波兰格但斯克），开始以此为据点，同立陶宛争夺对普鲁士的控制权。迭遭失败之后，波兰贵族马佐维亚公爵被迫向德意志条顿骑士团求援。条顿骑士团原为德意志天主教会的军事组织，13世纪初在德意志教会的征召下进入这一地区。1230年，条顿骑士团与波兰贵族立约，负责进攻普鲁士。作为交换条件，它将取得库尔默兰等边境被征服土地的统治权。经过半个多世纪的残酷征服，条顿骑士团占据了这块遥远的飞地，并通过大量移民和强迫劳役，使普鲁士逐渐德意志化。条顿骑士团在征服和统治普鲁士的过程中，逐渐由一个负有宗教使命的军事组织演变为国家组织和经济组织。它以军事管理提高行政效率所取得的有效经验，靠宗教禁欲主义和严格的军事纪律在其成员中培养的抽象的超个人效忠观念，对未来的普鲁士国家产生了十分重要的影响。通过与汉萨同盟广泛开展贸易，条顿骑士团把商业精神和竞争意识带入这片土地，也通过编著大量拉丁文和德文文献，以及表现在各种实用性建筑上的艺术风格，展示了条顿骑士团的文化精神。这些史无前例的成就，增强了骑士团的实力，巩固了它在这一地区的统治。站稳脚跟之后，条顿骑士团开始排挤波兰在这一地区的势力，并联合立窝尼亚骑士团[①]，在波罗的海沿岸扩充疆土。1308年，条顿骑士团出兵占领但泽，不久又把势力扩张到东波莫瑞，切断波兰的出海口。条顿骑士团的扩张对波兰和立陶宛国家构成重大威胁，迫使两国联合起来共同向条顿骑士团反击。1410年7月15日，得到俄罗斯支持的波兰－立陶宛联军在坦能堡会战中重创条顿骑士团。至此，条顿骑士团的扩张势头受到遏制。以后，由于内部纷争，特别是1454年爆发的长达13年的普鲁士人起义的打击，条顿骑士团的势力开始走向衰落。1466年，条顿骑士团与波兰签订《托伦和约》，被迫放弃所占有的部分领地，但泽、托伦、马林堡和波莫瑞东部被波兰收复，其余普鲁士土地仍为条顿骑士团领有，但必须臣服于波兰。至此，条顿骑士团的中心转移到柯尼斯堡（今俄罗斯加里宁格勒），作为依附波兰的藩属，暂时中止在东欧扩张。

勃兰登堡和普鲁士有着不同的历史起源和相互独立的发展过程。到了15世纪，霍亨索伦家族兴起，二者开始发生密切联系。霍亨索伦家族原为德意志施瓦本公国的小贵族，始祖布尔夏德一世于1100年前

---

① 立窝尼亚骑士团又称宝剑骑士团，里加主教阿尔伯特在教皇英诺森三世支持下于1200年创建的以征服立窝尼亚为目标的军事组织。1236年，占据立窝尼亚后，该骑士团为拉脱维亚和立陶宛联军所败，被迫与条顿骑士团联合。

后受封为索伦伯爵。16世纪中叶,该家族被冠以"霍亨"名号。1192年,这个家族因与皇帝亨利六世(1165—1197)联姻,获纽伦堡伯爵封地,开始成为望族。1411年,纽伦堡伯爵弗里德里希六世(1371—1440)利用勃兰登堡宗室绝嗣、领地发生混乱的机会,用金钱从皇帝西吉斯蒙德(1368—1437)手中获得了对这块边地侯领地的临时管理权。这是霍亨索伦家族统治勃兰登堡的开端。担任该地临时行政长官期间,弗里德里希多次利用皇室困难而慷慨解囊,以便从身负重债的皇帝手中获得对这一地区的永久统治权。6年后,为酬谢这位久受考验的追随者,神圣罗马帝国皇帝终于将这片土地连同选侯爵位一并封赠给弗里德里希。从此,勃兰登堡作为霍亨索伦家族统治的核心,随着统治形式从侯国、公国、王国发展为帝国,一直没有变化,延续了501年(1417—1918)。其间,霍亨索伦家族利用婚姻关系、继承协定,以及其他类似手段,不断扩大统治范围。其中,对普鲁士公国的兼并,对它的未来发展具有十分重要的意义。

臣服于波兰的普鲁士,早期推行德意志化政策,一直保持着较大的独立性。这种独立性于16世纪初在霍亨索伦家族的旁系阿尔布雷希特(1490—1568)当选为条顿骑士团首领时,获得了进一步发展。阿尔布雷希特是霍亨索伦家族纽伦堡一支的领地继承人。他执掌条顿骑士团后,接受马丁·路德的建议,宣布宗教改革,使条顿骑士团的教会地产在路德新教的旗帜下逐步世俗化。由于改革富有成效,脱离天主教的东普鲁士逐渐变为这个家族的世袭领地,获得普鲁士公国的称号,但对波兰的臣属地位没有改变。

阿尔布雷希特家族在普鲁士的统治仅维持了两代,至其子阿尔布莱希特·弗里德里希(1553—1618)逝世,其统治因家族绝嗣而宣告中断。此前，勃兰登堡选侯约阿希姆（1546—1608）为兼并普鲁士遗产，刻意安排其子西吉斯蒙德（1572—1619）与普鲁士公爵长女安娜联姻，取得了对这块飞地的法定继承权。由于同波兰的藩属关系依然存在，勃兰登堡选侯不惜采用贿赂手段，先后取得波兰王公和议会的承认。1618年，勃兰登堡-普鲁士公国最终形成。

在兼并普鲁士前后的几十年里，勃兰登堡选侯还通过类似的方法，先后在德意志西部取得克勒弗、马尔克（鲁尔地区）、拉文斯堡、拉文施泰因等下莱茵公爵的领地遗产，三十年战争后又将明登、卡敏、哈尔伯施塔特等分散领地纳入自身的版图。这些领地大多位于威悉河、莱茵河下游经济发达地区，虽与勃兰登堡在地理上并不相连，但它们使霍亨索伦家族与西欧较先进的地区发生了直接联系，成为其在西北德意志开展新的扩张活动的基地，是普鲁士由外围深入德意志中心地区领土的重要起步。

就这样，从1417年正式承袭勃兰登堡选侯遗产以来，霍亨索伦家族的地产在200年里已发展为三块辽阔而又分散的领地，即大为扩展的勃兰登堡、远离德意志的东普鲁士和镶嵌在其他邦国之中富裕发达的下莱茵地区。领土面积亦由原来的4万多平方千米扩大到8万多平方千米，成为一个从德语区最西边延伸至最东部的漫散领地联合体。其中，勃兰登堡和普鲁士在自然地理和气候条件上较为接近：遍布沙质低地、沼泽和森林，濒临大海，冰冻期稍长，在早期殖民垦殖的传统基础上，形成以容克①贵族地产为主体的农业经济区。这两块领地都有大河贯通全境（易北河、奥得河、维斯瓦河、涅曼河等），有着

---

① 容克，原指易北河以东的贵族领主，后泛指德意志整个地主阶级。

发达的航运业和商业。在波罗的海对西方的贸易中，两地的粮食出口占有重要地位。西部的下莱茵地区，面积虽小，但地处著名的莱茵河谷与威悉河中游，气候湿润，地势低平，土壤肥沃，是人口密集和农业发达的地区。受西欧的传统影响，这里有着丝绸制造、亚麻工业和铁制品生产的悠久历史，是重要的手工业生产基地。

三块领地在自然地理和经济结构上的差异，在一定程度上满足了这个领地联合体多样化的经济需求和人口流动，并通过发挥各自的资源优势，协调互补，增强了霍亨索伦家族统治应付内外挑战的能力。但是，一个在空间上相互隔离、缺乏完整统一边界的分散领地，本身又潜伏着强大的分离因素。这种因素又因为三块领地臣属于两个不同的国家，不断得到强化。因此，这一时期的勃兰登堡-普鲁士仍处在前途未卜的十字路口。在诸侯并起、战乱频仍的动荡年代，它面临着严峻考验。

二、军事立国

勃兰登堡-普鲁士形成不久，就因三十年战争的爆发经受了一场严峻考验。丹麦、瑞典干涉军蹂躏了德意志北方，但作为名义上的新教信仰拯救者，他们仍得到北德意志新教诸侯的支持。勃兰登堡选侯从战争一开始就对他们采取中立态度。当时的选侯格奥尔格·威廉（1595—1640）是霍亨索伦家族成员中性格最软弱的人。瑞典国王古斯塔夫二世率军入侵德意志后，他在波美拉尼亚的继承权已受到严重威胁，但身为瑞典国王的妻舅和新教诸侯成员，他又不能站在神圣罗马帝国皇帝一边。他的骑墙态度既有对瑞典国王的厌恶，也饱含对神圣罗马帝国皇帝的恐惧，而后者颁布的教产复原敕令已危及他的领地安全。这种首鼠两端的态度使他在三十年战争中扮演了一个颇为可鄙的角色，并招致了三块领地上各级封建领主的蔑视。到他统治末期，邦国内各级贵族纷纷与神圣罗马帝国皇帝结盟，他的领地国家面临分崩离析的危险。

1640年，选侯格奥尔格·威廉时年20岁的儿子弗里德里希·威廉（1620—1688）继位，为摆脱困境带来一线转机。弗里德里希·威廉，后世称大选侯，是勃兰登堡-普鲁士国家实体的真正奠基人。他诞生和成长于战时困境，目击了他的邦国饱受战祸蹂躏的残酷现实。他继位之日，这场战乱已延续了22年。在不到一代人的时间里，成百座村庄被夷为平地，城镇被劫掠一空，无数难民流落他乡，狼群在旷野上到处游荡。战乱和饥馑造成了人口锐减，东普鲁士的人口密度不到法国的1/4、英国的1/3，连柏林这样的都会，人口也从1.4万降至6000。威廉面对的是一片残垣断壁，所承袭的领地被称作"铁罐堆里幸存的一个瓦罐"。勃兰登堡是一块平坦开阔而无天然险阻可据守的平原，威廉认定只有创建一支具有战斗力的军队，他才能防守领地，并使邻国有所顾忌。为此，他通过扩大领地内各级贵族对农奴的剥削，换取了他们对君主以固定税收来维持一支邦国军队的支持。勃兰登堡统治者的传统收入主要来自王室产业，部分来自政府税收。弗里德里希·威廉就任选侯之初，还能用王室产业的收入来支付政府机构的基本费用。但是为了维持一支军队，他就不得不设法从产业上获得更多东西，并且需要增加税收收入。他早年曾到过荷兰，那里的财富和繁荣给他留下了深刻印象。从担任选侯开始，弗里德里希·威廉就有着发展国内工商业的强烈愿望。他热诚欢迎来自波兰的犹太商人，并接

弗里德里希·威廉

纳了法国受宗教迫害而被迫流亡的大批新教徒。他统治时期,来自法国的手工业者已占柏林总人口的1/6,成为这座城市最进步的居民。他慷慨资助各种企业,并使军队需要取代民用需要,成为影响本国经济发展的强大力量。此外,他不再满足于以固定的土地税作为唯一的税收来源,而是竭力学习法国,通过征收城市消费税和对食盐的专卖税来开辟新的财源。三十年战争期间,这些税收加上原来就有的土地税,已由一个军人组成的机构专门征收。依赖这些小本经营,加上君主本人极度节俭,至选侯统治中期,邦国的军队规模已达三万余人。通过严格操练和残酷体罚制度,他把这支军队练成了扩充疆土、镇压人民和实行中央集权的工具。弗里德里希·威廉对这支军队悉心爱护,通常备而不用,使其养精蓄锐,以便在重要关头发挥威慑作用。

在一般情况下,他更多通过外交途径达到目的。运用这种策略,他在三十年战争结束后的谈判中，已经崭露头角。以实力为后盾，以谈判为技巧，他果断利用一切可以利用的机会，为勃兰登堡赢得了远波美拉尼亚、哈尔伯施塔特、明登、卡敏等地方，进一步扩大了他在东部和西部的领土范围。但他并不以此为满足，他对战后瑞典据有近波美拉尼亚、垄断奥得河口始终耿耿于怀。三十年战争结束后，为了摆脱政治上的从属地位和打开波罗的海贸易通道，弗里德里希·威廉为自己和后继者定下了三大奋斗目标：解除波兰对普鲁士的宗主权；夺取波罗的海南岸，控制奥得河口；通过新的扩张活动把所有领地连成一片。

为了实现前两个目标，他充分利用了波兰和瑞典在波罗的海的矛盾。1655年，波瑞之间发生战争，弗里德里希·威廉周旋于两方之间，时而追随波兰反对瑞典，时而又与瑞典结盟反对波兰。他把三万军队作为结盟的筹码，曾参与瑞典横扫波兰的进军，也曾作为反瑞典的同盟开进日德兰半岛。但有一点是不变的，即为勃兰登堡谋取最大利益。结果，经过多次讨价还价，1657年9月通过的《韦劳条约》以承认他对普鲁士的主权与波兰达成谅解。倒向波兰之后，他同瑞典争夺近波美拉尼亚和奥得河口的斗争未获成功。瑞典于1675年在费尔贝林失利后，一度退出近波美拉尼亚，但瑞典盟友法国出面干涉，弗里德里希·威廉功败垂成。对此，他念念不忘，直至临终还嘱咐后继者要设法解除这个阻挠他占有近波美拉尼亚的"可憎同盟"。尽管如此，弗里德里希·威廉晚年时期曾多次转移阵线。他曾接受每年10万塔勒[①]的补助金，成为法国的盟友，支持法国在德意志扩张，后又因

---

① 塔勒，15世纪末以来主要铸造和流通于德意志等中欧地区的一系列大型银币的总称。

不满法国长期支持瑞典转而与荷兰结盟。其间，他也以支持德意志对奥斯曼土耳其帝国的战争，实现了同神圣罗马帝国皇帝和解。然而，即便此时，法国的重金贿赂仍能使他命令南下攻打奥斯曼土耳其帝国的军队按兵不动。的确，在这方面，弗里德里希·威廉堪称后辈效法的典范，这种以邦国利益为原则的对外政策，也成为普鲁士的一大传统。1688年，弗里德里希·威廉去世，这时他仅实现了他对外扩张的第一个目标，即从波兰领主手中解放了普鲁士。他为后继者留下了一支强大的军队，一个由若干零散的领地聚合在一起而又井然有序的国家，一种因多次军事胜利的光荣赋予臣民的初步的民族生存意识。这些都为他的后继者进一步实现他的战略目标，将这个新国家缔造为欧洲一流强国创造了条件。

弗里德里希·威廉的继承人弗里德里希三世（1657—1713）是一个爱慕虚荣的人，他生性软弱，缺乏自信，喜怒无常，不具备父亲的魄力和远见。他崇拜法国国王路易十四，他推崇法国的一切，竭力模仿凡尔赛宫廷的奢华，纵情歌舞饮宴，恣意挥霍国库资财，热衷于以豪华的排场来彰显君主的尊严和声威，是霍亨索伦家族中典型的挥霍浪费者。他统治时期，他的邦国发生了一个重要变化：勃兰登堡－普鲁士公国升格为勃兰登堡－普鲁士王国，简称普鲁士王国。

1700年，法国与奥地利哈布斯堡家族争夺西班牙王位的战争一触爆发。法国国王路易十四与瑞典结成反哈布斯堡同盟，奥地利面临腹背受敌之势。弗里德里希三世利用神圣罗马帝国皇帝的困境，以提供8000名援军为条件，换取皇帝同意将勃兰登堡－普鲁士升格为王国。这是以臣民的躯体作为抵押，换取一次"晋升"机会，大大满足了弗里德里希三世早就渴望称王的野心，也得到大多数容克贵族的支持。考虑到东普鲁士尚处于德意志版图之外，他有意选择了"普鲁士王国"作为统一国号，以示新国家不受皇帝管束的独立性。1701年1月18日，弗里德里希三世在普鲁士首府柯尼斯堡（意为"国王之城"）加冕称王，改称普鲁士国王弗里德里希一世。"普鲁士国王"这一称号起初仅限于东普鲁士，后来这一称号的法定权力扩大到他的所有领地，"普鲁士"成为邦国所有领地的代名词。这一变化表明国王提高权力和集合权力的倾向均得到加强。

1713年，弗里德里希一世去世，继位的弗里德里希·威廉一世（1788—1740）重新恢复了祖父的军事传统，使普鲁士逐渐发展成一个中央集权的专制主义国家。弗里德里希·威廉一世生性残暴，悭吝粗俗。他鄙视一切带有文化气息的事物，唯独对扩充军队、巩固权力情有独钟。为了创造维持和加强军队的前提，他执政后立即改变了他父亲奢侈浪费的宫廷生活，削减3/4的王室经费，用于军队建设。赴柯尼斯堡加冕的时候，他花费2547个银币就完成了这一隆重典礼，而他父亲为此曾花费500万银币。他爱护军队，但严厉体罚惩戒任何玩忽职守的人。他喜欢穿一件简朴的士兵制服微行于柏林的大街小巷，像领主管理庄园一样监督整个国家。这位国王以喜爱高个子士兵而闻名遐迩。在他的"高汉团"里，成员的身高均在1.8米至2.2米。由于从境外招收的士兵日益增多，专门从事招兵的军官多达1000余人。1733年5月，为扩大兵源并保持军队合理的年龄结构，他颁布了《征兵区条例》，把全国分为若干区，每区5000户，各区必须为驻扎在本区或本区附近的某一军团提供兵员，并保持适龄青年的比例。这种征兵制长期为他的后继者沿用，为全民兵役制铺平了道路。弗里德里希·威廉一世不仅重视扩充军队，同时十分注意通过严酷训练不断提高军事素质。他为军队规定了新的训练方式和演习形式,力求通过严格操练,使士兵养成守纪律、讲服从的习惯。为了吸引容克贵族子弟进入军队,他创办了专门的贵族士官学校,为军队培养高效、廉洁、自信的军官队伍。威廉一世统治时期,除了继承地产的长子,其余容克子弟差不多都成为穿制服的军官。他把贵族和农奴的关系搬进了军队,军官也像容克地主对待农奴一样对待他们的士兵。国王本人,沉湎于军事操练,也被人们视为出色的军事教官。

弗里德里希·威廉一世和他的祖父一样,对他苦心经营的军队爱护备至,经常备而不用,他本人实际上未曾亲自作战。在维也纳宫廷,这位"一直舞刀弄枪,从不拨动扳机"的国王,常被传为笑谈。然而,他在和平时期拥有的军队规模已远远超过其祖父在战时的军队规模。他继位时,普鲁士军队规模达4万人,而他离世前已扩充到8.3万人。在当时柏林的10万人口中,仅士兵就占两万,这是一个超过任何欧洲城市的比例。此外,这支军队不常作战,让他拥有一笔为数700万银币的军费余额。这是一笔与他的国家幅员和人口极不相称的积蓄,而它所供养的军队同样是一支与人口和资源极不相称的庞大力量。就人口而论,普鲁士居欧洲第13位;就面积而论,它只排第10位,而它却拥有欧洲大陆第4位的强大军队。与法国的16万军队、俄国的13万军队、奥地利的10万军队相比,普鲁士维持8万军队可以说已达到人口和资源所能承受的极限。弗里德里希·威廉一世做到了一国君主能为军队所做的一切。他是普鲁士军事立国原则的真正开创者。在这方面,他已超越其祖父大选侯。

弗里德里希·威廉一世能够做到这一点,在于他通过完善国家税收体系,为维持军队提供了更为广泛的经费来源。此外,他为强化中央集权对政府机构的改革和对文职人员的改组，也为他实施军事立国的战略提供了制度方面富有效率的支持。弗里德里希·威廉一世的经济政策是完全适应他的军队发展需要的。他统治末年，国家收入增至700万塔勒左右，其中有600万花费在军队上。工业、商业、文化、农业等一切都以军队需要为转移，并且只有在能够为开辟军队税源的时候，才会受到国王重视和鼓励。为了维持和扩充军队，这位国王开始和他的祖父一样关心能提供税收的工场手工业，国家工场和初步的保护关税制度也随之建立起来。1721年，他开始对从波兰进口的谷物征收进口税，1732年则完全禁止进口波兰谷物。此前，他已于1718年禁止羊毛出口，补充措施则是禁止进口外国布匹和棉花。得到发展的手工工场，不止有助于筹措资金，还为扩大军需品生产创造了条件。其中，为制造军服建立的柏林仓库，就是一个规模较大的国家工场。此外，他还特意不定期组织一些集市和博览会来加快商品流通，以扩大国家的税收来源。

和大选侯一样，弗里德里希·威廉一世积极鼓励德意志各地或域外向普鲁士移民，移民主要是新教徒，人们甚至认为启蒙运动开始以前，这位军人国王就异乎寻常地允许宗教信仰自由了。1732年，有20 000多名新教难民被奥地利驱逐出萨尔茨堡教区，他们历经苦难，最后在东普鲁士定居下来。此后，来自德意志各地的移民源源不断地前来。他们许多人拥有财产，并掌握一定的手艺，在普鲁士享有免服兵役、迅速开业、一段时间可不纳税的优待。即便农奴，也可得到路费、土地，也许还有牲畜和家具。正因为国王把人看作"最大的财富"，有计划地引入国内，没有任何一个欧洲国家可与普鲁士的人口增长率相比拟。18世纪，勃兰登堡的人口密度增加了两倍以上，其中有20%源于这个时期的移民或其后代。

　　随着税收范围的扩大和人口的增长，普鲁士旧有的官僚管理系统也亟待扩充。为了解决这一问题，除了延用容克贵族，许多市民阶层出身的人也被吸收进文官队伍，他们被委以高级职务，成为职业官僚，逐渐摆脱地方贵族和城市自治机构的束缚，变为强化王权的独立工具。弗里德里希·威廉一世像训练军官那样教育文官，他认为一名官员的天职是无条件、准时、认真而迅速地履行职责，完全献身于工作，并不断充实知识。因此，他的文官队伍和军官队伍在本质上是一样的，许多下层的文职官员通常是由以前的军人充任的。普鲁士与众不同的是军队独立发展自己的生活，并出于自身需要创造出了国家机构，使国家机器发展成一种支持武装部队的工具。普鲁士的文官形成于大选侯时期，从一开始就以对政府"忠诚"和效率著称于世。到弗里德里希·威廉一世时期，这支主要由中产阶级分子构成的队伍，对国王更为忠诚，对贵族更为顺从，对军队更加望而生畏。为国王或为国家服务的意识，不仅在文官队伍中深深生根，而且被誉为全民族的最高美德。普鲁士很晚才由一个人为的分散领地联合体发展而来，缺乏文化传统久远的国家所具有的共同文化心理，这就使依靠义务、服从、服务与牺牲为内容的军事规范成为整个普鲁士贵族认同的军事美德。这种感情，由于士兵的服役期高达25年，由于几乎所有的容克贵族都有成员在军队供职，以及军队与国家机构的密切结合，而变成了一种国家规范。适应军队的需要就是适应国家的需要，这使弗里德里希·威廉一世能够轻而易举地把军队生活扩展到全民族，使普鲁士成为一座大兵营。

　　弗里德里希·威廉一世不仅以他所发展和扩大的军队深深影响了

普鲁士的政治生活，而且以残酷的刑罚制度培育了普鲁士军人蛮横、粗暴、盲从和暴戾的作风。他对整个军队的偏爱与他对单个士兵的严厉体罚形成奇特的对比。他常常以棍棒、权杖、皮鞭拷打和惩戒一切敢于自行其是的人。严厉的惩罚使人人胆战心惊。上行下效，普鲁士各级军官也都专横粗暴。对上司犹如奴隶般服从，对士兵傲慢暴虐，成为历代军事统治者的遗风，影响德意志达200年之久。

弗里德里希·威廉一世在外交政策上比较审慎，除了执政之初因介入大北方战争（1700—1721）以高昂的代价（200万塔勒）获得奥得河口地区外，没有实现控制整个波罗的海南岸的夙愿。依赖他所创立的基础，他的继承人弗里德里希二世（1712—1786）把普鲁士的国家地位提升到了一个前所未有的高度。他的军事立国战略也有了一些新的特点和表现。

三、弗里德里希二世的早期扩张

1740年，随着弗里德里希·威廉一世的去世，以及德意志最大的邦国奥地利所发生的变化，中欧历史开始进入一个新的发展时期。一方面，普鲁士在北方兴起，打破了德意志分裂混乱的传统格局，北德意志形成一个富有凝聚力的外偏中心；另一方面，南部以哈布斯堡家族统治为核心的奥地利，也通过一系列王族联姻、领土兼并，以及在抵御奥斯曼土耳其帝国的斗争中所经受的考验，开始形成一个新的多民族国家联合体。哈布斯堡家族，自从1438年阿尔布雷希特二世（1397—1440）承袭神圣罗马帝国皇帝称号以来，几乎无间断地保持这一称号近400年之久。但是自从马克西米利安一世（1459—1519）试图重建统一帝国的尝试失败以来，神圣罗马帝国皇帝日益成为奥地利君主国的领袖。

1701年，西班牙王位继承战争爆发。这是哈布斯堡家族在欧洲重建家族帝国的最后尝试，但西班牙王位最终为法国波旁王朝获得，它与西班牙的历史联系就此割断。摆脱帝国枷锁后，哈布斯堡家族逐渐形成以奥地利领地为核心的君主国实体。这是一大重要转变。从此，这个家族虽然继续担任德意志帝国皇帝，但这一职务已成为它为奥地利谋取国家利益的一种手段。

同普鲁士近似，奥地利国家的领地也大致由三个分散的部分构成。最古老的辖区是以维也纳为中心的上奥地利、下奥地利、蒂罗尔、卡蒂利亚、卡林西亚和卡尔尼奥拉，然后是波希米亚王国（包括捷克、摩拉维亚和西里西亚），最后是由特兰西瓦尼亚、克罗地亚和匈牙利本土构成的匈牙利王国。

与普鲁士不同，奥地利的三块辖区在地理上基本是连在一起的，差别主要是文化上的。波希米亚是重新皈依天主教后才从属于哈布斯堡家族的，而匈牙利则是在奥斯曼土耳其帝国的军事压力下逐渐依附于奥地利的。因此，奥斯曼土耳其帝国的扩张是哈布斯堡家族实现领土霸权的严重障碍。

1683年，奥斯曼土耳其帝国的军队再次包围维也纳。两个月后，波兰国王索别斯基率领的援军到来，维也纳之围才被解除。此后，在著名军事将领欧根亲王的指挥下，奥地利于1697年在赞塔战役中获取胜利，将奥斯曼土耳其军队逐出匈牙利。在1699年的卡洛维茨和会上，奥地利对这一地区的统治才为奥斯曼土耳其帝国所接受。在西班牙王位继承战争中，奥地利未取得西班牙王位，但它在英国的支持下以吞并南尼德兰（比利时）与意大利的米兰和那不勒斯作为补偿。到18世纪上半期，哈布斯堡家族终于建立起一个以维也纳为中心、拥有部分分散领土的中部多瑙河帝国。

与平坦多沙、土地贫瘠的勃兰登堡平原相比，群山环抱、气候温和、音乐之声不绝于耳的维也纳更像一个威严王朝的所在地。300余年的征战和无数次王族联姻所继承的遗产，给古老的哈布斯堡家族带来了欧洲其他国家难以比拟的财富和资源。领地无比广阔多样，不同地域之间的经济文化交往恰成互补，赋予这个帝国稳定的收入来源和充足的人力资源，支持这个帝国的长期征战和光辉灿烂的文化建树，维也纳一度成为世界政治、哲学、建筑和音乐文化的中心。即便失去西班牙后，由于在反奥斯曼土耳其进攻斗争中获胜，这个王朝仍能把分布广泛的领土糅合在一起，以丰厚的资源维持其运转，同样展示了这个脱胎于古老帝国的新兴国家的再生活力和政治技巧。然而，如果我们从望远镜的另一头望去，也不难看出，这个帝国在本质上是脆弱的。这个依靠联姻、兼并和遗产继承构成的帝国在结构上是松散的，它的领土是不规则的，它的民族构成是多样性的。这些结构性弱点决定了哈布斯堡帝国不能建成真正中央集权的帝国。此外，作为一个占据领土十分分散的政治集合体，它在继承众多领地的同时，也树立了众多敌人。在民族主义逐渐兴起的时代，它所占据的那些文化差异颇大的领土，在一定意义上又变成它的政治包袱。这是一个依靠个人联盟把拥有不同语言、不同民族、不同经济发展水平的地区组合在一起的领地集合体。维持这个辽阔的集合体，哈布斯堡家族承担了过多的责任和义务，但没有获得相应的统治权力。维持奥地利统一的唯一力量是各王国、公国、郡县、村社等对哈布斯堡统治者的效忠，以及天主教在欧洲文化中的某种朦胧而又强烈的使命感。这种建立在个人情感基础上的忠诚常常随君主个人权威和统治技巧的不同而发生变化，无法成为维持帝国统一的永恒纽带。在新的征服使民族成分的变化进一步加深的情况下，一次王位更替就会引发帝国的全面危机。这种危机，因神圣罗马帝国皇帝和奥地利大公查理六世继位后一直没有男性继承人而变得十分紧迫。

查理六世是在西班牙王位继承战争期间登上皇位的。由于没有男嗣，他继位不久就打算让长女玛利亚·特丽萨继承全部领地遗产。通过1713年颁布的《国本诏书》，查理六世确立了上述原则，并在生前争取到国内法律和国际条约来保证帝国在其女继承人统治下延续。但他于1740年10月刚一去世，《国本诏书》的效力就发生动摇，年轻的女大公面临严峻挑战。最大的威胁来自北方邻国普鲁士。在普鲁士，同年继承王位的弗里德里希二世以领土要求对奥地利发动了战争，迈出了争夺德意志霸权的关键一步。

弗里德里希二世于1740年登上王位时，是一位28岁的青年。从1712年1月24日降生起，他就生长在一种严酷而阴郁的环境之中。父亲弗里德里希·威廉一世专横暴戾的作风和粗俗的举止，使他从小产生逆反心理。他厌恶父亲所爱好的一切，反对父亲为他安排的生活，抵制父亲坚持要他成为一名军人的要求。与先王鄙视文化的习惯不同，这位王储从小就热爱文学、艺术和哲学，酷爱读书，潜心钻研各类知识。王储的喜好背离了国王对他的期望和家族的传统，恼怒的父亲认为必须严厉地对待儿子离经叛道的行为，动辄责骂或鞭打，像惩戒士兵一样迫使他转变，但是收效不大。在内心深处，王储开始痛恨父亲，蔑视家族传统，渴望发展自己的个性，并在行为上不断抵制父亲。1730年8月，为抗拒父亲为他安排的婚姻，他趁去南德旅行的机会，伙同三位好友一起出逃，但尚未到达边境，就因计划不周被父亲派人追捕抓回，随即被关进屈斯特林监狱，并送交军事法庭审判。

按照处罚的惯例，参与出逃的成员均应被判处斩决。为了"医治"他的叛逆精神和违规行为，国王有意安排他观看行刑过程。目睹朋友人头落地的惨状，弗里德里希受到沉重打击，开始由一个活泼的青年变成沉默不语、郁郁寡欢、懂得抑制感情的"成熟"的人。

狱中生活使他变得深沉理智。为了保住王位继承权，一封悔过的家信呈送在父亲面前。欣喜的国王不久就下令释放儿子出狱，让他回宫居住。有了这番经历，弗里德里希的思想发生了重要转变。为了担负安邦治国的重任，他逐渐适应了为邦国安危忧虑的父亲的特性。军国要务也逐渐引起他的兴趣，家族传统也变得不那么令人生厌。尚在屈斯特林被关押期间，他已通过财政长官希勒开始了解普鲁士的行政管理和经济。

1733年，他顺从父愿，与不伦瑞克的伊丽莎白结婚，并被任命为普军驻鲁宾一个团队的团长。1734年，作为奥地利欧根亲王的阵地观察员，他参加了波兰王位继承战，受到实战生活的锻炼。从1736年起，在鲁宾附近的莱茵斯堡，他恢复了早年对读书的爱好。除了博览群书，他还广交文友，并同法国启蒙思想家伏尔泰建立了通信联系。但与他早年单纯任性的读书热情有所不同，他现在已经能以同样的热情投入军事操练，观看军事演习，甚至对外出视察、监督税收也很有兴趣。这些复杂的经历和对不同生活的体验，大大影响了他的精神发育和心理素质，使道义与强权、理想与现实、情感与理智这些极为不同,甚至完全对立的因素,能够协调地汇集于一身,铸就他独特的个性素质,并以不同的方式影响他今后的内外政策。

人们对这位新国王的评价为:表面上谦和热情,但骨子里冷漠严酷。他既能以文会友、谈古论今、吟诗撰文,又推崇暴力、热衷强权、蔑视公理和人道,为追求君主的利益而不择手段。就其个性素质的复杂性而言,弗里德里希二世超过了他的前辈和一切后继者。他曾经表达过对启蒙主义理想的赞许和追求,但只有与强大的君主国利益相一致时,他才努力实现这种理想。他曾经撰文反对马基雅维里式阴谋伎俩,但随时准备为他的国家利益进行军事扩张。

1740年10月,查理六世突然死亡,奥地利陷入王位继承危机,弗里德里希二世率先发起对哈布斯堡王朝的挑战,决定发兵征服西里西亚。

西里西亚位于奥得河上游,与普鲁士毗邻,为波希米亚王国属地,是哈布斯堡帝国东北部的边缘辖区。那里不仅物产丰富,拥有发达的工业,而且是通往北方的过境交往要道,具有十分重要的经济和战略地位。霍亨索伦家族很早就对西里西亚提出过含糊的领土要求,但直至弗里德里希二世即位,借助几代人所经营的强大军队,普鲁士才将这一要求付诸行动。弗里德里希二世向维也纳提出割让西里西亚以换取承认奥地利女大公王位继承权的建议。遭到拒绝后,他于1740年12月将大军开进西里西亚。

这时,玛利亚·特丽萨正处于初登王位的危急时刻,其父苦心经营的《国本诏书》受到普遍漠视,巴伐利亚、萨克森、西班牙都向她提出新的要求,传统敌人法国也把比利时视为吞并对象。在这样的背景下,弗里德里希二世入侵西里西亚更使奥地利雪上加霜。年仅23岁的玛利亚·特丽萨遇事冷静，临危不乱。稳定国内局势之后，她迅速在匈牙利征集10万大军开赴前线。1741年4月10日，两军在莫尔维茨发生激战。开战之初，普鲁士骑兵很快被奥地利骑兵击溃，但普鲁士训练有素和英勇善战的步兵最终挽回了战局，他们击败了奥军，展示了普鲁士军事训练制度的真正价值。奥军失利使奥地利成为众多敌人联合进攻的对象。法军、巴伐利亚军和萨克森军一齐出动，进犯波希米亚，旋即拿下布拉格。弗里德里希二世乘胜拥兵南下，兵锋直指摩拉维亚。1742年2月，巴伐利亚选侯卡尔·阿尔布雷希特被选为神圣罗马帝国皇帝（史称查理七世），旨在从政治上增强对抗特丽萨的力量。面对各路敌人的联合围攻，1742年6月，特丽萨在英国的调停下，被迫接受了弗里德里希二世提出的单独议和建议，暂时将西里西亚大部分地区割让给普鲁士，普军以此为条件退出战争。

普军退出后，特丽萨在英国的支持下，集中全力对付法国及其盟友。不久，法军被赶出波希米亚，并于当年冬季撤回本土。巴伐利亚也在奥军的打击下，相继失去自身的世袭领地，查理七世被迫退至美因河畔法兰克福，成为没有领地的皇帝。1743年9月，奥地利与英国、撒丁王国缔结盟约，支持奥地利恢复《国本诏书》的效力，奥地利的处境已大为改善。1744年，当奥军渡过莱茵河到达阿尔萨斯的消息传来时，弗里德里希二世担心奥军的胜利将危及他对西里西亚的控制，便撕毁协议，从波希米亚对奥军发动新的进攻。但普军遭到了当地人民的激烈反抗，不久就被迫撤退。后来，他又把军队开进萨克森，在那里先后两次击败奥军和倒向奥地利的萨克森军，保证了西里西亚的安全。

1745年8月，玛利亚·特丽萨的丈夫弗朗茨在法兰克福被选为皇帝，接替去世的查理七世登上帝国皇位。这时，弗里德里希二世意识到，打击和削弱奥地利的目的已经达到，扩大战果可能会招致自身被孤立。奥地利方面对未能夺回西里西亚极为不满，但毕竟渡过了王位继承的危机，双方议和的条件逐渐成熟。1745年12月25日，双方签订《德累斯顿和约》，奥地利确认普鲁士占有西里西亚，普鲁士则承认弗朗茨一世为帝国皇帝，战争结束了。战争是军事同盟和国家实力相互作用的产物。奥地利失去了西里西亚，但通过巩固王权，维持其对其余广阔领地的统治，仍保持着欧洲强国地位。普鲁士是这场战争的最大获益者，西里西亚落入其手，不仅获得了巨大的经济意义，而且巩固了它在德意志的地位。西里西亚较为单一的德意志人口的加入，使普鲁士统治下的德意志人的数量增长了一倍，而奥地利则成为德意志人较少的"非德意志国家"。西里西亚成为德意志的拱心石，一方力量增强意味着另外一方力量削弱。对这样一个具有重要意义的地区，奥地利是不会善罢甘休的，普鲁士也绝不肯轻易出让，一场新的战争不可避免。

四、七年战争

奥地利王位继承战争结束，没有为奥普两国带来持久和平。相反，双方都在备战，并通过外交攻势，争取新的同盟，准备新的战争。弗里德里希二世没有陶醉于成功之中。他知道，他在西里西亚初露锋芒之后，已成为众矢之的，除了奥地利仇恨他，周边大国也都愤愤不平。因此，在近10年相对和平的时期，他积极进行国内改革，增加国库收入，加强军队建设，以提高应付未来战争的能力。在维也纳，玛利亚·特丽萨痛定思痛，已着手对历经数百年的家族统治形式进行全面改造，并为维持一支10万人的强大军队在税收和教育领域开始了引人注目的改革。

双方更为直接的对抗与竞争集中表现在外交领域。为了实现对普鲁士的包围，特丽萨充分利用英普同俄法的矛盾，疏远海上盟友英国，设法接近传统敌人法国，并争取到了对普鲁士保持警觉态度的俄国的支持。弗里德里希二世密切关注着邻国的外交动向，抢先采取主动，与实力雄厚的英国于1756年1月16日签订了互助同盟条约。这个条约表面上是防御性的，它规定双方负责在德意志境内维持和平，并以武力对付侵犯德意志领土完整的任何国家，它的矛头是对准法奥俄三国的。英普同盟损害了法国和普鲁士的关系，也促使俄国坚定地站在奥地利一边，采取反普立场。3月25日，奥俄结成攻守同盟。5月1日，法奥签订条约，保证相互提供援助反击任何敌人。瑞典和萨克森为了削弱普鲁士，也加入法奥俄一边。这样，经过分化组合，欧洲已形成相互对抗的两大同盟体系，战争一触即发。

为了争取主动，先发制人，弗里德里希二世亲率7万大军于1756年8月29日不宣而战，侵入萨克森，七年战争（1756—1763）由此爆发。萨克森兵力薄弱，难以抵挡普军的强大攻势，首府德累斯顿很快被普军占领。特丽萨下令奥军驰援，但在易北河与埃格河交汇处的罗布西茨为普军所阻。萨克森全境遂为普军占领。拿下萨克森，就打通了通往奥地利的道路，也为普军提供了丰富的战时资源。稍作休整之后，弗里德里希二世于1757年春对波希米亚发动新的攻势。重整旗鼓的奥军积极准备反攻，会同法俄两国，集结40万大军，从南东西北四面合击，准备围歼普军。1757年5月6日，进抵布拉格城下的普军与守军进行了激烈会战,最后普军以400名军官伤亡的代价(其中包括陆军元帅施韦林阵亡)转败为胜。接着,普军乘胜东进,于6月18日在易守难攻的科林地区与奥地利名将道恩率领的援军遭遇。普军轻率地向居高临下的奥军发动正面进攻,此役弗里德里希二世遭到惨重失败,损失1.3万余人,仅因奥军追击时遭遇困难,普军才逃脱全军覆没的命运。

科林之战解除了普军对布拉格的包围,不久又迫其撤出波希米亚。普军日益陷入被动。受科林之胜鼓舞,联盟军从不同方向加强了对普鲁士本土的围攻。其中,法军控制了英国位于欧洲大陆的领地汉诺威,并攻占了普鲁士境内的马格德堡;瑞典军在波美拉尼亚登陆,逐步向南推进;俄军在东普鲁士进展神速,重创普军后与奥军配合从东西两面夹击弗里德里希二世的主力军队。反普同盟及帝国各邦的反普联军约有40万之众,已从四面八方迅速向柏林逼近。玛利亚·特丽萨已命令一支奥地利巡逻队在柏林征收军税。普鲁士在战略上已陷入重围。

面对各路强敌的围攻之势,弗里德里希二世决定在运动战中集中优势兵力,选择敌军最危险、最薄弱的一支,予以沉重打击,以打破被围困的局面。经过冷静分析,他把打击目标放在人数众多、指挥分散的法奥联军一线。这是一路由约瑟夫·冯·希尔德堡豪森亲王统率的帝国军队和苏比斯亲王率领的法军第二支部队在图林根会合后组成的联军。联军共约6.4万人,其中苏比斯的法军有三万人。苏比斯起初把联军部署在一个有利位置上,弗里德里希二世一直不敢贸然进攻。为了诱敌出击,在运动战中歼灭敌人,弗里德里希二世频频调动军队,有意让苏比斯出现判断失误,以引诱联军追击普军。11月4日,普军大队人马转移至波恩以东40公里处的罗斯巴赫村附近，随即潜入一座山脊后隐蔽起来。11月5日，追击中疲惫不堪的联军抵达罗斯巴赫后，缓缓向东南方向开进。这是一片地势开阔的平原，联军动向尽在普军的掌控之中。当天上午11时，当戒备松懈的敌军进入普军的最佳出击位置时，弗里德里希二世一声令下，向敌人发动了全线进攻。

普鲁士士兵准备战斗

仅用一个小时，普军就战胜双倍于他们的敌人，取得了辉煌胜利。这场战役，普军以500人伤亡的代价使联军遭受了死伤3000人、被俘5000人的沉重打击，标志着号称欧洲第一陆军的法国军队的衰落。英国议会因此决定把对普鲁士的补助金由16.4万英镑增至120万英镑。弗里德里希二世也因这一胜利，减轻了来自西部的压力，打破了四面受困的危局，摆脱了战争初期的被动形势。

罗斯巴赫战役后，稍事休整的普军把主攻的目标转向东南，决意相机与奥军决战，以收复西里西亚。12月初，行动神速的普军经15天的急行军进入西里西亚的布雷斯劳（今波兰弗罗茨瓦夫）附近，在洛伊滕与奥军相遇，双方在这里摆开阵势，力图给对方以沉重打击。弗里德里希二世为了获取全胜，开创性地运用他所总结的"斜行战斗序列"，结果战胜了数量上占优势的奥军。按照弗里德里希二世的解释，这种战术的作战方法为：面对强敌，可以把兵力之一翼收回，加强准备进攻的另一翼，使之在局部处于优势，对敌军的侧翼发起攻击。使用这种作战方法的优点在于：一支小型兵力可与较大兵力之敌作战，可以在一个决定点上集中优势兵力攻击敌人，在大部敌人尚未投入战斗之前取得胜利；如果被击败，只有一部分兵力遭受损失，其余兵力可以用来掩护退却，保存实力。洛伊滕战役是运用这一作战方法的典范。当时，普奥军队的数量之比大约为3∶8，武器和兵力配置，奥军也占优势，但奥军战线过长，兵力分散，配合不够紧密，这就为弗里德里希二世运用这一战术留下了较大的余地。战斗开始后，普军以少量部队佯攻奥军右翼阵地，迫使奥军左翼兵力向右翼集中。当奥军左翼明显削弱时，普军便全线出击，使来不及转变阵势的奥军遭到痛击，奥军其余部队尚未投入战斗，遭受攻击的部分已被击溃，整个部队随即陷入混乱。在洛伊滕战役中，普军打败三倍于己的奥军，以死伤6000人的代价，赢得击毙和俘虏对方30 000余人的辉煌胜利。此役，普军解除了奥军的威胁，重新夺回西里西亚，对战争结局产生了重要影响。弗里德里希二世在战斗中表现出来的勇气和才能，达到其军事生涯的辉煌顶点。

洛伊滕战役后，普军主力按运动战的原则，与联军周旋于北德意志各个战场，一个一个地对付敌人，从奥得河打到易北河，从易北河打到威悉河，几乎不停地机动作战。正是依靠流动作战，弗里德里希二世以战术上的创新抗击了几路强敌的围攻，改变了一度看来十分危急的形势。但是，随着战争的深入和继续，有限的兵力和资源也使他日益感到力不从心。他的战术优势只能在短期内奏效，难以改变普军在战略上长期处于被包围的态势。1759年以后，由于联军拥有巨大的人力和资源优势，普军的处境日渐窘迫，特别是俄军积极参战以后，普鲁士才感受到了真正的威胁。这不仅因为俄国女皇伊丽莎白·彼得诺夫娜（1709—1762）对弗里德里希二世的扩张政策极为仇视，也在于普军与俄军每一次遭遇都尸横遍野、血流成河。

1758年8月，普俄两军在屈斯特林附近的措恩多夫村打了一场遭遇战，浴血奋战的双方损失惨重，打成平手。此次血战给弗里德里希二世留下了深刻印象：不能低估这个敌人。到1759年，普鲁士的力量几乎消耗殆尽。弗里德里希二世在战场上只能投入10万兵力，而且每战都得争取主动。对手的力量已显著增强，俄奥两军已联合对普作战。8月12日，在奥得河右岸库纳斯多夫附近，俄奥联军给普军主力以毁灭性打击，弗里德里希二世落荒而逃，险些丧命。随即，联军攻占柏林。普鲁士山河破碎，面临亡国危机。弗里德里希二世仍然顽强战斗,并在利格尼茨和托尔高取得局部胜利,但在战略上已身陷绝境。到1760年冬,由于财力匮乏、兵员枯竭,普军战斗力大大削弱,除了对法国一线外,各路普军接连失利。进入1761年,普军形势更加恶化,法军盘踞汉诺威,帝国军队占领德累斯顿,俄奥联军驻扎在西里西亚,弗里德里希二世被赶出波兰,普军穷于应付,疲于奔命,差点儿全军覆没。

普鲁士陷入绝境时,它的盟友英国却在北美大陆大获全胜。法国在欧洲大陆战争中陷得越深,它就越无法顾及海外,英国也就越容易获得胜利。1759年,英国从法国手中夺取加拿大。1761年,英国又取得法属印度本地治里。此外,法国舰队几乎全军覆没。英国既然已经达到了战争的目的,它也就心安理得地把盟友普鲁士交给联军摆布,时间愈久,也就愈加有利于英国坐收渔利。到那时,英国人不仅拥有海洋,还可以在欧洲大陆指手画脚。弗里德里希二世陷入绝望境地,他暗自携带烈性毒药,随时准备在末日到来前服毒自尽。只是联军之间时有意见分歧,延缓了弗里德里希二世悲剧性结局的到来。

然而,事态出人意料地发生了变化,弗里德里希二世绝路逢生,重振精神,最后还赢得了战争。拯救他的,不是他的军队,不是英国的金钱,而是俄国宫廷发生的变故。1762年1月5日,弗里德里希二世的死敌、俄国女皇伊丽莎白·彼得诺夫娜突然驾崩,导致俄国的王位继承和对外政策发生变化,最终改变了弗里德里希二世的命运。俄国女皇的继承人彼得三世(1728—1762)是她的外甥,来自德意志荷尔斯泰因公国。长久以来,他对勇敢的弗里德里希二世极为崇拜,也对他的故土,以及他父亲的祖国普鲁士充满深情。他继位后,不仅命令俄军放弃在普鲁士占领的一切领土,而且与弗里德里希二世结成联盟。1762年6月，双方签订协约，不仅包括上述内容，而且将1.8万名俄军交由弗里德里希二世指挥，联合攻打奥军。弗里德里希二世绝处逢生，利用这一形势，他很快再次把奥军赶出西里西亚，并使法军退回莱茵河彼岸。

但7个月后，彼得三世便招来杀身之祸。新登基的女皇叶卡捷琳娜二世（1729—1796）无意帮助普鲁士，摒弃了俄普同盟，但认可了两国之间的和约，命令俄军退出了战争。弗里德里希二世利用俄军在布克斯多夫附近占领的奥地利阵地，迫使奥军向波希米亚撤退，并通过收复施韦德尼茨和在弗莱堡战胜帝国的军队，让维也纳认识到继续战斗是没有希望的。

1763年2月15日，在莱比锡附近的胡贝图斯堡宫，普奥签订和约，结束了延续7年的战争。双方占有的领土没有发生变化，只是重新肯定了普鲁士对西里西亚的占有，唯一的让步是弗里德里希二世答应支持玛利亚·特丽萨的儿子约瑟夫大公（1741—1790）当选为罗马国王。

延续7年的战争，不仅在欧洲，而且在北美洲和印度同时进行，但欧洲是主战场。在欧洲，弗里德里希二世的国家和军队经历了严峻考验，普鲁士几乎单独抵挡了奥俄法三大强国的联合进攻，并保住了富饶的西里西亚，从此德意志形成普奥二元对抗的格局，普鲁士跻身于欧洲强国之林，迈出了未来称霸德意志的重要一步。七年战争也提高了弗里德里希二世的个人威望，一些国际战略家开始把他与英国的第一代马尔博罗公爵约翰·丘吉尔、奥地利的欧根亲王冯·萨伏伊并称18世纪三大军事天才。

出于这些原因，7年来，普鲁士坚持住了，直到最后获得意想不到的胜利，但是它为这一胜利也付出了沉重的代价。战争吞噬了它的50万人口，也把它所有的领地变为一片废墟。

七年战争结束后的普鲁士，就像是三十年战争结束后的勃兰登堡。战火蹂躏的大地面临着重建的任务。此外，由于战后外交上的孤立——与法国不和、与奥地利敌对、同英国的联系中断，普鲁士与俄国的结盟势在必行。同时，弗里德里希二世同叶卡捷琳娜二世一样，这时已对波兰王国的命运产生了浓厚兴趣。

五、"开明专制"改革

七年战争是德意志的又一场浩劫，休战后的普鲁士和奥地利都面临着战后重建的任务。在普鲁士，战争造成的破坏更为惨重，全国损失精壮人口约50万（总人口约为450万），大批农田荒芜，城市一片萧条，经济生活几近崩溃。

面对满目疮痍的国土，弗里德里希二世重振精神，决心通过一系列改革来恢复和发展国力。这次改革是他以往改革的延续，也贯穿着他早年推崇的"开明专制"思想。

首先，弗里德里希二世把恢复和重建的重点放在改善农奴的状况和农业生产方面。正如他所认识到的，农业是各种技艺中的第一要义，没有它，就没有商人、诗人和哲学家。只有农业才是大地创造的真正财富。1763年，他颁布法令，宣布取消王室领地波美拉尼亚的农奴依附关系，禁止把农奴驱逐出份地。1777年，他又颁布法令保证农奴的财产权和土地继承权。他还通过给农奴减免税款、以优惠的条件支付贷款、提供谷物、修建被摧毁的农舍等方式，尽快使农奴重建家园，恢复农业生产。在西里西亚，他准许农奴免税6个月，并以提供优惠的预付金，以及三年内修建7000所民房的举措，招徕流亡人口，吸引农业劳动力，以促进农业的发展。他还下令，凡因战争房屋遭受破坏的农户，均可接受国家50塔勒的安置费和部分木料，迅速修复住房，恢复生产生活。为鼓励向国内边远落后地区移民，他从军队中征调6万余名士兵，派驻到人口最稀疏的地方，专门协助当地居民修建房屋、恢复生产。直至5年后，当地面貌基本改观，他才允许士兵重返军营。战争间歇，在波美拉尼亚、勃兰登堡和奥得河流域的沼泽地带，有近300座新村庄建立起来，大多数建在新开垦的土地之上。七年战争结束后，政府采取鼓励和优惠政策，奥得河与纳茨河的沼泽地带又有5万多农户定居下来。这种吸引移民的政策在弗里德里希二世统治时期具有稳定的连贯性。1740年至1786年，大约有30万农奴在马格德堡和东普鲁士的边远地区落户。农奴所获土地已达75万公顷，农业恢复发展已取得重要成效。

这一时期，弗里德里希二世还加强了对国外先进农业生产和管理经验的吸收和借鉴。其间，英国的亚瑟·杨格有关农业管理的著述被译介到普鲁士，许多英籍经济学家应聘来普鲁士指导农业发展，更多农业经营者的子弟被派往英国学习。学习者负有把学习内容寄回祖国的任务，源于荷兰并在英国获得发展的先进农业耕作方式和植物栽培技术在普鲁士和整个德意志逐渐传播开来。弗里德里希二世非常关心亚麻、啤酒花、烟叶的栽培，也对扩大牲畜饲料作物的生产很感兴趣。他希望引进种植羽扁豆来改良勃兰登堡和波美拉尼亚湾的贫瘠沙质土壤。此外，他还通过在王室领地上种植马铃薯，奖励饲养美利奴羊，来推广新的动植物品种。其中，马铃薯的栽培具有重要意义。这一作物从1740年就开始引入普鲁士，但一直遭到农奴抵制。直到1764年，国王颁布强制栽种命令以后，马铃薯种植才逐渐普及全国。18世纪70年代，正是马铃薯广泛种植，普鲁士才免遭了一场饥馑。随着新作物品种广泛种植，弗里德里希二世时期，普鲁士首次实施了西欧盛行的耕作三圃制，有效提高了土地利用率，也使单位面积的土地肥力不断增强。这为农牧业的恢复发展创造了重要条件。

弗里德里希二世的农业改革也体现在他对农田水利设施的改造方面。普鲁士境内的几条大河都北向流入波罗的海，彼此之间缺乏横向的水路联系。为适应农业发展需求，弗里德里希二世即位不久就下令修建了连接易北河和哈弗尔河的普劳埃施运河。1744年至1746年，他又下令开凿了连通奥得河和哈弗尔河的芬诺运河。到1772年，随着连接奥得河和维斯瓦河的布罗姆贝格运河的凿通，三条运河把国内几条大河连成一线，大大便利了内河航运，也为农田灌溉提供了优越条件。除了兴修水利，弗里德里希二世还通过疏浚河道、垦殖农田，不断扩大可耕地面积。1747年至1753年，普鲁士通过在奥得河谷地修建排水工程、筑堤围堰，共开辟良田27万摩根[①]，被称为"和平时期占领的一个省"。七年战争结束至1768年，普鲁士又在瓦尔塔河流域用同样的办法垦地12.3万摩根。新垦殖的土地，除了发展农业之外，还广泛植树造林，并仿照英国走农牧业相结合的道路。

这样，随着土地面积的扩大，其内在价值也不断得到提升。到弗里德里希二世统治末年，来到这些地方的移民人数已达30万，其中有

---

① 土地面积计量单位，1摩根约等于1.7公顷。

7.6万人为城市居民。他们的后裔在工业革命后成为强大的产业后备军的来源。

为了增加国家岁入，在工商业方面，弗里德里希二世积极推行重商主义政策，鼓励符合国家利益的纺织、采矿、造纸等工场手工业的发展。针对普鲁士工业品质次价高、生产能力有限等特点，弗里德里希二世通过高额的关税政策，扶植国内生产的发展。他明令禁止食盐、铁器、瓷器等商品输入国内，以刺激国内生产同类商品。在对外贸易方面，弗里德里希二世奉行扩大出口、限制进口的重商主义方针，并力争使贸易服务于国内工商业的发展。他对丝绸、瓷器、毛织品生产规模的扩大和出口十分关切。为发展丝绸工业，他不仅投以巨额资金，而且鼓励柏林附近的乡村牧师和学校教师种桑养蚕，试图从原料入手加强丝织业在欧洲的竞争力。他还接管过一家处于困境的陶瓷厂，通过扩大经营规模，使欧洲稀缺的瓷器生产，在普鲁士成为日趋兴旺的产业。在弗里德里希二世统治时期，普鲁士发展最快的产业是丝织业和毛织业，这两者也是最大份额的出口项目。到1786年，从勃兰登堡运往外国（包括其他德意志邦国）的丝织品价值达65万塔勒，毛织品达62万塔勒；运到普鲁士各省的丝织品和毛织品的价值分别为47万塔勒和50万塔勒。其时，工业总产值约为3000万塔勒，贸易顺差达300万至400万塔勒，普鲁士成为名副其实的重商主义国家。

为了使有限的资金更有效地用于国家建设，弗里德里希二世十分注意运用国家政权的力量对财政支出进行宏观调控。战争年月，军费支出浩大，需要各部门全力支持军事开支；和平年代，军费开支减少就适当缩减军费，以增加建设资金。其中，缩减部分常常转化为国家贷款，用来扶植工商业的发展。为此，他当时分别设立了柏林国家银行和军队银行,以分工协作的方式管理国家财政。一切工业税纳入军队银行,用于支付全部军用开支;其他款项均由国家银行控制。

弗里德里希二世的经济政策是服务于他的军队建设和国家至上原则的。他的农业改革顺应了欧洲农业革命的整体形势,对七年战争后的恢复和重建产生了一定积极影响。他的所谓"保护农奴"的主张,实际上是企图为国家保持一定数量的自由农民,以保证国家的税源和兵源。他的重商主义政策,促使普鲁士经济逐步走向繁荣,提高了容克贵族在国家政治生活中的地位,并为他强化专制统治和扩大对外扩张提供了经济实力。

弗里德里希二世富有影响的另一改革成就体现在司法领域,这是反映启蒙运动对他的影响,并赋予他的改革以"开明专制"的重要领域。普鲁士自立国以来,一直没有通行全国的根本大法,普遍盛行的是中世纪的领主裁判法和神裁法,致使国家施政无法可依,司法程序混乱,法官素质低下,冤假错案屡见不鲜。这种司法状况,既影响政治秩序的稳定,也使各项改革难以深入进行。执政伊始,弗里德里希二世就以健全法制为己任,先后废除了中世纪遗留下来的多种酷刑,减轻了对盗窃、谋杀等罪的刑罚,并提拔了一批受过良好教育、政风廉洁的法官,着手进行全面改革。其中,先后担任司法大臣的科策布和卡默尔是他推行改革的主要执行人。1746年,科策布首先拟订了全面改革的计划:在普鲁士全境建立一套单一的中央集权司法系统,以新的统一程序改变司法混乱的局面;精简法官人数,提高其工作效率;将所有法律汇编成法典,推行全国。经过5年努力,普鲁士形成了以柏林最高法院和各省高等法院为统一体的司法系统,改革、简化了司法审讯程序,提高了法官和律师的任职资格要求和法律地位,任用受过训练的司法人员对庄园法庭进行了改造与重建。1784年，普鲁士公布了由司法大臣起草的邦国统一宪法草案。国王要求臣民逐条对宪法草案进行公开讨论，广泛征求意见。宪法宣布了国家至上、以法治国的原则，并表达了国王完全放弃干预司法的改革精神，因而受到普遍重视，一些资产阶级学者也称赞国王"开明"的思想和决策。宪法经过10年的酝酿，最终于1794年颁布生效，称为《普鲁士通用邦法》。这部法典以法律的形式肯定了司法改革的上述成果，对诸如放宽书报检查制度、实行宗教宽容政策、提倡发展科学与艺术、重视发展世俗教育等贯穿"开明"精神的改革原则做了具体规定。宪法是普鲁士第一部根本大法，它为调解普鲁士统治者与臣民的关系提供了法律依据，是弗里德里希二世以法制精神巩固国家权力的重要成就。

与司法改革和立法建设同期进行的还有行政机构改革。自1723年起，国王弗里德里希·威廉一世创立财政、军事与王室领地总执行局以来，这个机构就成为加强中央集权的核心机构。这个机构最初由4名大臣和若干枢密财政顾问组成，以后人数不断增加，最后竟达20人。大臣的分工同时遵循两条原则：每个大臣既要全面负责一个指定地区的包罗万象的事务，又要负责所有地区的一项特定工作。但他们管理职能有一定重叠，彼此之间经常发生摩擦。弗里德里希二世执政后，为了使职能部门更为专业化，并使权力更为集中，就在这一机构之下逐步设立5个新的职能部门：工商部（1740）、军事事务部（1746）、货物税和关税部（1766）、矿山冶炼部（1768）、森林部（1771）。这些专职部门，摆脱了总执行局的烦琐程序，办事效率大大提高，同时它们均被置于对弗里德里希二世本人负责的官员控制之下，使国王的权力变得更为集中。为集中处理外部事务而设置的对外事务部，成为弗里德里希二世的内阁。只保留两三个内阁大臣，完全听命于国王。弗里德里希二世坚持每日在内阁工作，夙兴夜寐，通常在早饭前便批阅完大使的公文和贵族的来信；午饭以前，来信已一一答复；对所有请愿书、政府部门的报告和其他国家的文书，通常由私人秘书分类后以书面或口头做出明确指示。由于他事必躬亲，官员无人敢懒散怠惰、塞责渎职，普鲁士宫廷因此秩序井然、政风廉洁，讲求效率之风远近传扬，被视为欧洲各国宫廷的典范。当然，弗里德里希二世的为政原则是权力高度集中在君主手中，不仅集中在波茨坦，而且要集中在君主的头脑里。因此，他不允许大臣或将军有独立思考的选择，正如他所要求他的军队那样：没有人思考，人人都得尽职。因此，大臣只是他施政的工具，谁也没获得过独立行事的殊荣。用弗里德里希二世的话来讲，要是牛顿同笛卡尔商量的话，那他永远不会发现万有引力定律。他认为，要考虑别人的意见或者把职责交给能力不如自己的人，就算不是失职，也是一种对资源的浪费。因之，除了国王本人，他不希望别人思考。

和平岁月里的经济建设和政权建设，没有影响被弗里德里希二世视为安身立命之所的军队建设。其实，他的一切改革都服从并服务于军队建设。他始终意识到，作为普鲁士国王，必须经常备战，并把整个政策立足于这种准备。七年战争结束后的第4年，他的军队规模就开始扩大，到他统治末年，其总兵力已接近20万，平均32个居民中就有1个士兵，这一比例远高于欧洲各军事大国（奥地利平均64个居民中有1个士兵，俄国平均91人中有1个，法国平均140人中有1个）。弗里德里希二世治军森严，纪律严明，训练有素，强调士兵绝对服从，因而其军队具有较强的战斗力，被视为欧洲最好的军事组织。

正是依靠这种纪律，人数较少的普军在七年战争中多次击败人数众多的法奥联军的进攻，成为驰骋欧洲的一支劲旅。在战略战术上，弗里德里希二世提倡主动进攻，灵活机动，打短而激烈的战争。他认为，战争的目的不是占领或守住一片领土，而是摧毁敌人的有生力量；在强敌围攻面前，最有效的作战方式，就是迫使敌人按自己的战术行动，诱使他们在运动战中犯错误，最后聚而歼之。他的这些战术，以及骑兵、炮兵配合作战的原则，对欧洲产生了巨大影响。

弗里德里希二世改革，使七年战争结束后的普鲁士经济得以迅速恢复发展。他的一系列制度化建设，增强了容克贵族的力量，强化了专制王权的统治。以他的统治为标志，普鲁士进入了前工业社会一个较快发展的时期。他统治末年，普鲁士人口已从他即位初的220万增至543万，土地收入产值由300万塔勒增至600万塔勒，国家税收亦由300万塔勒增至1100万塔勒，国库储备也从800万塔勒增至5000万塔勒。这些进步与廉洁高效的管理体制和奋发进取的社会风气相结合，把普鲁士由一个默默无闻的边陲小邦上升为举足轻重的欧洲大国。

六、瓜分波兰

七年战争结束后，经过近10年的恢复和重建，国力日渐强大的普鲁士重新恢复了扩张主义传统。念念不忘先祖"遗训"的弗里德里希二世，决心通过新的扩张活动，把分散的领地连接成一片完整的疆土。为此，他把侵略的矛头指向日益衰弱的波兰，力图占有勃兰登堡与东普鲁士之间的波兰领土，把波罗的海南岸的土地连成一片。

18世纪，波兰是除俄国以外欧洲最大的国家。它的疆界从波罗的海抵达黑海，向东延伸近1300千米，横跨东欧平原，算得上一个泱泱大国。在历史上，波兰一度把普鲁士变为它的藩属；也多次出兵莫斯科，威胁俄国的安全；为争夺波罗的海霸权，它曾与丹麦、瑞典长期对抗，是波罗的海周边国家中的一大强国。但是，由于农奴制度长期存在，工商业和城市不健全，波兰的经济发展水平十分落后；加上民族构成复杂，国内教派林立，历史上遗留下来的"自由选王制"和"自由否决权"两项贵族特权长期存在，未能形成中央集权，波兰的国势于17世纪中期开始走向衰落。进入18世纪，柏林和莫斯科已相继变为高度集中的权力中心，而这个名为波兰的广阔地区却因王权衰微和地方分离势力壮大，实际成为一个没有政治压力的权力真空。由于贵族不缴纳捐税，波兰国王实际是一个没有军队、没有法院、没有官吏，也几乎没有收入的政治偶像。数年一度的国王选举常常成为贿赂和施展阴谋的角斗场，由此所引发的派别矛盾总是使国家陷于长期的无政府和混乱状态。这些都为外国势力插手和干涉大开方便之门。

事实上，从1572年到波兰被灭亡的200年间，只有两位波兰本国人担任国王，派别纷争使波兰贵族更愿意接受外国人担任国王。此外，中央权力的行使，还因国会实行一票否决制而陷入瘫痪。1652年至1764年，波兰共召开55次国会，其中有48次因一票反对而没有通过任何议案。波兰因内在隐患正处于危亡和解体状态，这种趋势正好为国力不断上升的普俄两国利用，它们觊觎波兰领土就不可避免了。

七年战争期间，相互交战的普俄两国军队已经把波兰国土视为"路边客栈"随意驻扎，双方都以波兰允许对方驻军表示不能尊重它的中立地位，但波兰贵族以惊人的惰性和短浅目光，未能充分考虑这一问题的危害和实质。事实上，自从大北方战争爆发以来，波兰已岌岌可危。它的大片领土曾被瑞典占领，国王的王冠也一度不翼而飞。在彼得大帝的帮助下，波兰起死回生，但很快又沦为俄国的附庸。彼得大帝以保护人自居，曾采用各种办法控制波兰。从女皇安娜到女皇伊丽莎白·彼得诺夫娜，俄国统治者都把波兰视为抵挡瑞典和普鲁士侵犯的屏障。在普俄对抗的形势下，波兰的领土保持完整，但主权已逐渐丧失。到七年战争结束时，波兰仅作为普俄冲突的缓冲地带"完整"存在。不过，这块辽阔的土地上已投下了被列强瓜分蚕食的阴影。

普鲁士很早就想肢解波兰领土，但国力有限，未敢轻举妄动。七年战争结束后，出于摆脱外交孤立的考虑，弗里德里希二世积极谋求与俄国和解，并密切关注它在波兰的动向，为参与分割这个邻国等待适当的时机。在俄国，叶卡捷琳娜二世继位后，对波兰的控制进一步加强。为了实现她可以随意干涉波兰的野心，1764年9月，叶卡捷琳娜二世命令5万军队开进华沙，把波兰贵族斯坦尼斯瓦夫·波尼亚托夫斯基扶上波兰王位，史称斯坦尼斯瓦夫二世（1764年至1795年在位）。从此，波兰完全成为俄国的政治附庸，俄国吞并波兰的步骤日益加快。叶卡捷琳娜二世宣布自己是波兰自由的保护人，主张维持波兰的政治现状（包括自由选王制），以扩大俄国在波兰全国的政治影响。为了防止俄国独吞波兰，弗里德里希二世最先提出瓜分波兰的主张。早在1764年4月，他就派人与叶卡捷琳娜二世密谋，签订了针对波兰的条约，支持在波兰维持现状，以后又对波尼亚托夫斯基登上王位提供了必要的合作，这些都为俄普奥三国瓜分波兰提供了必要前提，但促使叶卡捷琳娜二世最终接受瓜分主张的则是俄土战争。

叶卡捷琳娜二世对波兰事务的干涉，引起法国和奥地利的嫉视。对法国来说，波兰、瑞典、奥斯曼土耳其帝国一直是它外交上的"外围藩篱"，过去这道藩篱长期被用来对付神圣罗马帝国，而现在它希望用它来防范正在崛起的俄国。对奥地利来说，俄国西扩将打破东欧的势力平衡，还将威胁它在波兰边境的特殊利益。在法国和奥地利驻伊斯坦布尔大使的煽动下，奥斯曼土耳其帝国苏丹于1768年10月对俄国宣战，第五次俄土战争随即爆发（1768—1774）。奥斯曼土耳其帝国同波兰一样，也是叶卡捷琳娜二世外交棋盘上想要吃掉的棋子，因为她想使俄国冲出黑海，并占领从波罗的海到地中海这一片组织松散的地带，无论波兰的，还是奥斯曼土耳其帝国的，她都要。事实表明，奥斯曼土耳其帝国对俄国宣战是鲁莽行动，招致黑海海峡对俄国开放，并丧失了黑海北岸的土地，但这帮助了弗里德里希二世，使波兰遭到了重创。

第五次俄土战争牵制了叶卡捷琳娜二世对波兰的注意力，为弗里德里希二世提供了通过外交活动加紧蚕食波兰的机会。弗里德里希二世知道，奥地利正在为俄国扩张打破东欧地区的均势而担忧，就主动与他过去的对手协商，建议俄奥普三国瓜分波兰，以维持东欧均势并防止可能爆发的俄奥战争。1768年至1770年，弗里德里希二世同奥地利君主约瑟夫二世进行了三次会晤，双方捐弃前嫌，日趋友好，最后达成瓜分波兰的默契。此后，弗里德里希二世又派人到圣彼得堡游说叶卡捷琳娜二世。他知道，没有俄国参加，瓜分波兰是无法实现的。叶卡捷琳娜二世早有独吞波兰的野心，但第五次俄土战争使她受到牵制。此外，1771年夏，奥地利与奥斯曼土耳其帝国缔结防御同盟的消息，也给她带来外交上的压力。为了拉拢奥地利放弃同奥斯曼土耳其帝国的同盟，女皇最终同意了三国瓜分波兰的主张。起初，圣彼得堡方面只打算把东普鲁士西部的瓦尔米亚地区划割给普鲁士，但弗里德里希二世很不满意，以致谈判有搁浅的危险。后来，波兰南部爆发反政府暴乱，奥地利应波兰国王请求出兵平叛，乘机占领了克拉科夫附近地区。这里不仅战略地位重要，而且有丰富的矿产资源。奥地利出兵波兰引起普俄两国的惊慌，叶卡捷琳娜二世被迫向普鲁士做出更大让步，同意奥地利一同参与瓜分波兰。

对奥地利来说，波兰这个天主教国家的削弱和俄国的逼近是同样可虑的。玛利亚·特丽萨曾为约瑟夫二世参与这一不义之举感到良心不安，但是奥地利实力太弱，无力阻止俄奥两国瓜分波兰，而袖手旁观又会使自身同普鲁士和俄国之间的力量对比更加悬殊。同时，奥地利和普鲁士一样，要预料到整个波兰成为俄国的战利品的可能性。

这样，俄普奥三国的态度便决定了波兰的命运。1772年8月5日，俄奥普三国在圣彼得堡签订了第一次瓜分波兰的条约。依据该条约，俄国获得西德维纳河、德鲁蒂河和第聂伯河之间的白俄罗斯地区和拉脱维亚的一部分，面积为9.2万平方千米，人口约为130万；奥地利占领了维斯瓦河和桑河以南地区，以及加利西亚的大部分，共8.3万平方千米，人口约为265万；普鲁士占领格但斯克以外的波莫瑞地区、托伦市以外的维尔诺地区、马耳博克省、瓦尔米亚等波罗的海沿岸的波兰领土，以及一部分大波兰地区和库雅维地区，共3.6万平方千米，人口约为58万。同年11月13日，普鲁士政府把这些新占领的辖区（瓦尔米亚除外）改建为玛里恩维尔德领地，统称新普鲁士。1773年1月31日，根据弗里德里希二世的旨意，该地区又易名为西普鲁士省，把柯尼斯堡等行政区域改建成东普鲁士省。

从分得的面积、人口来看，俄国所占份额最大，占被瓜分总面积的42%以上，但人口稀少，经济发展相对落后（但比俄国本土先进）。叶卡捷琳娜二世对她所得的部分并不满意，因为此前她已是整个波兰的主人。奥地利皇室对所分到的波兰领土反应不同：特丽萨难以按捺心头的不安，约瑟夫二世则欣然接受。普鲁士所得份额最小，但弗里德里希二世比较满意，因为他实现了霍亨索伦王朝的夙愿，把王国的中西部与东部连成了一片，构成从易北河绵延至立陶宛的完整边界，加强了对东部地区的控制和各领地之间的经济文化联系。其中，维斯瓦河口不仅具有重要的战略地位，而且是直通波罗的海的贸易通道。失去这一通道，加速了波兰的封闭和衰落；占据这一通道，为普鲁士经济重心东移和加强它在波罗的海的经济战略地位创造了条件。

弗里德里希二世死后，他的后继者弗里德里希·威廉二世（1786年至1797年在位）利用法国大革命爆发后的欧洲危机，分别于1793年和1795年两次参与瓜分波兰，与奥俄两国一道吞并了波兰残存的领土。列强瓜分波兰期间，波兰人民曾举行大规模起义，但终因力量薄弱，被俄普奥联合镇压。普鲁士三次参与瓜分波兰后，其领土由不足

16万平方千米增至31万平方千米，人口也由七年战争结束后恢复期的543万增至868万，成为德意志地区最大的邦国。通过肢解波兰，普鲁士统治者终于实现了他们的夙愿，把波罗的海沿岸的土地连成一片。与以往的领土扩张有所不同，瓜分波兰是他们首次未经战争，仅通过几份协定，而且形式上经过波兰议会和国王的"批准"，就兼并了一个有着历史悠久的民族的领土。

第二章
德意志的剧变

1789年,法国爆发了具有世界影响的资产阶级革命。作为一场超越本国国界的运动,法国大革命对德意志社会的影响比其他任何国家或地区更为深远。法国大革命激发了德意志的民族意识,并通过革命战争和军事占领动摇了欧洲旧的封建秩序,整个欧洲都发生了前所未有的变化。以法国大革命为标志,德意志进入一个剧变的历史时期。

一、法国大革命的影响

法国大革命的爆发震撼了毗邻的德意志,它像霹雳一样击中了这个叫作德意志的混乱世界。

与法国接壤的德意志地区最先响应法国大革命。其中,西部的莱茵地区是受影响最早,也是响应最强烈的地区。早在1789年秋天,普法尔茨、黑森和上莱茵地区就爆发了农奴拒绝服徭役和纳租税的暴动,萨克森和西里西亚也爆发了手工业者、家庭工人反对剥削的罢工和骚动。从1790年春天开始,萨克森农奴起义波及萨克森广大地区,持续半年之久,大有发展为农奴起义之势。这些革命响应主要限于局部地区，也缺乏政治性革命力量的引导，坚持一段时间后，相继走向失败。在德国，政治分裂，资产阶级力量软弱，下层民众的革命响应未能演变为引发全德革命的熊熊烈火。

在德意志知识界，法国大革命的影响曾得到异乎寻常的热烈反应。不少奔赴巴黎的人给家里寄来热情洋溢的报道，德意志本土也有成群的狂热者为法国大革命举行群众大会，庆贺这个新时代的开端。黑格尔把法国大革命喻为壮丽的日出，歌德也在诗作中称法国大革命是朝阳发出的第一道光芒，赫德尔以基督教的诞生和民族大迁移比拟法国大革命的影响，康德和费希特则把这场革命视为卢梭热爱自由思想的充分体现。在德意志知识界，几乎所有的文化名人都在法国大革命初期对法国大革命表达了积极的赞赏态度。但是，随着法国大革命向周边国家或地区蔓延，随着法国军队进一步把活动范围扩大到国外，除了少数人外，德意志知识界开始对法国大革命持否定态度。他们开始对普遍的人道主义观念丧失信心，并激发了对德意志民族精神特殊性的追求。这种民族精神，作为法国大革命的一个副产品，促进了德意志民族意识的觉醒。

法国大革命对德意志的未来命运产生决定性影响的，是新法国与旧欧洲列强之间的冲突。随着法国大革命不断蔓延，以及法国对外政策发生变化，德意志的政治形势和领土状况发生了彻底变革。

到1792年，节节胜利的法国同德意志封建诸侯之间的冲突已经变得不可避免，而起初能够领会巴黎的变革将引发欧洲危机的人寥若晨星。种种迹象表明，自七年战争以来，特别是参加北美独立战争以来，法国已急剧走向衰落，财政破产，债务重重，再加上连年歉收和饥馑的困扰，人们已不再把法国视为欧洲强国。另外，东方三强（俄奥普）对波兰命运的安排，以及1787年开始的第六次俄土战争正吸引着各国政治家的注意力。没有人担心来自德意志西部的威胁，他们渴望看到的是这个国家将在这场新的混乱中进一步走向衰落。

但是，法国大革命很快就对整个国际格局产生了决定性影响。法国大革命的爆发和蔓延，没有导致法兰西进一步衰弱，反而使法国出现了一种新兴力量，一种用传统防御方式无法应付的新威胁正从混乱中勃然兴起。这种威胁打破了旧的欧洲均势，使列强同资产阶级革命后的法国的斗争，很快成为一切国际事件和外交冲突的中心。毗邻的德意志最先受到革命风暴的冲击。

冲突和摩擦最初源于法国国民议会颁布废除一切特权的决议，对阿尔萨斯封建主享有的邦君权利的触动。德国封建主对法国君主派流亡者的友好接待，又进一步激怒了法国人民。但更危险的纠纷是奥地利君主联合普鲁士国王对法国大革命直接干涉。他们对法国王室备受痛苦的消息震惊不已，主张通过君主间的合作，来抑制法国人的过激行为。1791年8月27日，两位君主发表《庇尔尼茨宣言》，不仅表达了对完全恢复法国王室统治的共同关怀，也表达了为实现这一目的将使用必要的武力。此后，维也纳同柏林更紧密地联结起来，并于1792年2月7日签订奥普友好防御条约，约定如法国发动进攻，两国将各派20 000兵力互相支援。在法国，较为激进的吉伦特派组阁。他们不顾温和派和更为激进的雅各宾派的反对，通过了对奥宣战决议。1792年4月20日，法国立法议会正式向奥地利宣战，延续近1/4世纪的战争由此开始了。

战争爆发，对法国而言，意味着维持近两年的和平防御外交转向积极进攻，自此战争被视为捍卫大革命成果、抗击欧洲封建君主侵略的神圣手段，并逐步扩展到法国国境以外。"给茅屋以和平，给宫廷以战争。"以战争手段把欧洲各国人民从封建统治下解放出来，也逐步成为法国大革命新的目标。但是，开战初期，保王党势力卖国通敌，法军节节败退，前线局势危急。普鲁士趁机于1792年7月6日参战，奥普联军于7月上旬开始越过边境，侵入法国。7月11日，立法议会宣布"祖国在危机中"，号召全民抗战。7月25日，奥普联军总司令不伦瑞克公爵发表宣言，声称将毁灭巴黎，严惩罪犯。不伦瑞克宣言激发了法国人民的爱国热忱。9月20日，同仇敌忾的法军在瓦尔米高地大败奥普联军。几周之后，法国革命军就进入了德意志。11月6日，奥军在热马普战败，奥普武装干涉法国大革命以失败告终。

1792年年底至1793年年初，法军长驱直入，相继占领莱茵河西岸和比利时，以及南方的萨瓦、尼斯。法军在莱茵河西岸胜利进军，使英国和整个欧洲由惊慌转向不安。为了保障尼德兰这道欧洲大陆屏障，维持欧洲旧有的均势，英国出面于1793年2月组建第一次反法联盟。参加这个阵营的有英国、普鲁士、奥地利、俄国、荷兰、西班牙、葡萄牙、撒丁、那不勒斯，以及德意志的部分小邦。这是全欧范围内结成的反对法国大革命的同盟。盟军在数量上的优势，一度使法国处于防御地位，并失去了许多新占领的土地。但是盟军的围攻加剧了法国国内的政治变革，革命中最激进的派别——雅各宾派在危急关头登上政治舞台。雅各宾派通过土地立法、限价政策、恐怖手段，把法国革命推向高潮。它的普遍征兵法令使法国军队成为一支令整个欧洲望而生畏的武装力量。

1793年秋天，法兰西共和国陆军人数已逾百万。这支军队以每分钟120步的快步伐，替代了它的敌人固守传统的70步，创造了新的流动战术。这支军队就地取得给养，摆脱了它的对手所依赖的辎重车辆，从而经常处于流动之中。这支军队摒弃了欧洲一切军队使用的横列队形和陈旧的军事理论，代之以新的散兵队形和急袭猛攻的作战方法。这支军队以自由农民为骨干，指挥作战的不是门第高贵的望族，而是以前默默无闻但功勋卓著的劳动者子弟。这一切结合起来，使这支军队成为一支无敌于欧洲的军队。

自1793年9月起，法军捷报频传，敌人从四面八方被赶出法国。1794年春天是胜利的春天，乘胜追击的法军再度越出国界，相继进入热那亚（意大利）、加泰罗尼亚（西班牙）和比利时。1794年6月24日，法军在弗勒律斯获胜，把莱茵河西岸再度并入法国。

1795年5月，反法联盟中最先感到力量不支的普鲁士通过单独与法国媾和退出了战争。依据《巴塞尔和约》，法国可以自由处置莱茵河以西地区；作为回报，普鲁士在莱茵河以东获得补偿。同年7月，法国又与西班牙签订和约；荷兰早在同年5月就与法国议和。在欧洲大陆上，只剩下奥地利一国对法作战。1796年，热月党人组成的督政府命令军队兵分三路攻打奥地利。其中，意大利方面军的指挥官拿破仑·波拿巴（1769—1821）率军绕道意大利，出其不意地取得对奥战争的决定性胜利。1797年4月，拿破仑率大军进逼维也纳。奥地利被迫签订《坎波福米奥和约》，放弃了对比利时的统治，并承认拿破仑在意大利建立的两个共和国——利古里亚共和国（热那亚）和阿尔卑斯山南共和国（米兰）。同两年前的普鲁士一样，奥地利在一项秘密附带条款中同意把莱茵河西岸地区割让给法国。至此，1793年缔结的第一次反法联盟宣告瓦解。

法国对第一次反法联盟的胜利，有力地巩固了法国大革命的成果,并使法国大革命的原则被推广到法国以外的广大地区。在新占领的莱茵河西岸地区,法国占领者通过废除旧的租税、贡赋和徭役,使当地居民逐渐摆脱了封建关系的束缚,使莱茵地区后来成为德意志最发达、最富有生机的地区。但是,法国输出革命的进步意义因其对占领区的掠夺和扩张而受到削弱。从战胜第一次反法联盟以来,法国的对外政策开始具有两重性:既有捍卫革命成果的一面,又有对外扩张和掠夺的一面。特别是大资产阶级掌权以后,这种两重性变得十分突出。

1799年,随着拿破仑执掌政权,法国对德意志的政策成为这种双重属性的重要体现。从此,德意志的政治形势和领土现状,随着拿破仑战争的蔓延,开始发生前所未有的变化。

二、拿破仑在德意志的统治

法国粉碎第一次反法联盟后,唯有英国继续与法国处于战争状态。为了打击英国,1798年夏,法国督政府派遣拿破仑·波拿巴远征埃及,试图通过控制英国通往东方的航路来动摇这个海上强国的地位。但是,这个庞大而冒险的计划因英国海军上将纳尔逊在阿布基尔海岬全歼法国舰队而化为泡影。法国遭受这一挫折,立即鼓舞了所有憎恨法国的国家加入英国策动的第二次反法联盟(1798—1802)。除了英国、奥地利、俄国、葡萄牙、那不勒斯,奥斯曼土耳其帝国也因拿破仑占领它的埃及属地而站在英国一边。1799年春天,欧洲战争在对法国极为不利的形势下重新爆发。在反法联军合围下,法国先后失去了米诺卡岛和马耳他岛，接着又在瑞士和意大利为俄奥联军所败。身陷埃及的拿破仑无法打破英国舰队的封锁，一筹莫展。法国国内督政府的统治，因战时经济生活紊乱和强敌压境而变得风雨飘摇，岌岌可危。法国大革命再次处于命运攸关的危急关头。时代呼唤一个能够保卫法国大革命成果的强有力的政府。

1799年8月，一份载有法国内外形势恶化消息的报纸被送到法国东征军总司令拿破仑手中。他怀着攫取政权的野心，决定立即启程回国。10月9日，经过47天艰难航行，身带少数随从人员的拿破仑在法国南部海岸登陆。当时，法国资产阶级正在策划建立一个强有力的政权，拿破仑归来使他们如获救星。经过三个多星期的周密准备，1799年11月9日（共和历雾月18日），拿破仑发动政变，推翻督政府，建立了以他为第一执政的执政府，实行独裁统治，史称雾月政变。1804年12月，拿破仑加冕称帝，法兰西共和国成为法兰西帝国，亦称法兰西第一帝国或拿破仑帝国。

拿破仑政权的实质是大资产阶级专政。这个政权保卫了法国大革命爆发以来资产阶级和自由农民争得的主要民主成果，废除了激进的资产阶级的恐怖措施。这是一个具有两重性的政权。这种两重性反映在对外关系方面，既有捍卫和推广大革命精神、打击反法联盟的一面，又有殖民扩张和大国争霸的一面。这个强有力的政权崛起，毗邻的德意志无论在政治形势上还是在领土占有上，都受到了沉重冲击。

拿破仑发动雾月政变，登上法国政治舞台时，法国同第二次反法联盟依然处于战争状态。督政府腐败无能，导致法军在前线连续失利。针对这种形势，拿破仑决定通过外交途径争取俄国，分化反法同盟，集中力量打击奥地利。俄国沙皇保罗一世（1796年至1801年在位）反复无常，感情用事。这时，他正因马耳他岛和北意大利事务同英奥发生深刻矛盾，拿破仑乘机与俄国言和，答应日后把马耳他岛割让给俄国（当时英国已从法国手中夺取了马耳他岛），并对被俘俄军予以体面释放。保罗一世遂与拿破仑结成秘密同盟，甚至于1801年1月命令一支顿河哥萨克军队取道布哈拉和希瓦汗国，直下印度河，配合拿破仑发动对英国作战。不料，1801年3月23日，保罗一世在寝宫中被谋杀，这使拿破仑的印度计划化为泡影。新沙皇亚历山大一世（1801年至1825年在位）退出了第二次反法同盟。

俄军一撤退，法军就以雷霆万钧之势冲向奥地利。1800年6月14日，拿破仑在马伦戈战役中取得了对奥军的决定性胜利。同年12月3日，法军又在霍恩林登战役中再创奥军。战败的奥地利被迫再次求和。1801年2月9日，双方签订《吕内微尔和约》。依据这个和约，法国获得在《坎波福米奥和约》中早已确认并进一步扩大的莱茵河西岸地区，奥地利放弃比利时和列日，并承认法国在东部边境从北到南建立的一系列卫星藩属共和国，作为法国的屏障。它们是巴达维亚共和国（荷兰）、海尔维第共和国（瑞士）、利古里亚共和国（热那亚）、阿尔卑斯山南共和国（伦巴第-米兰）。奥地利再次失去对意大利和莱茵地区的统治权，这是它所不甘心的。《吕内微尔和约》实际上瓦解了第二次反法联盟。英国也于1802年3月同法国签订《亚眠和约》，欧洲进入拿破仑战争期间唯一一个暂时休战时期。

第二次反法联盟的失败和法奥间和约的签订，对德意志政治现状和领土布局产生了深刻影响。首先，奥地利以德意志帝国的名义放弃了莱茵河西岸地区，德意志丧失了约3000平方千米的土地和近400万居民（占全德人口的1/7），莱茵河从此成为法兰西共和国和德意志地区之间的国界。其次,和约规定对莱茵河西岸地区被赶走的德意志世俗诸侯蒙受损失将在帝国内部用教会土地加以补偿的原则,导致了德意志领土的重新分配和帝国政治体制的深刻变化。为澄清后者,德意志在累根斯堡召开了全帝国代表会议。在拿破仑和亚历山大一世的监督下,会议以法俄两国于1802年8月提出的计划为基础,于1803年2月25日通过了《全帝国代表会总决议》。该总决议规定取缔帝国内部的112个邦国,以小邦并入大邦的方式把德意志邦国的数目缩减至30多个;绝大部分教会诸侯邦国实行了教产还俗;1500个帝国骑士领地和45座帝国直辖市失去直属帝国的地位,被分别置于世俗邦国之下;汉堡、不来梅、吕贝克、奥格斯堡、法兰克福和纽伦堡这6座帝国城市仍保持独立地位。巴伐利亚、符腾堡、巴登等中等世俗邦国通过兼并小邦扩大了领土。奥地利得失相抵,势力相对有所削弱。普鲁士因退出汉诺威,失去约124平方千米的土地和13.7万人口,但它从补偿中获得约610平方千米的土地和60万人口。这样,普鲁士获得希尔德斯海姆、帕德博恩、艾希斯费尔德、埃尔福特、明斯特东部及其城市,大修道院领地黑尔福德、奎德林堡、埃尔滕、埃森、韦尔登、卡彭贝格,以及帝国城市米尔豪森、诺德豪森、戈斯图拉等地,它在西北德意志的地位大大加强。

德意志领土变动是反法战争失败的结果,无疑贯穿法国的战略意图,即:通过大量缩减小邦,扩大中等邦国的势力,以对抗奥普两大邦。同时,适当照顾普鲁士的利益,以集中削弱和打击奥地利。但是,这种领土变动方式改变了德意志长期以来小邦割据分裂的局面,客观上为德意志的统一扫除了障碍。另外,教产还俗,以及一些天主教诸侯领地被废,德意志地区的天主教势力遭到沉重打击,这又为德国政治生活世俗化的发展创造了前提。此外，随着信奉天主教的邦国数目大大减少，人们可以预见的是奥地利哈布斯堡家族被推选为神圣罗马帝国皇帝的机会也在变小。对这些既成事实和潜在可能，奥地利是不甘心接受的，新的战争仍然不可避免。

1805年8月，奥地利加入由英俄两国策动的第三次反法联盟，德意志同法国的战争再度打响。拿破仑原计划率法军登陆不列颠作战，但因法国舰队在特拉法尔加海战中遭受英军重创而放弃。在陆上，10月中旬，法军在乌尔姆击败奥军，长驱直入，并于11月攻下维也纳。12月2日，法俄奥三国在维也纳东北120千米处的奥斯特里茨打响了著名的三皇会战，法军一举歼灭俄奥联军三万余人。这一辉煌胜利迫使俄军残部退入波兰，奥地利被迫再次议和。依据同年12月26日签订的《普雷斯堡和约》，奥地利放弃它在意大利仅存的属地威尼西亚，承认拿破仑为意大利国王；割让蒂罗尔和福拉尔贝格给巴伐利亚，它保有的其余南德领地分别让与巴登和符腾堡。此外，它被迫赞同将巴伐利亚和符腾堡升格为王国。第三次反法联盟至此宣告瓦解。

《普勒斯堡和约》以把奥地利完全排挤出意大利和德意志，并扩大了亲法的中等邦国势力，再次实现了法国的战略意图。但拿破仑并不以此为满足，他于1806年7月策动西部和南部的16个邦国组成莱茵联邦，脱离德意志，进一步肢解了德意志。莱茵联邦以拿破仑为保护人，作为对抗奥普两大邦的"第三德意志"，在事实上宣告了神圣罗马帝国的灭亡。1806年8月6日，德意志皇帝弗朗茨在宣布自己是奥地利皇帝的同时，正式宣布帝国皇位已不复存在，形式上延续近850年的德意志神圣罗马帝国就此终结。

帝国瓦解和奥地利衰落，使普鲁士成为拿破仑在德意志扩张的新目标。自1795年签订《巴塞尔和约》以来，普鲁士与法国之间的和平维持了10年之久。现在，随着奥地利的军事失败，普鲁士急于充当德意志霸主的心情日益迫切。但是，拿破仑要全面控制德意志的计划也越来越清晰，莱茵联邦不断壮大（最后达到21个邦），不仅使他的权力深入德意志中央，而且直接威胁普鲁士的领土完整。汉诺威曾被当作普鲁士保持中立的棋子，现在又被用作同英国讨价还价的筹码。对这种欺骗和公然侵犯，普鲁士国王怒火中烧，愤愤不已。他因绝望而鼓起了勇气：因为他确信，不管他怎样卑躬屈膝，拿破仑还是要进攻普鲁士的。

1806年9月，普鲁士参加了英俄两国策动的第四次反法联盟。在举国一片愤怒的主战声中，头脑发热的普鲁士政府甚至在盟友尚未一致行动的情况下，便昏头昏脑地单独对法宣战。

1806年10月9日，两军在施列茨相遇，普军初战失利，损失约700人。第二天，两军在扎尔费尔德交火，普军再败，丧失1500人。关于这两场小战役的消息传至柏林，所有人都为之震惊，过分自吹自擂很快为张皇失措、胆战心惊取代。10月14日，耶拿战役和奥埃尔施塔特战役决定了普鲁士的命运：全军覆没，士兵成百上千地向法军投降，到处弥漫着绝望的惊慌心情。10月27日，战争的第19天，耶拿战役的第13天，拿破仑以胜利者的姿态穿过普鲁士的凯旋门——勃兰登堡门，进入柏林，命令法军继续追击仓皇东逃的普鲁士残军。到11月8日马格德堡投降，拿破仑在一个月的时间内就消灭了他曾认真加以考虑的欧洲四大强国之一，他也从未有过以绝对优势获胜的经验。这个曾经拥有人人称颂的弗里德里希二世传统的军队和最完善的行政机构的国家，突然间崩溃，不禁使整个欧洲为之震惊。

拿破仑进入柏林

在全歼普军主力之后,法军继续向东追击,普鲁士国王和他的朝廷一直逃至东普鲁士的边境小城梅默尔,希望在那里与俄国沙皇的军队会合。但所向披靡的法军已越过波兰西部,进入东普鲁士,准备同俄军开战。1807年2月8日,两军在埃劳展开了一场血战,双方损失惨重,但胜负未决。4个月后,在弗里德兰会战中,俄军被法军击败。乘胜追击的法军抵达涅曼河畔,与俄军残部隔河相望。沙皇亚历山大一世不愿把战争引入俄国,他担心本土遭到侵略会触发大规模起义,因而同意与拿破仑议和。拿破仑也因战线过长,不愿深入俄国腹地。双方于6月22日签订了停战协定。25日,拿破仑与亚历山大一世在涅曼河中央一个竹筏上的亭子里举行了会晤。经过一番"谅解",双方于7月7日签订了《提尔西特和约》,沙皇承认拿破仑对欧洲的实际占领,拿破仑则同意俄国在东方自由行动。该和约实际上划分了法俄各自在欧洲势力范围:维斯瓦河以东的地方归亚历山大一世,以西归拿破仑。该和约没有使俄国失去一寸土地;相反,在沙皇的坚持下,俄国还获得普鲁士位于波兰的属地比亚威斯托克地区,并拥有在瑞典和奥斯曼土耳其帝国行动的权利。

《提尔西特和约》对普鲁士极为苛刻。除了旧普鲁士、波美拉尼亚、勃兰登堡和西里西亚,普鲁士丧失了东部和西部的其余全部领土,面积占总面积一半以上。易北河以西的全部领土被划入由拿破仑之弟热罗姆担任国王的威斯特伐利亚王国;瓜分波兰所得东部地区被拿破仑组建为华沙大公国,由其附庸萨克森国王兼领。这就好比征服者楔入普鲁士王国喘息未定的两肋的两根锋利的马刺,使残破的普鲁士变得更加易攻难守。失去上述地区后,普鲁士的人口从1000万骤减至493万,军队被缩减至4.2万人。此外,该和约还责成普鲁士承担反英义务,参加大陆封锁体系。7月12日,法俄又在柯尼斯堡签署补充协定,要求普鲁士支付战争赔款3.11亿法郎,赔款未付清前,普鲁士领土继续由法军占领。这样,随着耶拿战役的惨败和《提尔西特和约》的签订,历代普鲁士统治者经过多年惨淡经营而拥有30多万平方千米的土地、1000多万人口和25万军队的强邦德意志,连同它那自称欧洲最强的军队,以及称颂一时的"开明专制"一道陷入崩溃的境地。普鲁士这种史无前例的闪电般溃败,说明历史上较为先进的资产阶级制度战胜了过时的封建专制制度。普鲁士大溃败和《提尔西特和约》对德意志肆意宰割,激发了德意志的民族自尊心。以此为标志,他们进入了民族复兴的转折时期。

《提尔西特和约》是拿破仑统治进入极盛时期的开端。经过1805

年至1807年的连年征战，他先后打败奥地利、普鲁士和俄罗斯的军队，他的战马踏遍整个欧洲的古老文化圈，而通过征服德意志达到了最高峰。为了把这个广袤的地区组织起来，使当地的政治文明、军事力量和物质资源能够用来扩大和保卫法兰西帝国，拿破仑依照不同的隶属关系在德意志推行了一系列改革。

首先，他对自1794年起逐渐纳入法国控制范围的莱茵河西岸地区，直接实行中央集权管理制度。当地较早废除封建制度，一切贵族特权和教会特权遭到取缔，资产阶级自由民主制度很快在那里开始实行。1797年10月，法国政府把这一地区划分为4个行政区，即以亚琛为中心的鲁尔区、以特利尔为中心的萨尔区、以科布伦茨为中心的莱茵-摩泽尔区和以美因茨为中心的当纳斯山区，实行统一的法国民政管理和典型的资本主义制度。1804年后，随着《拿破仑法典》全面推广，这里成为法国革命原则渗透最深的地区。但是法国的统治未能消除这里鲜明的德意志性质，当地居民对因扩大占领而增加的义务，一般采取抵制或不合作态度。

法国控制的莱茵河以东地区，情况不尽相同。在莱茵联邦（包括莱茵河东岸地区和西南德意志各邦），法国式资本主义改造保持着较大影响。作为保护人，拿破仑直接废除了这一地区的封建领主制度，取缔了农民的代役租、徭役劳动和其他封建贡赋。在法律上，领主丧失了对农民的一切合法管辖权，农民变成国家属下的人民，获得活动、迁徙和结婚的自由。在莱茵河以西，农民无偿摆脱了封建义务；在莱茵河以东，农民缴纳一定赎金即可获得上述权利。结果，莱茵地区和西南德意志各邦逐步造就了人数众多、稳固的小土地所有者——农民阶级。在德意志西部，资本主义经济关系较为发达，出现了一种以大块土地租借或租赁给农场主经营的资本主义大地产制形式。同法国一样，《拿破仑法典》颁布以后，在莱茵联邦各邦广泛推行，资产阶级法权关系开始取代等级关系，当地居民感受到前所未有的自由和平等，一些新的司法概念，如陪审制度、公开审讯等也开始进入当地居民的新生活。为了给法国资产阶级社会在欧洲大陆上营造出一个符合时代要求的新环境，拿破仑进一步以法典精神为指导，强化了对这一地区的改革，其力度不亚于法国本土。改革内容涉及行政、司法、农业、手工业、行会、财政等方面，除了除旧，还贯穿着布新的原则。随着封建领主制度被基本废除，农民的人身依附关系被解除，教会的特权受到沉重打击，世俗国家的原则开始被普遍接受；各不相同的古老法律制度到处为法国民法典让路；官职世袭和卖官鬻爵的腐朽制度为职责分明、权力集中并有着固定薪俸的政府机构取代。在经济领域，行会制度、国内关卡被取缔，一切阻碍资本主义发展的因素基本被消除；德意志内部诸邦之间的自由贸易受到鼓励；起源于中世纪的混乱的度量衡制度让位于公制的笛卡尔规则；捐税和财政得以革新，直接收税取代了税收承包制；新的会计和统计方法也逐步推广开来。此外，随着歧视犹太人的传统政策的废除，宗教信仰自由的宽松环境最先在德意志西部形成。这样一来，随着拿破仑改革的深入，法国大革命的原则最先在莱茵河两岸生根开花，茁壮成长，并最终使这一地区成为德意志资本主义最发达的地区。

　　拿破仑的改革对受法国控制的所有附庸国都有影响。在意大利、华沙大公国，甚至在俄国，都有不同程度的共鸣和回应。对受拿破仑战争冲击最深的奥普两国而言，莱茵地区的资本主义改造为它们提供了可以照搬的榜样。在奥地利，多次反法战争失败后，已出现进行现代改革的政治呼声，一些拥有自由主义思想的贵族，如施塔迪翁伯爵、查理大公等，曾试图延续18世纪末玛利亚·特丽萨和约瑟夫二世的"开明专制"传统，对国家制度进行民主化改革，以吸引臣民积极参与政治生活。但是哈布斯堡王朝统治下多民族国家的分散性、落后性，以及为维持这个统一体对农奴制度所持的谨慎态度，都成为改革家难以逾越的障碍。不久，改革派只能把目标局限于反抗拿破仑的军事领域。奥地利在实行义务兵役制、改组奥地利军队等方面取得一定成效，但统治阶级不敢触动农奴制度，改革未能引发全面的社会变革。1809年，出任奥地利外交大臣并主持政府事务的施塔迪翁辞职，继任者梅特涅伯爵又使奥地利退回旧有的专制主义轨道。同年，奥地利在瓦格拉姆遭受军事失败，宣告了英奥组建的第五次反法联盟瓦解，奥地利被迫按照《维也纳和约》把更多土地割让给巴伐利亚王国和法国，并彻底放弃了领导德意志反对拿破仑的打算。

与奥地利改革失败形成鲜明对比的是普鲁士。自1806年大溃败以来，仅保有半壁河山的普鲁士面临着比奥地利更为严峻的生存危机，领土被分割包围，财政因战争赔款而濒临破产，外贸因参加大陆封锁而急剧萎缩，人民大众对容克贵族统治的旧秩序日益不满，这一切都表明普鲁士王国已陷入山穷水尽的境地，它呼唤着一场彻底而深刻的内部改革。此外，一些德意志民族主义者也把对法国依附性较少的普鲁士视为争取德意志民族自由的中心，他们为爱国主义所驱使，纷纷来到这个过去看来德意志特性最少的地方，希望通过变革旧制度，为全德的民族解放和政治统一树立一面旗帜。正是在这内外因素的相互作用下，普鲁士改革从一开始就突破了救亡图存的一般目的，在社会变革层面进行。改革带来的不只是普鲁士的休复与重建，而且标志着德国历史一个重要转折时期的到来。

三、普鲁士改革

普鲁士改革通常被称作施泰因－哈登堡改革。要了解改革内容，我们先从改革的主角谈起。

卡尔·冯·施泰因男爵（1757—1831）出身于德意志西部拿骚地区一个帝国骑士家庭。由于没有邦国，施泰因从小就习惯于超越他那狭小的领地，从全德意志整体思考问题。盛传他有一句名言："我只有一个祖国，这就是德意志。"青年时期，施泰因曾在哥廷根大学学习法律，他在那里受到英国古典政治经济学的教育和法国启蒙思想的熏陶。后来，他又在韦茨拉尔帝国法院和南德意志一些邦国的宫廷进行过实习考察。通过对康德和费希特的哲学潜心研究，他把实现政治理想的希望寄托在独立性较强并富有改革传统的普鲁士王国。

1780年，经亨尼茨大臣介绍，他开始到普鲁士国家机关供职。起初，他在马尔克伯爵领地的矿山和冶金部门任初等文官。1784年，他被任命为威斯特伐利亚矿务局长，不久即赴英国考察。1796年，他出任莱茵－威斯特伐利亚议院院长，并兼任威悉河以西领地军事和产业行政长官。1804年，他被任命为普鲁士税务、贸易和厂矿部大臣，进入柏林总管理局。

任职期间，他广泛了解普鲁士各领地存在的严重弊端，并通过与资产阶级人士的交往和接触，熟悉了英法等国的进步思想，这些都有助于他社会改革思想的形成，推动他较早投入局部的改革实践。

早在西部任职期间，施泰因就曾致力于农业改革的最初尝试。他针对旧的农奴制立法对城乡经济发展的限制，多次上书普鲁士国王，陈述限制容克贵族特权，取消农民的人身依附，使之成为自由承租者或土地所有者的主张，并于1802年推动国王率先在莱茵河东岸王室领地上进行废除农民人身依附关系的初步改革。1804年，他又试图废除各领地的内部关税，准备建立全普鲁士的统一经济区，实行普遍的累进税制度，结果遭到国王和容克贵族一致反对而被迫放弃。

这些早期实践，使他的改革思想日益成熟，对改革实践的复杂性也有了进一步认识。自青年时期在哥廷根大学受汉诺威人布兰德斯和雷贝格的影响以来，特别是访英期间的见闻，他形成了牢固的英国式渐进改革观念，对法国大革命的激进主义一直持否定态度。但是，国内保守势力对改革的抵制，以及法国大革命所展示的时代精神，触动了他的改革观念。他认识到，只有改革逐渐深化到社会和权力结构的层面，改革的目标才能实现。在受命改革以前，他的具有时代内容的立宪改革思想已逐步成熟。1807年年初，当普鲁士国王弗里德里希·威廉三世要他出任外交大臣时，施泰因身边已经聚集了一批改革精英，一个改革派集团已初现雏形。但是，施泰因试图以建立责任制大臣政府取代旧的枢密制政府作为任职条件时，震怒的普鲁士国王就以刚愎、傲慢、顽固、不服从命令等借口将其解职。回到故乡拿骚的施泰因没有陷入消沉，而是埋首于他的政治纲领《拿骚备忘录》的创作，进一步完善改革计划，希望有机会说服国王，自上而下地做法国曾经自下而上地做的事情。

1807年9月30日，经拿破仑推荐，施泰因被任命为首席大臣。法国皇帝坚信唯有施泰因才能振兴普鲁士经济，并满足法国的赔款要求。施泰因从领地出发，于10月4日抵达东普鲁士的梅默尔，从此他身负重任，开始了具有深远影响的重要变革。在一年多的任期内，施泰因在农奴解放、城市管理和国家机构管理三个重要领域有步骤地进行了调整、改革，取得了显著的收获，产生了广泛的影响。其中，解放农民的农业立法是他全部改革的基础，也是最具社会变革内容的重要部分。1807年10月9日，上任仅5天，施泰因就公布了第一项有关解放农奴的法令，全称为《关于放宽土地占有的条件限制和自由使用地产以及农村居民人身关系的敕令》，简称《十月敕令》。该敕令的核心内容是"地产自由"和"解放农奴"。敕令解除土地买卖和流通中的种种限制，允许市民和农民获得贵族庄园的土地，贵族也可以扩大地产或进入城市从事工商业。敕令禁止创设新的人身依附关系，废除一切既存的农奴制度。敕令宣布：自1810年圣马丁节（11月11日）起，废除一切庄园的农奴制；1810年圣马丁节之后，只有自由人。

《十月敕令》是以现代立法的形式在全普鲁士境内解除农奴的人身依附地位，以赎买的方式实现封建土地所有制向资本主义地产制过渡的具有革命性的改革步骤。该敕令的颁布，以及1807年至1808年一些补充农业法令的实施，使普鲁士的4.7万多户农奴获得解放，变为自由的国家公民，他们获得432万摩根土地，有3/4的封建义务被废除。获得人身自由后，农民有离开庄园的权利，可以自由选择职业，自由结婚，并摆脱强制性的奴婢劳役。随着地产的自由流动，贵族、市民、农民之间的等级限制逐渐被打破，有条件的封建等级所有制开始向资本主义的绝对私有制过渡。以《十月敕令》为标志的农业改革，结束了资本主义因素在传统农业中的缓慢"进化"，成为德意志向现代社会转变的历史开端。当然，改革是以自上而下的方式进行的，农民获得身份自由又是以赎买为代价的。在地产自由流动的情况下，结果必然是农民失去土地，而容克贵族扩大地产的过程。但在当时的历史条件下，地产扩大和自由劳动力的形成，是有利于生产力发展的。

施泰因改革的第二个领域是城市管理。随着农业改革不断深入带来的择业自由和社会流动，必然为旧有的城市社会结构带来巨大冲击。为了使城市能适应社会结构变化所带来的动荡，施泰因于1808年11月19日颁布《普鲁士王国所有城市规程》，试图放宽国家对城市的控制，以扩大城市自主权，来提高其适应社会变革的能力。依照这个城市规程，国家除保留对各城市的最高监督权、司法权和部分警察治安权之外，其余权力均归城市所有；城市市民将通过选举议员组成市参议会，参与公共事务；市民选举有一定的财产资格限制：年收入达150塔勒（大城市为200塔勒）的市民才有选举权，城市贫民和多数手工业工人没有选举权。此外，该规程规定，至少2/3的市参议员必须有房产，每任市长候选人都必须得到国王认可。这表明，城市实际管理权掌握在富有的市民手中，新兴的工商业资产阶级处于举足轻重的地位。他们通过取缔部分行会，扫除对工商业发展的种种限制，发展城市的财政、济贫和教育事业，特别是自主参政议政，把城市建设成"自由市民之岛"，焕发了新的活力。施泰因的条例不仅提高了城市富有市民的政治积极性，他的自治设想对普鲁士后来的乡村建设也产生过有益的影响。他曾设想在此基础上通过建立省议会和国民议会形成一部新宪法，但此计划因他过早下台而被搁置。

他改革的第三个领域是国家管理机构。为了消除长期以来普鲁士国家机构笼统庞杂、管理混乱、效率不高等弊端，施泰因于1808年11月24日颁布《改善国家最高行政管理机构的章程》，决定取消陈旧的枢密内阁和庞杂的总管理局，由专职大臣组成国务会议，在国王的监督下行使最高管理权。国务会议下设外交部、内务部、财政部、军政部、司法部等5个部，实行专职管理；后又增设文化部和工商部，进一步完善了职能管理部门。在地方一级，行政系统由省、县、乡三级构成。省长由国务会议任命，并被赋予监督各县县长之权。施泰因强调行政权与立法权的分离，力图打破地方势力对权力的垄断。行政体制的改革削弱了容克贵族的政治特权，有助于加强中央集权；分职管理的原则，促成了行政管理专业化，提高了施政效率，是政府机构逐步向近代类型过渡的重要标志。

施泰因改革的资产阶级性质，引起目光短浅的容克贵族的强烈反对，他们处心积虑地想把他赶下台。作为一名爱国者，施泰因力图通过改革筹措拿破仑要求的巨额赔款，以达到让法军早日撤军的目的。但是，当国王弗里德里希·威廉三世的弟弟威廉与法国代表达成普鲁士向法国支付1.4亿法郎的赔款协议，而拿破仑仍不打算撤出奥得河畔的阵地时，他开始谋求以武装反抗达到这一目的。1808年，拿破仑在西班牙战败，鼓舞了施泰因。他在致维特根施泰因侯爵（反法起义的策划者之一）的一封信里，表达了这种兴奋心情，并呼吁组织一场反法武装起义来实现民族独立。但是这封具有反法立场的密信不慎为容克贵族所利用，不久便落入法国人之手。身在马德里的拿破仑闻讯大怒，他一面迫使普鲁士承受更重的财政负担，一面要求普鲁士将施泰因解职。在内外部的双重压力下，这位务实坚定的改革家被迫于1808

年11月24日辞职。一个月后，拿破仑在马德里行辕发布了一道手谕，宣布施泰因不受法律保护，通令随时缉拿他。在国内无法立足的施泰因被迫逃往波希米亚，后又流亡俄国。

施泰因辞职后，普鲁士改革并未中断。1810年6月，卡尔·奥古斯特·冯·哈登贝格侯爵（1750—1822）出任政府首脑，普鲁士改革发展到一个新的阶段。哈登贝格侯爵出身于汉诺威埃森罗达一个贵族家庭，学习过法律，通晓古典重农学派和自由主义经济学。他早年曾在汉诺威和不伦瑞克的政府部门供职。1791年，他出任普鲁士安斯巴赫－拜罗伊特的官员，协助普鲁士政府兼并西部领地，显露了一定的外交才能。1795年，他曾以外交官身份参与签订《巴塞尔和约》。1804年，他被擢升为外交大臣。1807年1月，他出任政府首席大臣。《提尔西特和约》签订以后，在拿破仑的干预下，他被免职，后长期担任政府顾问。1810年6月，他被任命为普鲁士政府首脑，主持改革，同年10月27日正式担任普鲁士首任首相。

哈登贝格是施泰因的朋友，两人在国家改革大业上有基本的共识，但个性和气质判然不同。不同于恪守道德准则的帝国骑士后裔施泰因，哈登贝格是一个性格随和、左右逢源而又热衷于追求功名的人。温文尔雅、思维敏捷、精明强干是他的主要特点，但是他缺乏思想深度，知识博而不精。他还是一位喜欢追逐高雅享受的绅士。他常常以过分自信的乐观主义精神处理政务，但也不失为一位对可能做到的事情有敏锐眼光的务实政治家。他的改革思想根植于"开明专制"时期的旧传统，也从法国大革命和拿破仑在莱茵地区的改革中汲取了新的政治营养。他曾热衷于在王国内推行民主政治的原则，但并不打算把某种程度的内阁责任制列入王国宪法，而是主张在维护和加强政府权威的前提下，满足于在经济生活中运用自由平等的原则。他的这些主张和个人风格决定了他与施泰因改革的联系与差异。

哈登贝格的改革也主要在三个领域内进行，在许多方面同施泰因的改革有重合之处，也有不少创新之处，但策略和方法不尽一致。哈登贝格的基础性改革仍是农业立法，这是施泰因农业改革的继续和发展。自《十月敕令》颁布以来，同改革命运攸关的容克贵族和农民都有强烈的反应。容克试图通过抵制、拖延，甚至向农民隐瞒实情来阻止敕令的实施，而农民则奋起反抗，甚至以起义、暴动来要求摆脱封建压迫。在这样的背景下，出于改善财政状况、发动农奴参加反法战争的需要，并使原有的改革持续下去，哈登贝格于1811年9月14日颁布了《关于调整地主与农奴关系的敕令》，简称《调整敕令》。该敕令与1816年5月29日公布的《调整敕令》的补充规定，以及其他法令，一并构成哈登贝格农业立法的主要内容。哈登贝格与施泰因的农业立法构成一个整体，但前者较之后者具有更明显的资本主义性质，也采取了更有利于容克贵族的方式。

《调整敕令》的核心内容是使农民获得土地，并解除《十月敕令》中所保留的农民对地主的义务和劳役。但是，农民获得土地时，必须向地主提供物质补偿：支付一笔相当于常年租赋25倍的赎金，或把1/3（世袭农户）到1/2（非世袭农户）的土地割让给领主。关于劳役和其他义务的赎买与调整，法令规定以两年为期，采取协商解决的办法。这样一来，凡实行调整法的地方，容克地主通过掠夺农民土地、收取赎金提升了经济实力，而农民因苛刻的赎买条件不是陷入破产，就是要付出数十年的血汗。民族解放战争爆发后，普鲁士改革受到冲击，许多容克贵族抵制改革。哈登贝格于1816年5月19日发布《王家公告》，对《调整敕令》做了修订，将有权赎买封建义务的农户限制在少数富裕农民的范围，即：少数拥有车马的自耕农才可以在牺牲大量货币和部分耕地的条件下赎免封建义务。这样，贫苦农民便被排斥在受"保护"的范围之外。同法国相比，农民在革命中获得的东西，在德意志则历经两个世代，直至19世纪40年代才基本完成。尽管如此，这种改革毕竟为资本主义在普鲁士农业领域的发展开辟了道路。在保留容克地主政权和收入的条件下，通过剥夺以前的农奴的土地并把他们变为农业工人的方式，使容克地主的庄园逐步由徭役庄园变成资本主义大农场，完成了农业的资本主义改造。

哈登贝格的财政改革和工业立法构成他改革的第二方面内容。1810年10月27日和28日相继颁布的《财政敕令》和《工业税敕令》是改革工商业的纲领性文件。《财政敕令》着眼于贯彻普遍纳税的平等原则，通过废除限制工商业的特许权，实现完全的营业自由；《工业税敕令》是《财政敕令》在税收领域的延伸，在确认择业自由的基础上，通过税收调节为工商业自由发展提供法律保障。同时，立法进一步剥夺了行会的经济权力，强调自由从商，行会成员可自由退出所属行会，使行会成为工商业者自愿参加的民间组织。这些都为资本主义工商业的自由发展扫除了障碍。工业税的实施也为政府进行关税改革创造了条件。1818年5月26日，普鲁士颁布新的关税法，首次在王国境内废除了所有内地关卡，统一了对外税则，实现了关税统一。关税统一保护了新兴的工商业，创造了统一的国内市场，对整个德意志贸易状况和经济形势产生了重要影响，是普鲁士未来在德意志实现经济扩张、争取政治统一的重要前提。总之，工业立法和税收改革，促进了工商业中的自由竞争，有利于创新发明和吸收富余劳动力。此外，稳定的税收体系为扩大财政收入来源、增强国家实力创造了条件。

在社会关系方面，最能体现哈登贝格改革精神的举措是1812年3月11日颁布的《关于犹太人公民地位的敕令》。这道立法承认定居普鲁士境内的犹太居民的公民地位，赋予他们平等的公民权利，并要求他们承担同等的公民义务。对犹太人较多的若干地区而言，确定犹太人的公民身份是一项具有社会平等意义的举措，增强了普鲁士的社会凝聚力，使犹太居民在国家建设、反拿破仑的民族解放战争中发挥了积极作用。该法令主要有利于富裕犹太居民，但是它按资产阶级自由主义原则调整社会关系迈出的重要一步。为此，许多顽固的容克贵族曾愤怒地指责这一立法。

在施泰因－哈登贝格改革的影响下，普鲁士政府还在军事、文化教育等方面进行了相应的改革。军事改革是农业改革的一种反映，因为很多贵族特权被废除，必然涉及来自容克贵族的军官和来自农奴的士兵之间的相互关系。此外，拿破仑的军事占领和控制，也迫使普鲁士感到有必要在军队编制和训练方法上进行一番新的改组与变通。在军事改革方面，最重要的代表人物是格尔哈德·冯·沙恩霍斯特伯爵（1755—1813）。参与这一变革的还有格奈森瑙、格罗尔曼、博伊恩和后来的军事理论家克劳塞维茨。

沙恩霍斯特伯爵出身于萨克森博尔登瑙的一个农民家庭。青年时期，他曾在威廉施泰因岛的绍姆贝格伯爵军事学校学习。自1783年起，他开始在汉诺威军队中服役，曾参加第一次反法联盟战争，是联军与法军在比利时作战的目击者。早年的实战经验，以及所接受的启蒙思想教育，使他很早就认识到人民军队较之雇佣军队所具有的优越性。他确信，只有彻底改变军队体制，进行军事教育，才能在同法军的战争中获胜。1810年，他被调到新创立的德意志高级军官学校（1859年更名为柏林军事学院，1958年迁至汉堡）任教，后来又从教官被提升为校长。职务的变动有助于他把实践经验上升为理论，他开始致力于探讨军事改革，并通过新成立的"军事协会"团结了一批具有爱国精神的青年军官。1806年，普鲁士大溃败，他完全摆脱了旧式军事战略的影响，开始制订全民武装的计划。1807年7月，晋升为少将的沙恩霍斯特被国王任命为"军事改革委员会"主席，主持重建军队的改革工作。

针对普鲁士军队的诸多弊端，总结长期的经验教训，以沙恩霍斯特为首的改革委员会首先对旧军队进行了重要的人事改组。他们按照国王于1807年11月27日发布的诏令，详细调查了军官队伍中在战时犯有临阵脱逃或投降行为的罪行，惩处了一批对战败负有一定责任的军事指挥人员，清除或淘汰了一批因年老或指挥不力不宜担任现职的指挥官，整顿了军官队伍。接着，他对军队体制进行了大规模改组，废除了过时的雇佣兵制度，按法国模式建立了一支由普鲁士人组成的新型军队。新军废除了旧的等级制度，打破了容克贵族垄断军官职位的特权，鼓励一切在和平时期学习知识、受过教育，在战争时期表现勇敢、出类拔萃并能驾驭全局的人获得军官职位和军队中的荣誉，而不考虑其出身。新军废除了旧的体罚制度，野蛮鞭打和残酷的笞刑遭到禁止，侵犯士兵"背脊的自由"的惩罚不再发生，维持军纪、激励战绩的保障不再依赖农奴式训诫，而是责任感和荣誉感。在战术方面，新军废除了陈旧过时的线型队列作战方法，代之以机动灵活的运动战、散兵战战术。军队编制也依照法国的创制，统编为混合旅，开始在野战演习中实行各兵种（步兵、骑兵、炮兵）协同作战的训练方法。

拿破仑把普鲁士的兵员限制在4.2万人之内。为了不突破这一限制并使更多国民受到军事训练，沙恩霍斯特创设了一种"速成兵制度"。这是一种以隐秘的方式通过对入伍新兵轮流进行短期训练，实际上不断扩大兵员的办法。按照这种制度，不断有经过短期训练后复员离队的士兵，又不断有新兵前来填补空额，接受训练。从表面上看，普鲁士的军队始终不超过4.2万人的限额，但实际上在编外保持着一支数量庞大的后备部队。到1813年解放战争爆发时，普鲁士的后备军人数已达15万，其中有10万人可立即投入战争。这是沙恩霍斯特在特殊的历史环境中实践法国式全民武装计划的一个创举。由于实践效果显著，普鲁士于1813年3月17日通过《后备军条例》，这一创举成为正规的军事制度。

随着军事改革的深入，实行普遍义务兵役制的条件日益成熟。自1813年2月9日起，普鲁士依照兵役制命令，取消了自1792年2月以来军事法规有关纳税的富裕市民免服兵役的特权，要求17岁至40岁的男性公民，不论出身与职业，必须在定期内自选兵种，到部队服役，服役期限也由原来的20年缩短为7年，服役期满可先后转为后备役军人和民兵。同一时期，普鲁士还组建了"国土防卫部队"，专门吸收20岁至24岁的青年。这是一支包括青年大学生在内的志愿狙击兵团，在反拿破仑战争中发挥了十分重要的作用。由现役、后备役、民兵和志愿兵团构成的不同层次的兵役制度和军事体制，有助于军民联合组织更广泛的反击敌人的抵抗运动，是法国大革命全民皆兵的精神在不同历史条件下的再现。沙恩霍斯特的军事改革直接为未来的解放战争准备了胜利条件。

普鲁士军事改革也包括前面述及的行政改革,除了具体目标,它的重要目的在于在普鲁士塑造一种新的国民精神。但是,直接产生这种效果的改革还是教育制度改革。1807年,费希特在《对德意志民族的演讲》中向人们呼吁,建立一种新的教育制度,培养各阶层的独立自主人才,对重建国家、复兴民族具有重要意义。他使人们相信:国家的责任是教育它的人民读书和写作,这不仅是出于功利主义的目的,更为重要的是国家有责任发挥它的公民的新力量,以便使他们成为比以前更加完美、更加发达的人。事实上,公民上学的义务与他们服兵役和纳税的义务是密切联系的,政府的责任就是,和实施义务兵役制一样,建立一种能够感化全体人民的国民教育制度。费希特的演讲在德国知识界、舆论界引起巨大反响,普鲁士政府开始着手教育改革。1808年,施泰因在辞职前富有远见地向国王推荐了一位教育改革的主持人,他就是威廉·冯·洪堡(1767—1835)。

洪堡出身于波茨坦一个贵族家庭,是才干出众的洪堡两兄弟中的兄长(其弟亚历山大·冯·洪堡为著名地理学家)。他早年受到良好的家庭教育,成年后先后在法兰克福大学、哥廷根大学学习法律,后来转向语言学、哲学、美学和古典文化的研究,是歌德和席勒在学术界的朋友。1802年,洪堡出任普鲁士驻罗马使节,这使他有机会广泛接触古典文化,初步形成从文化教育入手改造国民性的思想。1809年3月,他被任命为普鲁士内政部文化和教育司司长,受命进行教育改革。

洪堡的教育改革思想立足于通过对青年的教育培养,使之成为忠实的爱国者和能够发挥全部天赋与才能的人才。他认为,教育不应以服务于某种职业需要为目的,而应以发展人的自由个性、培养素质优秀的人才为目的。他受费希特和瑞士教育家裴斯泰洛齐的思想影响，认为学校教育不仅要重视知识的传授，更应该立足于学生的个性和能力得到全面发挥。他主张实行普遍教育，发展普通学校，着眼于民族素质在整体上的提高与加强，同时逐渐适应自然科学的发展。按照这一思路，洪堡首先加强了对完全中学的教学计划的修订，将反映人文主义思想和爱国主义教育的科目，如古典语言、德语、法语、数学、自然科学等列入必修课程范围，通过扩大普通基础学科的教学，贯彻通才教育的目标。为了强化教师素质，普鲁士自1810年起开始实行中学教师考试制度，通过严格选拔，逐渐形成一个脱离教会影响而独立存在的教师职业队伍。1812年，普鲁士建立了中学毕业考试制度，规定男孩儿必须通过以大学预科标准为依据的考试，方可升入大学。

在发展高等教育方面，洪堡最重要的贡献是，他于1810年创办了柏林大学（现为柏林洪堡大学）。这一具有科学潜力的学府出现后，柏林逐渐成为德国哲学、科学和学术的中心。柏林大学注重高深的专门知识的探讨和学术研究水平的提高，倡导学术"自由"、科学研究领先的原则，以发展和培养学生的智力结构、判断能力和道德修养为办学目标，科学、艺术、哲学都被视为创造性和意识的最高能力的组成部分。这些突出的特点很快使柏林大学成为德国各大学相继模仿的楷模，也吸引了来自德意志各地的知名学者，如哲学家费希特（荣任第一任校长）、施莱尔马赫，语言学家沃尔夫，历史学家尼布尔，法学家萨维尼、艾希霍恩，国民经济学家霍夫曼，医学家赖尔、维兰德等。他们既是一流的学者，也是德意志民族运动和改革的协作者。他们的到来，使年轻的大学不仅在德意志达到一流的科学水平，而且成为德意志民族解放和统一运动的思想中心。到1813年春，几乎所有柏林大学的学生都踊跃报名，参加了解放战争。这是洪堡教育改革重要影响的集中反映。更为重要的是，他的改革原则在他辞职后得以贯彻，历经一个世纪之久，依然在发挥作用。

从1807年开始，以施泰因和哈登贝格之名著称的普鲁士改革，是普鲁士在法国大革命和拿破仑战争冲击下所进行的一场具有现代意义的社会变革。改革的结果是，普鲁士逐步从一个封建专制国家演变为现代资本主义国家，普鲁士社会也开始从传统的贵族社会向早期的国民社会转变，普鲁士不仅成为德意志经济发展的中心，而且成为民族运动的中心。普鲁士改革吸引了全德意志的进步力量，它的改革成就及其在解放战争中所发挥的作用，也开始具有全德意志的意义。可以说，普鲁士改革是德意志民族复兴、社会转型和走向统一的历史过程的重要起点。

四、德意志民族解放战争

拿破仑对德意志的统治和局部控制，直接推动了德意志的社会变革进程。从莱茵河两岸所进行的改革到奥普两大邦的改革反应，特别是普鲁士改革的成功，人们都可以从中感受到拿破仑的巨大影响。但是拿破仑通过大陆封锁体系把德意志和其他附属国纳入一体化轨道，服务于法国资产阶级的反英目标时，各国的民族利益开始受到严重侵害。

自1806年11月21日拿破仑从柏林发布大陆封锁令以来，包括整个德意志在内的直接或间接为法国控制的欧洲大陆地区都被纳入这一体系。拿破仑的主要目的是通过大陆封锁直接打击英国对大陆国家的出口贸易，以便在经济上制服这个岛国。拿破仑的经济制裁战略的确取得了一定成效，英国同欧洲大陆的贸易大为减少，但是英国采取的反封锁政策也对参加大陆体系的各国带来严重损害。当时，法国的工业生产能力远远落后于英国，无法满足大陆各国不断增长的多样化消费需求，消费品短缺，而且价格昂贵，使它们难以拒绝来自英国的走私贸易的诱惑。此外，英国通过强大的海军对大陆海岸的反封锁，直接造成了大陆对外贸易和航运的萎缩，对以往经营海外物品的商人、船主、造船厂主和技工带来了灭顶之灾。法国到荷兰的沿海港口一片萧条，的里雅斯特的年出口货物总量从1807年的20.8万吨跌至1812年的6万吨。昔日繁盛的港口变得杂草丛生，满目荒凉。在德意志，脆弱的工业生产遭到沉重打击，除了棉纺工业有所发展之外，传统亚麻织业因失去海外市场陷入破产境地，粮食出口量下降幅度惊人，使长期依赖农作物出口的普鲁士遭到沉重打击，它既不能推销自身的农产品，也不能合法地从英国进口工业品。这种打击也波及毗邻德意志的波兰和俄国，东欧的贵族已无法忍受大陆封锁，他们在憎恶法国人的同时，开始同情英国人。

大陆封锁作为一种反英战略最终失败了，因为只要英国海军控制着海洋，它在欧洲大陆贸易中的损失就可以通过同别处的贸易得到补偿。1805年至1809年，英国对拉丁美洲的出口额从30万英镑增至630万英镑。这表明，海外世界的存在是大陆封锁制度难以奏效的根本原因。此外，大陆封锁作为一项强化法国在欧洲统治的手段也遭到了失败，因为它引起了各地对拿破仑政权的广泛反抗。反抗的第一道闪电于1808年出现在西班牙。西班牙是大陆体系中第一个公开拿起武器反抗法国侵略的国家。他们通过武装民众打败了法国正规军的入侵，首次在欧洲粉碎了拿破仑军队不可战胜的神话，此后又以游击战牵制大约30万法军长达5年之久，成为拿破仑帝国久治不愈的"溃疡"。在德意志，自1809年蒂罗尔农民起义遭到失败以来，各地多次爆发起义，法兰克尼亚、波美拉尼亚、黑森和威斯特伐利亚不断爆发反法暴动。起义多由爱国军官或贵族领导，他们试图用自身训练的义勇军通过局部行动来引发全民起义，但因力量分散，先后遭到失败。

此外，德意志蓬勃兴起的民族文化运动也为渴望摆脱异族统治的德意志人提供了走向民族复兴的精神动力。在民族主义先驱赫尔德（1744—1803）的哲学思想影响下，德意志知识分子开始突破法国启蒙思想家所倡导的世界主义观念，着重从民族差异来论证德意志民族文化的优越性。他们呼吁民族团结，反对异族压迫，要求恢复德意志的独立地位。在法军占领下的柏林，激进的民族主义者费希特发表了一系列对德意志人民的演讲，论证了存在一种不可磨灭的德意志精神，号召建立一个德意志国家。费希特的演说影响了整整一代德意志青年，激励他们为复兴德意志义无反顾地进行斗争。在海德堡，浪漫主义文学家阿希姆·冯·阿尔尼姆（1781—1831）、克莱门斯·布伦塔诺（1778—1842）和约翰·约瑟夫·冯·格雷斯（1776—1848），利用文学作品揭示了德意志的历史意义，宣扬德意志民族权利，被誉为从海德堡燃起的一股吞噬法国侵略军的熊熊烈火。此外，一些由青年爱国者建立的宣传性秘密团体也积极开展活动，他们竭力宣传德意志的民族特性，呼吁为争取民族独立而斗争。这场发生在文化领域的民族运动，曾有力地影响了普鲁士的改革，同时也为未来的民族解放战争做好了舆论准备，是德意志反拿破仑斗争在思想文化领域的反映。在德意志民族意识普遍觉醒的前提下，普鲁士改革的成功又为民族运动提供了坚固中心，德意志反法民族解放运动的主客观条件已经成熟。在这样的背景下，1812年拿破仑侵俄战争失败，为德意志民族解放战争的爆发提供了外部条件。

自1808年西班牙人揭竿而起以来，西欧、中欧不断爆发抵抗斗争，不是拿破仑大陆封锁体系所遭受的唯一挑战。在东欧，沙皇俄国同法国关系恶化，构成对这一体系的另一严重威胁。自1807年法俄签订《提尔西特和约》以来，俄国作为法国的盟友参加了大陆封锁体系，但是同中欧各地那样，俄国也经历了无法同英国通商带来的财政破产的过程。俄国的地主抱怨俄国同法国结盟，认为这是他们陷入贫困的主要原因，他们向沙皇施加压力，要求脱离大陆封锁体系。俄国沙皇也对拿破仑在东欧扩张心存戒备，特别是华沙大公国的建立，直接威胁到俄国的安全。1810年12月31日，沙皇正式宣布退出大陆封锁体系，恢复了英俄商业关系。俄国退出大陆封锁体系不只涉及俄国一国的利益，而是把大陆封锁体系打开了一道巨大的裂口，使进入俄国的英国商品沿着俄国广阔的西部边界，经过成千上万的"细孔"流入欧洲，从而从根本上破坏了大陆封锁体系。拿破仑无法容忍沙皇的"背叛"行为，决心用武力来征服俄国。1811年1月，拿破仑已着手进行对俄战争的军事准备。1812年2月至3月，他又通过外交压力迫使普鲁士和奥地利与法国缔结反俄同盟条约。1812年5月，拿破仑在德意志东部和波兰集结侵俄大军，共约60万人。这是一支欧洲联军，除了1/3是法军，还包括从西欧其他地区和德意志各邦，以及波兰征调的大量军队。6月24日，这支来自欧洲不同国家和地区的大军渡过涅曼河，向俄国进发。

拿破仑期望打一场激烈而短暂的战争，以达到迅速迫使俄国屈服的目的。但是俄军一直避免与法军正面冲突，不战即退，采取了诱敌深入的战略。渡过涅曼河的法军面对的是一片广阔无垠的土地，除了褐黄色的旷野、枯萎的植物，以及遥远的地平线上隐约闪现的树木，看不到任何抵抗的迹象。拿破仑首次遇到这种情况：他不是在同一支军队作战，而是在占领一片漫无边际的平原。直至1812年8月15日，疲惫不堪的法军才与俄军在斯摩棱斯克发生了首次遭遇战，战败的俄军继续撤退。9月7日，双方在博罗金诺展开了一场血战，拿破仑勉强取胜，但损失惨重。9月14日，法军进入莫斯科，但俄国首都此时已变为一座空城。自侵入俄国以来，法军就因在这块广袤的敌对土地上难以找到必需的物资而遭受给养不足的困苦。现在莫斯科又发生火灾，形势对法国更为不利。拿破仑在这座空城驻守了一个月，一无所获，所有和谈提议也遭到俄国拒绝，他被迫于10月19日开始撤退。寒冬来临和俄军与农民游击队追击阻截，使法军倍受寒冷、饥饿和袭扰之苦，伤亡惨重，疲于奔命。渡过别列津纳河后，仅有20 000残兵败将逃出了俄军的包围。拿破仑的大军不复存在。

拿破仑在俄国溃败，成为西方以普遍起义反抗法国的信号，直接引发了德意志人民的民族解放战争。解放战争的主要参加者是德意志的劳动群众和进步的资产阶级，贵族中的爱国者也加入民族解放战争的行列。

1812年12月30日，当追击溃逃法军的俄国军队乘胜向西挺进的时候，随拿破仑远征的普鲁士军团指挥官路德维格·约克·冯·瓦滕堡元帅（1759—1830），未经国王授权即与俄军签订了一项关于普军保持中立的协定。这是一个大胆的决定，使俄军在波罗的海沿岸通行无阻，导致普鲁士与法国公开决裂。瓦滕堡元帅的行动得到流亡俄国的施泰因的支持，他们在柯尼斯堡率先组织反拿破仑斗争，并在克劳塞维茨（时任俄军顾问）的帮助下组织起20 000人的地方武装，拉开了民族解放战争的序幕。

但是，瓦滕堡元帅的行动和柯尼斯堡事变遭到怯懦的普鲁士国王的反对。他担心反抗不会取得胜利，也害怕广泛的人民起义会危及他自身的统治。不过，在爱国热潮席卷全国的形势下，再三迟疑的国王还是行动了起来。1813年1月，他在哈登贝格的陪同下来到法国势力控制之外的布勒斯劳。在那里，他在爱国者的推动下于2月23日发布实行义务兵役制的诏令，旋即于2月28日同俄国签订了《卡利什协定》，规定俄国出兵15万，普鲁士出兵8万，为解放欧洲共同作战。3月16日，俄普通过《布勒斯劳协定》正式结盟，普鲁士向法国宣战。3月17日，普鲁士国王发表《告我人民书》，呼吁人民参加战斗，积极为保卫祖国、财产、荣誉和独立而战。至此，德意志民族解放运动进入高潮。

自1813年3月起，汉堡、德累斯顿、不来梅、奥尔登堡、索林根、阿尔费尔德、雷姆沙伊德、贝尔格等地相继爆发人民起义。起义者自发组织起来反击法国占领者，有力配合了正规军作战，使反侵略战争真正成为一场广泛的全民族运动。

当普鲁士向法国宣战的时候，早在1812年12月就提前赶回巴黎的拿破仑，经过三个月准备，已组建了30万人的帝国新军。新军于1813年春投入战斗。3月至5月，这支军队同俄普联军交战，双方互有胜负。4月5日，原法国大军残部被赶到莱茵河对岸，柏林的安全已得到保障。到了5月初，联军在格罗斯格申和吕岑近郊拿破仑所率军队作战时，遭遇失败。5月20日，在包岑之战中，法军再度取胜。6月初，尚处于中立地位的奥地利出面调停，双方暂时休战（6月4日至8月10日）。

休战期间，双方都在拼命备战。拿破仑把他的军队扩充到44万人；联军方面，英国、瑞典加入同盟，力量有所壮大。奥地利向法国提出温和的议和建议，希望以莱茵河为界，结束双方的战争，但遭到拿破仑拒绝。经过一段时间观望，奥地利于8月11日对法宣战。至此，盟军的力量已明显超过拿破仑。到1813年秋季，俄国、普鲁士、奥地利经过不断征募新兵，总兵力已达85万人；而拿破仑的军队，连同后备部队则接近55万人。英国不惜一切代价，用金钱支持联军，联军的优势更为突出。拿破仑首次面对四大强国组成的"大联盟"，战略上已处于明显的劣势地位。

新的战役爆发后，反法联军兵分三路向法国进逼：南部主力部分25.4万人，由奥地利的施瓦岑贝格亲王任统帅，在波希米亚集结；中路俄普联军10.5万人，以西里西亚为据点，由70岁的普鲁士老将布吕歇尔任总指挥；北方军15万人，由瑞典国王卡尔十四世率领，对法军形成半圆形包围态势。8月27日，在德累斯顿战役中，处于劣势的法军在拿破仑的指挥下击败施瓦岑贝格统率的联军主力。不过，在格罗斯贝伦战役（8月23日）、卡茨巴赫河战役（8月26日）和库尔姆会战（8月29日至30日）中，法军接连失利，这使德累斯顿战役后意气消沉的联军大受鼓舞。至10月初，反法联盟三路大军在莱比锡附近对法军形成合围之势。10月16日，俄、奥、普、瑞四国联军22万人，向15.5万法军发起向心进攻，拿破仑时代最大规模的战役正式开始。几乎欧洲各个民族都有兵员投入这场战役，史称民族大会战。经过三天激战，其间萨克森军队倒戈，法军损失6万人，被迫向莱茵河方向撤退。莱比锡会战成为德意志民族解放战争走向胜利的转折点。随着法军渡过莱茵河，依附拿破仑的莱茵联邦随即瓦解，拿破仑缔造的威斯特伐利亚王国、伯格大公国和法兰克福也宣告解体。到1813年年底，除了一些要塞，莱茵河东岸的德意志领土全部摆脱了法国的控制。

乘胜追击的联军于1814年新年之夜渡过莱茵河，随即解放了西岸的德意志领土，并迅速向法国北部推进。退回法国的拿破仑于1813年年底重新组织了11万新军，准备在法国本土同联军展开最后决战，但入侵的联军这时已近23万，并且几乎同样多的军队正从各路赶来增援。拿破仑政权已岌岌可危，但他仍能利用联军内部不协调的弱点，在尚波贝尔、蒙米赖和沃尚将强大的对手打败（2月10日至14日）。然而，2月下旬以来，形势开始逆转，联军在奥布河畔巴尔（2月27日）、拉昂（3月10日）和奥布河畔阿尔西（3月22日）连续重创法军。拿破仑企图进入联军后方，切断联军与莱茵河的交通线，但是联军已决定置他于不顾，奋力攻取巴黎。3月30日，失去保护的巴黎向联军投降。31日，俄国沙皇和普鲁士国王进入巴黎。拿破仑见大势已去，被迫于1814年4月6日在枫丹白露宣布退位。根据联盟各国的协议，由法国已故国王路易十六之弟回国复辟波旁王朝，是为路易十八（1814年至1815年"百日王朝"前第一次复辟，1815年"百日王朝"后至1824年第二次复辟）。

德意志通过反拿破仑战争实现了民族解放，但是旧的君主势力在战争中的领导地位，它未能满足解放战争开始以来蓬勃发展的民族运动的统一和进步要求。在维也纳的善后会议上，重建德意志是令渴望统一的民族主义者十分失望的新形态。

五、德意志的新形态

战胜拿破仑后,反法联盟的头面人物,以及除土耳其以外的欧洲各国代表,云集奥地利首都维也纳,举行了一次规模空前的国际会议,史称维也纳会议。会议从1814年9月18日一直开到1815年6月9日,历时8个多月,主要目的有三个:一是庆贺战胜拿破仑帝国的胜利,二是恢复和巩固战后欧洲的封建秩序,三是瓜分从战败国手中得来的赃物。参加会议的代表有216人,但起决定作用的是俄、英、奥、普四大国。沙皇亚历山大一世、英国外交大臣卡斯尔雷、奥地利首相梅特涅、普鲁士首相哈登贝格,是会议的轴心人物。他们组成一个四国委员会,会议的一切重要问题都由四国代表在秘密状态下进行研究。法国外交大臣塔列朗也获准出席会议,这为他利用列强的矛盾维护法国利益提供了条件。

作为庆贺和恢复欧洲大陆旧秩序的会议,各国之间不存在大的分歧,但是一涉及分配赃物和"奖金",会议立刻陷入漫无边际的争吵和冲突之中,以致会议一直拖延到第二年6月。有人说,维也纳会议不是在进行,而是在原地"跳舞"。这是一句双关语,一是说会议因矛盾和争执而进展十分缓慢;二是说决定会议命运的是少数几个巨头,大多数代表除参加开幕式和闭幕式外,一直沉浸在东道国提供的歌舞饮宴之中。

会议争执的焦点是波兰-萨克森问题。俄国自恃战胜拿破仑有功,坚持要把俄军占领的华沙大公国重新组建为一个波兰王国,由沙

维也纳会议

皇兼任国王，把波兰间接变为俄国的一部分。这个拟议中的波兰王国大部分属普鲁士参与瓜分波兰所得部分，现在沙俄要兼并这些土地，普鲁士自然反对。为了安抚普鲁士，沙皇亚历山大一世建议把曾追随拿破仑的萨克森王国作为补偿割让给普鲁士。普鲁士对波兰早已垂涎三尺，但它不敢得罪沙俄，勉强接受了这个不算吃亏的安排。但是，奥地利和英国竭力反对沙俄吞并波兰，也反对普鲁士兼并萨克森。它们不愿俄国过分强大和向西扩张，而奥地利特别不愿看到普鲁士因得到萨克森而变得更为强大。

　　法国外交大臣塔列朗立即看出，在这个基础上挑起一场决斗，拆散反法同盟，改善法国处境再好不过了。塔列朗结合法国利益，针对与会代表之间的矛盾，提出所谓"正统主义原则"，主张在欧洲恢复一切被法国大革命，以及拿破仑战争破坏的传统国家和正统君主。这个原则迎合了大部分与会者恢复旧秩序的要求，同时在客观上也为保证法国领土完整提供了理论依据。但是这一原则在实践上不利于沙俄和普鲁士的扩张计划。因为根据正统主义原则，沙俄应放弃革命战争前不属于俄国的华沙大公国，普鲁士也不应吞并合法存在的萨克森王国。基于这一点，塔列朗深信这一原则必然会得到英奥的支持。三国很快达成默契，并于1815年1月3日签订秘密协定，规定三国如遇他国进攻，将相互援助，法奥分别出兵15万，由英国提供军火。秘密协定是塔列朗在外交上的一大成就。亚历山大一世不解内情，但三国之间的合作姿态使俄国不得不有所顾忌。

此后，塔列朗又在会上竭力为萨克森王国的独立地位辩解。他讲道，萨克森国王已经像"父亲"一样统治其臣民达40年之久，他在各方面都是贤能的。他虽然曾盲目屈从拿破仑，犯下过错，但是那些以此来羞辱他的人也犯有同样的过错，而且有过之而无不及。因此，大家都应按正统主义原则恢复尊严，而不必单单加害于萨克森国王。塔列朗不仅在为萨克森王开脱罪责，也讽刺了亚历山大一世和弗里德里希·威廉三世于1807年同样怯懦地屈从于拿破仑。

塔列朗据理力争，加上三国之间明显的合作立场，亚历山大一世被迫做出让步。根据各方于1815年2月11日达成的妥协，波兰再次遭到瓜分：大部分波兰领土组成波兰王国，由沙皇任国王，成为俄国附属；普鲁士得到波兹南和但泽；奥地利占有加利西亚；剩余的克拉科夫及附近1000多平方千米土地组成独立共和国，由俄奥普三国派驻使节监管。根据普鲁士提出的补偿要求，萨克森王国被迫割让2/5的土地给普鲁士。此外，普鲁士还获得莱茵河流域最发达的莱茵省，以及原属瑞典的波美拉尼亚。作为补偿，瑞典获得丹麦统治下的挪威，而丹麦则从德意志取得对石勒苏益格和荷尔斯泰因这两个公国的统治权。

随着会议最棘手的波兰－萨克森问题的解决，列强开始把注意力集中到制定会议最后总决议方面。正在这个时候，拿破仑悄悄离开流放地厄尔巴岛，于3月1日在法国东南部的昂蒂布登陆。当时，法国人民对波旁王朝极为鄙视和反感，拿破仑在20天内未放一枪便抵达巴黎，路易十八仓皇出逃，拿破仑重登帝位。这对维也纳会议的代表来说犹如晴天霹雳。英国、俄国、奥地利、普鲁士、撒丁王国，以及荷兰、比利时和德意志一些小邦，立即组成第七次反法联盟，以七八十万兵力向法国扑去。1815年6月18日，拿破仑兵败滑铁卢。至此，拿破仑战争落下帷幕。6年后，拿破仑在流放地——大西洋上的圣赫勒拿岛去世。

拿破仑建立的"百日王朝"，加速了维也纳会议的进程。在滑铁卢战役前数日（6月9日），维也纳会议举行了末次会议，签署了一个由121个条款和17个单独附带条约构成的《最后总决议案》。《最后总决议案》按正统主义原则在欧洲恢复了法国大革命前的政治秩序（德意志除外），并确认了列强关于领土分割的协议。其中，俄国除获得波兰外，还占有芬兰和比萨拉比亚；普鲁士的领土扩展到萨克森北部、莱茵河西岸和波罗的海南岸；奥地利恢复了对意大利北部的伦巴第和威尼斯的统治，并占有萨尔茨堡、蒂罗尔和达尔马提亚沿岸；英国的利益在海上，它迫使与会代表同意它占领马耳他岛，法属多巴哥、圣卢西亚（两者均在西印度群岛）和毛里求斯，以及从荷兰手中夺得的南非开普殖民地和锡兰岛（斯里兰卡），从而控制了通往东方的战略要地。

法国根据1814年第一次《巴黎和约》，保持1792年的疆界。"百日王朝"覆亡后，《最后总决议案》根据1815年11月20日第二次《巴黎和约》，把法国限定在1790年的疆界内，赔款7亿法郎，交出军舰，法国东北部7座要塞由联军占领三年。

维也纳会议对德意志的处理比较特殊，它没有打算修复被打碎的神圣罗马帝国，也没有理睬那些已经被合并的数百个小邦的呼吁，而是保留了经拿破仑减少的邦国的数量和调整的局面。巴伐利亚、符腾堡和萨克森的国王保住了拿破仑赐给他们的王冠；英国控制下的汉诺威升格为王国，而不再是选侯国。依据6月8日专门制定的《德意志邦联条例》，包括普鲁士和奥地利两大邦在内的38个德意志政治实体，组成松散的"德意志邦联"。各邦之间保持着独立自主的地位，德意志仍然维持着政治分裂的局面。成立邦联的目的是，维护德意志外部和内部的安全，维护德意志各邦的独立和不受侵犯。但它并非创立了一个紧密结合的联邦国家，而是一个结构松弛、近似于国际性联盟的统一体。它的唯一机构是设在法兰克福的邦联议会和奥地利人任主席的常设公使会议。奥地利和普鲁士只以它们以前的帝国领土加入这个邦联，附属于奥地利的非德语民族，以及普鲁士的东西普鲁士和波森均不在邦联的范围。另有三个非德意志的君主算作它的成员，即代表汉诺威的英国国王、代表卢森堡的尼德兰王室和代表荷尔斯泰因的丹麦人。邦联的领导事务预定由邦联议会一个人数不多的委员会承担。在这个委员会中，其中11个较大的邦各有一个席位，其他小邦共同拥有6个席位。共有70票的全体大会通过表决决定邦联的组织机构和对外宣战或媾和，但必须有2/3的多数票才能通过，如果讨论修改宪法则必须全体一致同意。6月10日，维也纳会议各全权代表签字的《德意志邦联条例》被收入前一天签订的《最后总决议案》，成为维也纳国际体系的组成部分。这就为欧洲列强合法干预德意志事务提供了依据。

德意志邦联的建立没有满足渴望实现真正统一的德意志民族主义者的愿望。他们十分气愤地评论这一不成体统的组织，开始以自由主义为武器，投身于争取德意志统一和民族复兴的新斗争中。以耶拿大学为先导的学生运动兴起，成为争取德意志统一与自由运动的先声。

必须承认，依照邦联条例构成的德意志新形态，较之于法国大革命冲击以前的旧帝国已经有了一些新的本质性的变化。首先，延续近千年并长期影响德国统一的帝国形态不复存在，帝国骑士和教会邦国已完全消失，拿破仑时期的教产还俗成果得以肯定，莱茵联邦的模式部分地为新的邦联所继承。其次，领土调整后，德意志东西两边的边界得到更好的保护。奥地利的统治集中在东南部，普鲁士在东北部处于可以防御的优势地位，并在西部成为莱茵河的守卫者。莱茵河开始真正成为一种民族象征。最后，发达的莱茵地区并入普鲁士，这为这个邦国在德意志的内部发展中发挥重要作用提供了新的条件。

当然，维也纳会议的决议和它在德意志确立的新秩序，总体上是以复旧和倒退为前提的，受到各国利益的支配和18世纪旧原则的影响，忽视了过去几十年来兴起的新兴政治潮流和民众的意愿。然而，这种新的潮流是不可阻挡的，随着德意志资本主义的发展和民族意识的普遍觉醒，维也纳会议构筑的德意志形态，必将为新的民族形式所取代。现代化为德意志统一和复兴提供了新的动力。

第三章
现代化的开端

当法国大革命和十多年的拿破仑战争震撼欧洲的时候，与大陆一水之隔的英国也正在进行一场不动声色的"革命"，即工业革命。工业革命是一场广泛的科学技术变革，也是一场深刻的社会革命。这场革命，从18世纪60年代开始，深刻改变了英国的面貌，推倒了所有现存的人类社会结构。从那时起，世界已不再是以前的世界了。直至1815年，这场革命同法国大革命一样，都在彼此的范围内孤立地进行，但是它们犹如一座覆盖更广泛地区的孪生火山喷发口，注定要对整个世界产生爆炸性影响。法国大革命的暴风骤雨已摧垮了古老欧洲的社会结构，而工业革命的涓涓细流也开始浸润这片古老的土地，使之不可逆转地进入前所未有的工业时代。经历法国大革命冲击的德意志，进入了工业化、现代化的新时期。

一、工业革命的开始

德意志的工业生产起始于弗里德里希二世时期的重商主义改革和发展计划，但具有现代意义的工业发展是从拿破仑占领和控制德意志开始的。拿破仑的大陆封锁为德意志的对外贸易带来消极影响，并使一些德意志传统工业生产遭到严重损害，但也刺激了德意志一些新兴工业发展。其一，一些地区通过发展毛织品、人造染料、菊苣咖啡、甜菜制糖等工业，使代用品生产发展起来。其二，萨克森和莱茵地区的纺织业、金属加工业出现了最初的机器生产，部分地区的生产组织也开始从家庭手工业向机械化工业过渡。此外，封锁比旧制度下的重商主义理论和局部实践，更能使人们领会到保护关税在促进早期企业精神形成等方面的重要作用。在德意志被占领时期逐步成长起来的新一代德意志资产阶级，到了和平时期，就能够借助过去的基础和经验来促进工业的自主发展。

19世纪最初20年，是德意志现代工业真正起步的重要时期。这一时期，1806年至1815年的改革初见成效，旧的生产关系受到较大的冲击和破坏，维也纳会议确立的保守秩序已不能阻止变革导致的经济社会的发展。在这样的背景下，1825年，英国取消机器出口禁令，正好为德意志工业的新发展提供了机遇和条件，渴望发展民族工业的资产阶级立即在国内掀起了工业生产的热潮。

到19世纪20年代末，工场手工业在德国得到广泛发展。在萨克森和西里西亚，新兴的棉纺织业和传统的麻纺织业都获得长足发展；在莱茵河西岸，采矿、冶金和金属加工工业逐渐成为支柱产业。尽管生产组织形式仍以工场手工业为主，但德意志广泛利用了英国的进口机器和新技术，机器工业开始发展起来。同英国一样，德意志的棉纺织业最先采用机器，自1783年安装第一台水力纺纱机以来，到1800年已增至2000台。1814年，仅萨克森已有机织纺锭28万枚。1831年，机械棉织机已达1000台。1802年，德意志建成第一家毛纺工厂。1810年，德意志纺麻业也开始采用机器生产。与英国不同，德国的重工业和机器制造业起步较早。1811年，弗里德里希·克虏伯（1787—1826）在莱茵地区的埃森建立了他的铸铁厂。1826年，其子阿尔弗雷德·克虏伯（1812—1887）接手后扩大经营，成为闻名世界的军火制造商。1819年，弗里德里希·哈尔科特在鲁尔区建立了一座矿山机械厂。在英国技术人员的指导下，这家企业日后发展成为德意志最早的蒸汽锅炉制造中心。著名的"机械制造之父"卡尔·豪波尔德于1820年设计了梳理羊毛机，并从1826年开始在开姆尼茨设厂制造纺纱机和蒸汽机，对西里西亚纺织工业的兴起产生了巨大影响。19世纪初，亚琛还出现了由查尔斯·科克里尔和詹姆斯·科克里尔两兄弟创办的机械制造学校和纺织厂。1815年，他们又在柏林设校办厂，大力发展纺织机械。因此，在工业革命启动之先，德意志轻重工业的发展已具备一定的基础。除了英国的影响，法国和比利时的工业化进程也对德意志产生了示范效应。同时，德意志工业革命也与自然地理和资源的分布有密切关系。

但是，19世纪30年代以前，由于各地区生产的分散性和不平衡性，德意志难以抵制英国商品的大量倾销，机器工业的发展在整体上还是相当缓慢和微弱的，尚处于工业革命的准备阶段。自19世纪30年代起，以普鲁士为中心的德意志关税同盟的建立，首次在国内形成统一的民族市场，德意志工业发展才真正进入革命性的"起飞"阶段。其标志是手工生产开始向大机器生产过渡，生产的组织形式亦由手工工场向现代化的工厂转变。

上述两方面的变化最先从纺织工业开始，通常被视为德意志工业革命的开端。19世纪30年代至40年代，机械纺织业已开始在萨克森

阿尔弗雷德·克虏伯

推广，并出现第一批工业企业。1834年至1838年，德意志建立了大约45家大纺纱厂。其中，开姆尼茨是棉纺织业的中心，有"德意志的曼彻斯特"之称。此外，在波希米亚、西里西亚、维也纳和柏林，棉纺织业的机械化、工厂化也有了较快发展。1846年，普鲁士已有机械织机4600台，1861年增至15 258台。在关税同盟的范围内，1846年，德意志的纺纱厂已有313家，纱锭数达75万枚。1846年至1850年，棉花消耗量为15 782吨，1866年至1870年达68 281吨，增长了三倍多。毛纺织业在棉纺织业之后也进入机械化时期。1846年，普鲁士的毛纺织业已有机械纱锭45万枚。出于适应生产更精美呢绒的需要，毛纺织业工厂和作坊发展很快，家庭制造业已失去主导地位。亚麻纺织业的机械化程度较差，到19世纪中期仅有麻纺厂14家，纱锭4.5万枚，尚处于起步阶段。

采煤、冶金和金属加工业在德意志是沿着不同的道路发展起来的。由于新的技术设备的采用和19世纪40年代以后铁路修建的刺激，上述产业获得快速发展。由于煤铁资源蕴藏量丰富，重工业在德意志的发展从一开始就有着得天独厚的条件，随着新技术的应用，这些长期埋藏在地下的能量和资源相继得到开发。其中，莱茵河西岸的鲁尔区和萨尔区已成为采煤业和冶金业的中心。萨克森、汉诺威和拿骚也逐步形成较为集中的煤铁产地。随着蒸汽机和矿山机械的广泛采用，以及一系列冶金新技术的引进，德意志的煤铁产量飞速增长。到1850年，德意志的煤产量已达670万吨，生铁产量增至21万吨。进入19世纪50年代，一些巨大的高炉和大型钢铁厂相继建成，集煤矿、炼焦厂、轧钢厂于一体的联营企业不断出现。

采煤业、冶金业的发展，以及日后铁路建设的巨大需求，推动了机器制造业的发展。机器制造业是"大工业之母"。在工业革命以前，这一产业的有限发展已经展示德意志工业革命将走上轻重工业同步发展道路的特点。继19世纪30年代的零星发展，到40年代机器制造业已有了长足进步。1837年，曾在柏林官办的工业学校读过书的奥古斯特·波尔齐希把15家至20家钳工工场整合为一个拥有50人的机器制造厂。10年后，他的工厂发展到1200人。1842年，这家工厂按美国式样制造了第一台机车，第二年其产品已超过英国设计的产品，并于1853年开始出口机车。同在1837年，克虏伯家族的传人阿尔弗雷德·克虏伯通过生产坩埚铸锭和研制机车，使家族产业进入飞跃发展时期。1848年，他的工厂雇佣工人已达1300人，年机车订货量达67台。埃森地区因克虏伯联合企业的存在和发展被称为"克虏伯城"。此外，汉诺威的埃格施托夫、开姆尼茨的里夏德、哈特曼、巴伐利亚的西门子等人开办的大型机器制造厂也在发展同类生产。除了制造机车，他们还制造纺织机械、矿山机械，以及轧钢厂、面粉厂等所用的机械。1846年，德意志共有机器制造厂130家，到1861年已增至600家，其中有些规模已不亚于英国的同类厂家。

铁路修建和内河航运业的发展，是推动工业革命深入的重要条件，也是德意志工业化的重要特点。德意志政治分裂，各邦政府受英国铁路建设的启发，普遍认为发展铁路交通有助于打破各地彼此隔离的状态，对铁路建设持积极态度。1835年，巴伐利亚首次建成德意志境内的第一条铁路。这条铁路从纽伦堡延伸至菲尔特，全长仅6.1千米，但它标志着德意志铁路运输时代的开始。自此，"铁路热"开始在全德兴起。1838年，柏林与波茨坦之间的铁路通车。1839年，莱比锡至德累斯顿铁路竣工。1841年，柏林与安哈尔特之间的铁路通车。1842年，柏林与什切青之间的铁路通车。1843年，安特卫普到莱茵河畔的科隆之间的铁路相继通车。1837年至1850年，全德铁路投资从2100万马克增至8.914亿马克，增加40多倍。截至1845年，德意志共建成大约20条铁路，全长2131千米，加上奥地利境内的728千米铁路，其总长度已达2859千米，到1850年已接近6000千米，大约为法国的两倍。

在铁路建设兴起以前的几十年，特别是19世纪20年代使用轮船以后，德意志的内河航运就达到兴旺时期。德意志北部河流密布，加上运河和河道扩建作为补充和中介，德意志有着发达的内河航运传统，但只有在蒸汽动力投入使用之后，才逐步改变了航运时间过长、运费过高的局面。1816年，不来梅已建成第一艘蒸汽动力船。1824年，第一艘汽船开始在莱茵河上航行。1825年，普鲁士莱茵汽船公司创立。

1829年，鲁尔区开始建立造船厂。同年，维也纳建立了第一家"多瑙河汽船公司"。1831年3月，莱茵河流经的德意志各邦签订《莱茵河航运议定书》，实行航运自由，产品的运价大为降低。不过，发展内河航运的重点不是增加航线的长度，而是提高效率，增加船只，提高吨位。铁路建设兴起以后，铁道运输的作用已超过水路交通，但在德意志南部山区修筑铁路比较困难的地带，内河航运的作用仍是不可替代的。随着内河航运的发展，德意志境内兴起一批内河港口城市，如莱茵河畔的科隆、杜塞尔多夫、美因茨，及其支流美因河畔的法兰克福、斯图加特，多瑙河上的累根斯堡等，既是水运码头，也是水陆交通枢纽。

随着工业化深入，德意志的工业资产阶级迅速崛起。经济最发达的莱茵地区，先后兴起了一批依靠家族产业发展起来的工业家，如克虏伯、亨克尔、格里洛、曼内斯曼、莱弗艾森、康普豪森等。萨克森则出现了一批在进出口贸易方面有重大影响的企业主，大卫·汉斯曼、维尔纳·冯·西门子、霍瓦尔德等。威斯特伐利亚也有一批工业家崭露头角。他们当中有不少人脱胎于旧式商人、手工工场主，也有不少工业家族出身于工匠、农民，甚至农奴。他们通过发明创造，或凭借经商赚钱的本领，在工业革命的大潮中迅速崛起，加入资产阶级行列。前文提及的克虏伯家族，在19世纪初起步的时候，仅是一个雇佣4名工人的小业主，还一度因负债停产，连生活都难以维持。后来，在阿尔弗雷德·克虏伯的更新经营下，这个家族才逐步发展成有名的军火制造商。大卫·汉斯曼是普鲁士企业家、银行家，出生在汉堡附近，1824年靠创办火灾保险公司起家，19世纪30年代又开始经营铁路，在政治上成为资产阶级自由派的代表。1851年，他又通过创办贴现公司，投身金融界。在其子阿道夫·汉斯曼的经营下，该家族迅速发展为银行业巨头。

19世纪40年代，以汉斯曼、康普豪森为代表的工业资产阶级掀起了自由主义运动。他们通过上书普鲁士国王，要求实施宪法，召开全国议会，承认资产阶级的自由民主权利，并通过创办《莱茵报》积极宣传政治变革的主张。这些都标志着工业资产阶级政治意识的成熟。但是，德意志资产阶级诞生的历史环境特殊，他们不能像英法两国资产阶级那样以革命手段实现自身的政治要求。此外，他们对日益发展的工人运动采取敌视态度，也使他们失去了真正能够和封建专制制度对抗的力量。这样，温和的自由主义改革要求必然以失败告终。德意志资产阶级的政治态度对德意志未来政治统一和民主化改革的特定形式产生了重要影响。经济高速发展与政治民主滞后成为德意志现代化的一大特点。

二、农业改革的深入和现代化

自1807年施泰因-哈登贝格改革启动以来，维也纳会议结束后的封建复辟使各项改革陷入停顿，但农业改革逾越重重障碍，得以持续进行。1819年以后，农业立法逐渐扩大到普鲁士新得和重新获得的省区。1821年，普鲁士政府颁布《义务解除法》和《公有地分割法》。前者重申只有富裕农民才能赎免封建义务；后者将农村公社的公有土地分割，变为私人所有。这些法令着眼于保护容克贵族和富裕农民的利益，但对旧的土地结构仍起到了冲击和破坏作用。对农村土地关系的最后调整发生于1848年革命之后。通过1848年9月7日的法令和1850年3月2日的《赎免法》，普鲁士最终通过农业改革完成了从封建土地所有制向资本主义私有制的转变。

从改革开始到1848年，普鲁士共有将近29万户较富裕的世袭农民以现金或租息，解除了封建义务，7万余户非富裕农民通过割地解除了封建义务，后者称调整农户。两者相加达36万余户，富裕农户远超过非富裕农户。他们总计赎买了1700万天人工劳役、600万天车马劳役，折合资金达1850万塔勒。1857年3月6日，普鲁士政府颁布《宣告丧失权利法令》，规定1858年12月31日后，农民再也无权申请赎买封建义务。至此，那些长期无力赎买封建义务的小农和佃农，逐渐变为自由出卖劳动力的农业工人，农业生产者已经和他们的生产资料相分离。

历时半个世纪的改革，对普鲁士的农业结构产生了重要影响。第一，农民获得了人身自由，可以自由离开庄园，可以自由选择职业。实际上，失去土地的农民构成了一支潜在的自由劳动力大军，这是对传统农业生产结构的最大破坏。第二，获得土地的农民成为资本主义性质的自由财产（土地）所有者，他们当中的少数人通过发展资本主义经营和扩大地产，成为农村的资产者——富农。第三，容克贵族的土地由封建领地转变为资本主义的私有财产，并且通过农民割让土地，不断扩大地产。在易北河以东，容克贵族几乎无例外地把自身的地产合并成大庄园，雇佣农村的"自由"劳动力——长工和短工，来进行耕作。1854年，普鲁士颁布《雇农法》，规定雇工和主人的合同一经签订，不得中途退耕或罢耕，从法律上保证了容克贵族庄园的劳动力。此外，通过赎买封建义务，容克贵族获得巨额赎金和现款。1815年至1847年，容克贵族所获赎金已达1 854.5万塔勒。1850年3月，依据《赎免法》，他们又获得1950万塔勒。这笔巨款既可改善农业经营，也可投资工商业，无疑加速了容克贵族的资产阶级化。容克贵族在改革中靠牺牲农民所得到的土地总计420万摩根，经过1848年以后的调整，他们的土地进一步连成一片，为发展资本主义大农业提供了十分有利的条件。随着工业革命对粮食和工业原料的需求的增加，容克贵族纷纷把庄园经济改造为资本主义农场经济。到19世纪后期，欧洲几乎找不到比容克贵族更好的农场主，比普鲁士东部庄园更好的农场。这些庄园已成为欧洲资本主义大农业的典范，被称为资本主义农业发展的普鲁士道路。

在普鲁士进行农业改革的同时，德意志其他地区也以不尽相同的方式实行了农民赎买封建义务的改革。在德意志西南部，巴登的农奴制改革比较彻底。1818年，巴登首先从立法上废除了新获地区的农奴制；1820年，巴登取消人身赋税，并开始赎买劳役税；1831年，巴登无偿取消国家的劳役；1833年，巴登允许农民赎买地主的封建劳役；1848年，巴登废除了封建束缚的最后残余。在符腾堡、汉诺威、萨克森和黑森选侯国，19世纪30年代以后均开始进行全面改革。巴伐利亚早在19世纪初已开始宣布解放农奴，但在1848年革命以后才推动赎免全面展开。奥地利于1846年颁布敕令，提出改革计划，后于1848年9月7日通过立法宣布解放农奴。总之，到1848年革命以后，德意志几乎所有地方都程度不同地完成了对农奴的解放，这时距离开始解放农奴和认识到它的必要性已经过去了半个世纪。

农业改革是全德范围内进行的一场改变封建生产关系的变革，它的完成实现了土地所有权、经营权与劳动者的分离，为资本主义现代化农业的发展创造了条件。资产阶级化的容克贵族通过新的农业经营方式和耕作制度，并借助新的科技手段，使农业生产力进入新的重要发展时期。表现之一为：中世纪的三圃制被"改良的三圃制"（在休耕的土地上种植三叶草、萝卜、马铃薯等）和轮种制取代，这样既扩大了耕地面积，又增加了牲畜的饲料来源。1800年至1850年，休耕地在全部耕地面积中所占比重从33%降至15%，谷物增产约1.2亿吨，畜牧业的条件也大为改善。休耕地的减少也与化肥的应用密切相关。科学研究的进展使人们了解到土壤的化学成分和植物生长中矿物质所起的作用，从而为提高土壤肥力、制造化肥提供了条件。1840年，德国化学家尤斯蒂斯·冯·李比希（1803—1873）发表《化学及其在农业和生理学上的应用》，创立了农业化学，直接推动了化学肥料的研制生产。1855年，德意志建成第一座过磷酸肥料工厂。1860年，施塔斯富特发现丰富的磷矿，磷肥开始进入批量生产阶段。整个19世纪，德意志成为化肥生产潜力最大地区。化肥的广泛应用使休耕地不断减少，并大大提高了单位面积土地的生产能力。德意志的农业开始由粗放型逐步转向集约型。

农业生产力变革的另一表现是，农具的改进和逐步走向机械化。1819年，霍恩海姆建立了德国第一个农具厂，开始仿制英国的犁和其他农具。此后，柏林（1847）、莱比锡（1851）、乌尔姆（1854）都出现类似的农业机具厂。1861年，马克斯·埃斯设计了第一把可供使用的蒸汽犁，以后又出现了模仿英美式样的播种机、收割机、打谷机、分离机、污水泵和离心泵。到19世纪末，中等规模的农场使用农业机械在德意志已十分普遍。

新作物品种的引进和推广也是农业技术变革的重要内容。在德意志,马铃薯和甜菜的引进、种植,农业中的轮作制,对解决人口增长所需的粮食问题,以及发展加工业,产生了巨大影响。马铃薯种植在弗里德里希二世时期已经开始,1815年已推广到德意志全境。19世纪中期,马铃薯种植量已达各种作物的24%。马铃薯产量高,既是一般居民的食粮,也是酒精工业、淀粉工业的原料来源。19世纪末,随着城市化的发展,马铃薯的产量增加了近5倍,成为劳动者和中下级官员最普通、最便宜的食品。甜菜种植兴起于大陆封锁时期,是甘蔗的代用品。19世纪30年代以后,随着制糖工业的发展,甜菜迎来了第二个种植高峰。易北河两岸、马格德堡以南,直至萨克森,是甜菜的栽培加工中心,以波森为首的东部各省居于领先地位。1850年至1867年,甜菜糖厂从150家增至300家;1866年至1870年,年加工产量平均达250万吨,并在此后保持了持续增长的势头,成为德意志现代农业和食品加工工业的重要支柱。

随着农业的发展,畜牧业也有了重要进步。城市居民对肉、奶、奶制品的需求量不断扩大,牛、猪、羊和蛋禽类的饲养量也在逐年增加。其中,羊的饲养还因为毛纺工业的兴起得到迅速发展。1816年至1849年,德意志的羊饲养量从830万头骤增至1700万头,它开始取代西班牙成为世界上最大的优质羊毛生产地。由于军事需要,以及犁耕和部分交通运输的需要,马匹一直保持着扩大饲养的势头。1816年至1849年,普鲁士境内的牲畜增长量分别为:牛34.25%,猪65.1%,羊97.2%,山羊307%,马26.6%。畜牧业从一个侧面反映了德意志农业生产力的发展水平。

德意志林业资源丰富,与其他国家相比,德意志各邦森林面积所占比例很大。1800年,普鲁士在总面积约为600万公顷中森林占160万公顷（1820年增至240万公顷），奥地利在总面积600万公顷中森林占200万公顷，巴伐利亚为80万公顷，黑森选侯国、汉诺威、符腾堡各有20万公顷，萨克森约15万公顷。教产还俗和农民森林收益权改革后，普鲁士有将近15%的国家森林被出售和私有化，农民的森林占有量迅速增加。到1858年，私有森林已占到普鲁士森林总面积的59%，加上以勃兰登堡和西里西亚为主的城市森林30万公顷、农村乡镇森林60万公顷、国家控制森林180万公顷，普鲁士成为中欧最大的森林拥有国。由于木材丰富，德意志工业较发达的地区，如西里西亚，使用木炭冶铁的时间比其他地区更长。到1840年，德意志有1/3的鼓风炉仍然以木炭为燃料。除了冶铁，建筑、矿山、铁道枕木、家具制造等行业仍依赖林业资源。19世纪60年代以后，林业逐渐失去提供能源的作用，但仍然是重要的工业原料，并且是重要的收益来源。随着木材价格上涨，普鲁士国家林业管理局的收益自1850年以后20年间增加了50%至70%。林业被纳入国民经济计划，成为普鲁士最重要的产业。普鲁士和巴伐利亚的国家林业局分别拥有3.5万名和1.5万名专职林业工人，成为可与克虏伯公司一较高下的大型企业。

随着农林牧业现代化发展，德意志还出现了许多官方、半官方或纯属民间的农业组织，它们对发展农业教育，推广、传播农业科学技术，发挥了重要的积极作用。巴伐利亚（1809）、普鲁士（1811）、符腾堡（1817），先后出现了国家和私人创办的农业协会、模范农场、试验站等组织，通过举行展览会、建立"冬学"和咨询活动来促进农业生产技术的传播和发展。普鲁士（1842），萨克森、黑森-达姆施塔特（1848），专门成立了"国家农业经济委员会"和"国家农业中心"，指导和促进各省农业协会对农业技术的研究推广。农业发展，特别是土地制度、生产技术等方面的巨大变化，已经引起社会各阶层的普遍关注。

三、北德意志经济一体化

德意志的工业化是在尚未完成政治统一的条件下，由各邦自发进行的。这个特点使德意志工业的发展从一开始就存在缺乏统一市场的问题。在工业发展的推动下，德意志出现了通过建立统一关税区，实现经济统一的同步进程。这个进程促进了德意志工业经济的发展，并为未来的政治统一创造了物质前提。普鲁士拥有全德最发达的工业区，加上它在全德贸易和对外贸易中特殊的地理位置，最先对关税统一做出了反应。它为扩大关税区域所做的不懈努力，对统一局面的形成发挥了重要作用。此外，经济学家弗里德里希·李斯特（1789—1846）的理论和实践活动，对德意志关税同盟的建立也产生了广泛而持久的影响。

弗里德里希·李斯特出身于符腾堡罗伊特林根一个手工业工人家庭。他早年曾做过书记员、财政官员。1817年，他被图宾根大学聘任为政治经济学教授。1820年，他当选为符腾堡等级议会议员。1841年，他发表《政治经济学的国民体系》一书，对亚当·斯密的经济自由主义理论在欧洲大陆的运用提出质疑。他主张通过国家干预，实行保护关税，维护民族资本主义在本国的发展，从而形成了一套关于晚发展国家走向工业化、现代化的新理论体系，对当时和此后德国奉行的国家主义发展战略产生了十分重要的影响。李斯特的重要贡献是，他区分了财富与生产力，区分了个别商人与国家利益的界限。他特别强调通过征收具有"教育意义"的关税,在一个国家内部发展"创造能力"和建立"工业伦理"的巨大社会意义。他认为,单纯的农业国只靠农产品交换英国的工业品,是永远不能实现国家和民族独立自主的;同时,一个国家只有有了工业能力,才能使农业具有商业性质,把农业从传统状态下解放出来的手段主要是工业;自发的市场力量不能使发展趋向平衡,这就需要保护国内市场的国家政策,以实现国与国之间的平等。李斯特把建立统一的关税体系视为发展民族工业的先决条件。在他看来,一个终生生活在相互敌对的关税体系之中的人,实际上是一个没有祖国的人;在这样的条件下,一个工商业者试图与发达工业国(英国)进行平等贸易的可能性,始终是值得怀疑的。

基于以上认识,李斯特自1819年起就身体力行,积极投身于争取建立统一的民族市场的实践活动。1819年4月,在美因河畔法兰克福的复活节商品交易会上,李斯特主导建立了有800人参加的"德意志工商业者协会",发起要求废除各邦关税、建立全德意志关税同盟的请愿活动。该协会的活动吸引了几乎全德的商人和企业主的注意,它的成立立刻在整个德意志引起巨大反响,不久就成为德国资产阶级争取经济统一的中心组织。李斯特为该协会创办了《全德工商界机关报》,大力宣传建立关税同盟、各邦自由交往、争取实现经济统一等思想。许多政论家相继发表文章,表示对德意志工商业者协会的支持。李斯特本人意识到,关税统一,必将促进全民族统一;不在德意志各邦人民之间实行自由交往,便不可能有统一的德意志;不建立共同的重商主义制度,便不可能有独立的德意志。但是,该协会的活动未能在邦联议会引起积极回应,他们不支持超越"国界"的"非法"活动,甚至不允许该协会使用这个名称。此后,该协会曾派出数批代表团赴各邦宫廷游说，希望得到一些君主的支持，但收效不大，唯有李斯特在南德和中德的活动取得了一定进展。1820年，李斯特亲率代表团奔走于南德各邦政府之间，积极谋求在各邦谈判的基础上建立一个地区性关税同盟。同年5月，在李斯特的斡旋下，巴伐利亚、符腾堡、巴登、黑森-达姆施塔特、图林根等邦开始了建立关税同盟的初步磋商。由于内部分歧较大，直至1823年夏，各邦之间虽达成了一个统一关税的临时协议，但终因各自经济状况的差异而未能成为现实。工业基础较强的巴伐利亚和符腾堡希望同盟能保护自身工业的发展，最后二者于1827年至1828年缔结了一个有限的双边同盟协定；而经济较为落后的达姆施塔特则因财政困难被迫向普鲁士靠拢。

南德各邦迟迟未能取得关税统一有效进展时，率先在内部关税改革方面获得成功的普鲁士开始行动起来。普鲁士积极推行通过扩大新的关税区域来实现经济扩张目标的政策，成为关税统一进程中最有力的推进者，全德关税同盟的建立也进入了实质性发展阶段。

普鲁士是德意志境内的大邦。自1815年维也纳会议以来，它几乎拥有整个德意志最发达的工业区：从莱茵区、萨克森到西里西亚，普鲁士集中了德意志最有成就的工业发展区。但是地区差异和地方保护主义的存在，各地关卡林立、关税重重，严重阻碍了普鲁士内部贸易的正常进行，也无法应付英国商品倾销带来的沉重打击。加上连年累增的军税负担，解决关税问题已成为发展经济和摆脱财政危机的唯一出路。在这样的背景下，以1817年年初爆发的饥馑为契机，普鲁士开始了改革关税的最初尝试。1817年1月，财政大臣比洛和高级顾问卡尔·冯森向国王威廉三世呈交了关税改革草案。为了对草案进行审议，普鲁士专门成立了以威廉·洪堡为主席的专门委员会。自1817年

4月起,该委员会在两个月内,经过26次的详细讨论,最后在少量修正的基础上通过了这一提案。1818年3月10日,国务委员会批准了提案。同年5月26日,国王正式公布了这部关税法。新税法废除了邦内一切内部关税,针对不同进口产品,实行10%至30%的进口税和以经济自由主义为标志的出口免税制,统一了普鲁士境内关税。新税法还规定,对邻近各邦征收高额过境税,以打击邻邦的走私贸易,并吸引它们在适当时候加入普鲁士关税体系。新税法首次使普鲁士成为经济统一体,为普鲁士工业发展和商品流通开辟了广泛的活动空间,也为普鲁士政府财政收入创造了可靠的税收来源。此外,统一税法在王国内推行,也为王国在德意志的经济扩张提供了法律保障。

为了建立一个更广泛的关税同盟,自1819年起,普鲁士利用自身的地缘优势,同周边小邦展开关税战。此后10年间,在普鲁士提高过境进口税的压力下,有9个处于普鲁士领土包围之中的小邦(主要分布在易北河两岸)被迫加入普鲁士关税体系。普鲁士的关税体系以参加各邦的居民人数平均分配关税收入,这个较为合理的措施对其他各邦具有较大的吸引力,从而使它不断取得成功,并保持了自身在同盟中的优势和主导地位。

普鲁士同盟体系扩大,并对中德和南德各邦产生重要影响的一个关键步骤是争取黑森-达姆施塔特加入同盟。黑森-达姆施塔特是中德连接南德的一个农业小邦,它曾参与讨论建立南德关税同盟,但因经济落后同南德各邦在关税问题上存在较大分歧,后因财政困难被迫向普鲁士靠拢。1825年,双方开始谈判。一开始,黑森-达姆施塔特试图同普鲁士签订一个贸易互惠条约,但遭到普方拒绝,普鲁士新任财政大臣莫茨坚持黑森-达姆施塔特加入普鲁士关税区。双方的谈判持续到1828年2月14日，最后双方正式缔结"黑森－普鲁士关税同盟"。黑森－达姆施塔特的入盟，引起了南德各邦的震动，加速了它们谋求地区性经济联合的步伐。1827年4月27日，巴伐利亚和符腾堡签订预备条约，双方于1828年1月正式结成南德关税同盟。

南德关税同盟的出现，使处于南北两大同盟体系之间的小邦，特别是工业较为发达的萨克森陷入困境。萨克森面临南北两道关税壁垒的包围，工业品输出和原料输入都受到严重限制。为了摆脱困境，它与汉诺威、不伦瑞克等北部邦国开始了结盟谈判，并于1828年8月组成中德商业同盟。但中德商业同盟没有形成统一的关税制度，仅表示入盟各邦保证不与南北两个同盟发生任何商业联系，是一个不稳固的同盟。这样，自1828年起，德意志境内先后出现了三个关税同盟。奥地利置身于德意志各同盟体系之外，它希望其他邦国保持三足鼎立的局面，以便削弱普鲁士的影响，保持自身在德意志的霸权地位。

但是，中德商业同盟本身是不稳固的，它们仅建立了一个内部贸易自由的关税区，而未能在统一关税上取得一致。南德关税同盟夹在法国和奥地利两国的高额关税壁垒之间，相对狭小的活动空间使它们很难有大的作为。这就为黑森－普鲁士同盟的扩大创造了条件。

变化首先发生于南德关税同盟。中德商业同盟的出现后，南北两个同盟之间已看到它们的共同利益。1829年5月，南德与普鲁士签订了一个交通与贸易协定，决定加强两个同盟之间的交通和贸易联系。协定的内容之一是，要在两个同盟之间修筑两条公路，以保持双方贸易畅通。但拟议中的公路建设需要通过中部小邦萨克森－希尔德堡豪森和萨克森－科堡－哥达公国的土地。普鲁士财政大臣莫茨认识到，公路建筑的政治化将是瓦解中德同盟的有效武器。于是，普鲁士开始就筑路一事与这两个小邦接触。在普鲁士许诺给两个小邦以财政支持以后，它们于1828年7月3日至4日正式签约，同意参与公路修建，并答应最迟于1835年1月1日加入黑森-普鲁士关税区。这样，普鲁士就在不稳固的中德商业同盟中打开了一个较大的缺口，既有助于保持同南德的联系，也使中德商业同盟陷入孤立。事实上，中德商业同盟自此开始走向瓦解。1831年8月25日，处于普鲁士东西领土之间的黑森-卡塞尔选侯国，开始放弃坚持了十多年（从1818年开始）拒绝与普鲁士合作的态度，加入黑森-普鲁士关税体系。至此，普鲁士的关税区终于连成一片，并切断了中德工业最发达的萨克森与北部的汉诺威、不伦瑞克和奥尔登堡的联系，在事实上宣告了中德商业同盟的解体。到1833年3月，陷入孤立的萨克森被迫加入普鲁士主导的关税区，中德各邦抵制普鲁士经济扩张的愿望以完全失败告终。

黑森-卡塞尔加入黑森-普鲁士关税区以后，普鲁士加紧了同南德关税同盟的合作谈判。南德的巴伐利亚和符腾堡，在普奥法三道高额关税壁垒的阻隔下，开始意识到把两个德意志经济区联合起来的必要性和光明前景。1833年3月22日，经过长期谈判，南北双方最后达成联合协议。1834年1月1日，一个被称作"德意志关税同盟"的关税统一体正式宣告成立。

德意志关税同盟囊括德意志18个邦国、2300万人和约占全部领土3/4的土地，首次在德国的核心地带形成了一个内部实行自由贸易、对外有统一关税、收益按人口分配的庞大国内市场。这个以条约为纽带的经济联合体，起初的有效期为8年，后经过三次续订，范围不断扩大。19世纪30年代，陆续加入德意志关税同盟的有巴登（1835年5月）、拿骚（1835年12月）、美因河畔法兰克福（1836年1月）、图林根等小邦。到19世纪50年代，一度在英国支持下成立的以汉诺威为首的"税务同盟"也宣告解体，其成员陆续加入德意志关税同盟。

至此，德意志在实现政治统一之前，已通过关税统一部分实现了经济统一。[①]这是从滑铁卢战役到克尼格雷茨会战之间的51年里，德意志历史上最重大、最有影响的事件。统一过程贯穿着普鲁士经济扩张的意图，但它适应了一个政治上长期分裂的民族发展民族经济的愿望，客观上也符合工业化、现代化的一般规律。这个统一体出现后，德意志人面前已展示了一幅走向政治统一、令人鼓舞的前景。

此外，德意志关税同盟也是普奥在德意志"二元争霸"的产物。奥地利被排除在同盟体系之外，普鲁士开始上升为德意志经济统一的领导力量，也是未来政治统一的领导力量。从这个意义上讲，德意志关税同盟是普鲁士的一项巨大成就，它意味着普鲁士战胜了奥地利。最重要的是，它把中小邦的整个资产阶级都吸引到普鲁士一边。

从此，德意志的面貌和普鲁士的地位发生了根本变化。德意志帝国的核心，随着这个经济有机体的发展开始形成。

四、大转变时期的文化成就

在法国革命和工业革命的影响下，德意志的民族文化精神进入空前的繁荣发展时期。以古典哲学、古典浪漫主义文学，以及音乐领域的伟大创造为代表的辉煌成就，既是"现代化"反映的时代精神的

---

① 汉堡、不来梅、吕贝克这三座城市于1888年才加入全德统一关税区。

体现，也是德意志民族文化传统在新的历史条件下的复兴。在哲学领域，黑格尔和费尔巴哈对这个时代的精神生活保持着强大的影响。

黑格尔出身于南德符腾堡斯图加特城一个财政官员家庭。他早年曾在图宾根神学院学习，毕业后做过几年家庭教师，从1801年开始在耶拿大学任教。1806年，他写成第一部著作《精神现象学》，赢得了一定声誉。1808年，法国占领耶拿，他离开耶拿大学，到纽伦堡一所中学先后任教师、校长达8年。在那里，他写成了代表作《逻辑学》，出版后在德国产生了巨大影响。1816年，他应聘出任海德堡大学教授，两年后出版了《哲学全书》（包括《小逻辑》《自然哲学》《精神哲学》等）。从此，他声名鹊起，成为德国哲学界公认的权威。1818年，普鲁士政府特聘他到柏林大学主持哲学讲座。1830年，他升任为柏林大学校长，其哲学理论也被推崇为"国家哲学"。除了1821年出版的《法哲学原理》之外，黑格尔写成的《哲学史讲演录》《历史哲学》《美学》等，都在他身后由其学生整理出版。这些著作构成了一个庞大的思想体系，把德国古典哲学推向一个新的时代高峰。

德国古典哲学由康德创立，费希特和谢林曾在批判康德的基础上对这一学说做过新的延伸，但到黑格尔时期才形成一个完备的体系。黑格尔批判地继承了前人的唯心主义思想，把精神和意识提升到世界本源的地位。他认为，在自然界和人类出现之前，就存在一种精神或理性，这种精神既不是某个人的精神，也不是人类的精神，而是一种宇宙精神，黑格尔称之为"绝对精神"。这种绝对精神是一切现实事物的本源，世界上任何现象，包括自然、社会和人的思维现象，都是这种绝对精神的产物。但是，黑格尔在描述这种绝对精神的过程中阐发了辩证法的原理。他首次把整个自然、历史和精神的世界描述为一个过程，认为世界处在不断的运动、变化、转变和发展中，还试图揭示这种运动和发展的内在联系。这样，他在描述精神演进的世界图景中，不自觉地揭示了事物发展演变的规律，即：事物内在的矛盾性是事物发展变化的源泉。

不过，黑格尔只是在概念的辩证法中猜测到事物的辩证法，并服务于他的唯心主义体系，但这并不妨碍他成为第一个全面有意识地叙述了辩证法的一般运动形式的哲学家，他的学说成为一种超越前代思想家的发展学说。受他的唯心主义体系的限制，他的辩证方法未能充分发挥，也未能贯彻到底，这实际上反映了维也纳会议以来，德意志社会变革的要求与保守的政治形式之间的矛盾。这一矛盾集中反映在黑格尔的学说之中，与他本身的经历密切相关。

青年时期，黑格尔如同许多先进的德意志知识分子一样，是法国大革命的推崇者。他向往资产阶级的民主自由，反对封建专制制度，热诚欢迎法国大革命。他曾同图宾根大学的同学一道种植"自由之树"，高唱革命歌曲，积极参加当时革命青年的秘密政治组织——政治俱乐部的活动，在那里发表演说，热情洋溢地宣传自由、平等、法治等法国资产阶级的主张。甚至到了晚年，他仍在《历史哲学》中满怀激情称颂法国大革命。这种进步观念所体现的时代精神，正是黑格尔辩证法的思想来源。特别是黑格尔关于发展中出现渐进过程中断，概念运动将通过质的飞跃来进行的原理，无疑已触及辩证法的本质，这也是对他所处时代爆发的革命或变革在观念形态上的一种反映。此外，这一时期自然科学领域的许多新成就，对黑格尔辩证法的形成也产生了重要影响。例如：数学领域的微积分理论、化学领域的度量概念，均为黑格尔的合理猜想提供了理论依据。

但是，黑格尔的进步观念在不同时期发生过重要变化。他对法国大革命的态度，随着法国大革命的深入，特别是雅各宾派实行专政以后，逐步由具体的肯定转变为抽象的肯定，乃至批评法国大革命时期的暴力和恐怖政策。维也纳会议以后，他的政治态度开始趋于保守。

1816年10月28日，他在海德堡大学的任职演说中说，普鲁士国家就是建立在理性基础之上的。此后，在任柏林大学教授的开讲演说中又迎合德意志资产阶级的要求，提出"人民与贵族阶级联合"的妥协口号。从此，保守的国家观念和自由主义的进步观念开始在他的学说中被糅合在一起。直到晚年，他一面热情地颂扬法国大革命，一面又认为政治改良是德意志自宗教改革以来最适当的社会变革方式。因此，他极力推崇君主立宪制度，寄希望于没有人民群众参加的自上而下的改革。他把这种政治理想称作意识和现实的和解。因此，黑格尔的政治观念正是他哲学中辩证方法与唯心主义体系之间矛盾性的表现。到了晚年，他的思想中保守的成分愈加浓厚，以至于辩证法的革命锋芒开始因过分浓厚的唯心主义体系的限制而钝化。

拯救辩证法的革命精神是无产阶级哲学的任务，但是随着工业革命的进展，为了适应资产阶级迫切需要直接表达现实物质利益的要求，费尔巴哈高举人本学唯物主义的旗帜，首先对黑格尔的唯心主义思辨体系进行了批判，成为德意志古典哲学中别树一帜的唯物论代表。

费尔巴哈出生在南德巴伐利亚兰茨胡特城一个律师家庭。他于1823年入海德堡大学神学系学习，1824年转学到柏林大学，随黑格尔学习哲学。黑格尔的学说为费尔巴哈的思想开辟了一个新天地，他很快成为黑格尔哲学的信仰者。但是经过两年多的学习后，他开始对黑格尔哲学的前提和抽象性质产生了怀疑。1826年离开柏林时，他已向这位可敬的前辈表示他将重新考虑思辨哲学与自然之间的相互关系。1827年，费尔巴哈进入埃尔朗根大学，选学生物学、心理学，并开始准备博士论文。一年后，他担任该校讲师，负责讲授哲学史和逻辑学。1830年，他在纽伦堡匿名发表小册子《论死与不死》，公开向基督教教义宣战，否认人类个体在精神上的永恒和绝对。这些大胆的观点在德国产生了强烈反响，遭到政府和宗教界人士的谴责和讨伐。随着匿名作者被查实，费尔巴哈受到社会舆论的责难，并被赶下大学讲坛。从1836年开始，费尔巴哈离开城市，迁居布鲁克堡的乡村。他在偏僻的乡间默默地度过了30余年。但是，费尔巴哈没有放弃学术研究，他以宁静的大自然为沉思对象，继续探讨哲学问题，先后写下重要著作《黑格尔哲学批判》（1839）、《基督教的本质》（1841）、《未来哲学原理》（1843）、《宗教的本质》（1845）、《宗教本质讲演录》（1851）等。

费尔巴哈是通过批判黑格尔对思维与存在关系的颠倒来表明他与唯心主义决裂，并为新的唯物主义哲学奠定基础的。此后，他又通过研究基督教的起源和本质，把对宗教的批判和无神论思想的宣传推向一个新的高度。19世纪40年代，他进一步把哲学唯心主义和宗教神学联系起来，进行分析批判，从而完成了世界观的最后转变。费尔巴哈把他的唯物主义叫作"人本学"或"人本主义"：他将人和作为人的基础的自然，视为哲学研究唯一普遍的最高对象；主张自然先于意识，是一切存在的基础；人是自然的产物，在人和自然之外，什么也不存在。这样，他继18世纪法国启蒙学者之后，重新确立了唯物主义的权威，给宗教神学和哲学唯心主义以沉重打击。1841年，他的代表作《基督教的本质》在莱比锡出版时，深深震撼了整个思想界，足见他对黑格尔之后的德国思想界所起的划时代作用。对正在酝酿资产阶级革命的资产阶级民主派来讲，费尔巴哈的学说和批判精神是他们反封建、反专制要求的理论表现，也是激进的民主派对保守派斗争的反映。他的人本学唯物主义促进了德国世俗文化的发展，并对19世纪欧洲的人文主义文艺创作思潮产生了积极影响。随着德国文化界那种浓厚的唯灵论思想气氛被打破，英国的乔治·艾略特也通过翻译费尔巴哈的《基督教的本质》，开始在其创作中贯彻人本主义的精神；俄国的赫尔岑、奥格辽夫、别林斯基、车尔尼雪夫斯基等人也怀着感戴的心情接受他的唯物主义主张。

但是，费尔巴哈的唯物论是不彻底的。他的人本主义脱离人的社会性，从孤立的自然属性来谈论人的存在，使他无法正确理解人类社会，从而在历史观方面他仍然是一个唯心主义者。此外，他在批判黑格尔唯心主义哲学体系时，完全抛弃了他的辩证法，这使他的唯物主义不可避免地带有18世纪法国唯物主义机械论的色彩。然而，这些局限并不妨碍他在德国思想文化史上的重要地位。他独树一帜的唯物主义，是马克思主义诞生前唯物主义发展的一个重要环节，其合理内核，经马克思、恩格斯扬弃，成为马克思主义哲学的重要思想来源之一。同黑格尔一样，费尔巴哈是马克思主义直接的哲学渊源。

法国大革命和德意志的社会变革也在艺术领域留下了深刻的印记。德意志的古典文学和音乐以其强烈的时代感和真实性表现出来的活力，以及杰出的艺术成就，极大丰富了德意志文化宝库。它们表达的德意志民族意识的觉醒和人类不断向前发展的思想，成为这一时期最有价值的精神财富。歌德、席勒、海涅等的文艺创作，贝多芬的音乐艺术成就，使他们成为这一时期文艺主潮的典型代表者。

第三章 现代化的开端

歌德出生在美因河畔法兰克福一个富裕的市民家庭。他父亲曾做过王室顾问官，其外祖父为法兰克福最高行政长官，家庭生活富裕悠闲，有浓厚的文化气氛。歌德早年曾在莱比锡求学，学习的专业为法律，但他对文学、艺术和自然科学有着浓厚的兴趣。1770年，他到斯特拉斯堡学习，因受赫尔德影响，广泛地阅读了古希腊、古罗马的文学作品，以及18世纪英国的文学作品，走上了诗歌创作道路，并成为后来被称为狂飙突进运动的一员。受狂飙突进运动的鼓舞，歌德创作了两部获得世界声誉的作品：《铁手骑士葛茨·冯·伯利欣根》（1773）和《少年维特的烦恼》（1774）。歌德试图通过《铁手骑士葛茨·冯·伯利欣根》这个剧本把一个没落骑士理想化为争取自由的正直英雄，来加强德意志的民族意识；而《少年维特的烦恼》这部书信体小

德国歌剧院前的歌德与席勒雕像

说则通过对一桩爱情悲剧的描写、渲染，直接表达了对没落封建制度的批判。

1775年，歌德应萨克森-魏玛-艾森纳赫大公卡尔·奥古斯特的邀请，担任那里的枢密顾问，开始了近10年的从政生涯。1786年至1788年，他到意大利访问，通过研究古希腊、古罗马的艺术，接受了温克尔曼的艺术观点，开始形成他的古典主义文艺思想。返回魏玛后，他辞去行政职务，集中力量从事文艺创作和科学研究，并主持魏玛歌剧院达27年之久（1791—1817）。

从意大利归来第二年，法国大革命爆发。歌德理解法国大革命的时代意义，但反对法国大革命的暴力手段。他呼吁德意志各邦政府顺应时势进行改革，以防止自下而上的革命，并在不少作品中表达了这种改良主义思想。1794年，歌德开始与著名文学家席勒接近，他们彼此密切合作长达10年之久（1794—1805），开创了德国文学史上著名的魏玛黄金时代，德国古典文学进入发展高峰期。

席勒出生在符腾堡小城马尔巴赫，是一个少尉军官的独生子，13岁那年被送入符腾堡公爵所办的卡尔学校学习法学和医学。在长达8年的时间里，席勒因严酷的训练教育而形成了激进的反抗意识。在卡尔学校期间，席勒写成了他的第一部悲剧《强盗》，主人公表现出来的反抗压迫的精神具有明显的反封建色彩。为了逃避公爵的迫害，席勒开始远离家乡，过上了漂泊不定的流亡生活。在流亡中，他写下了他的名作《阴谋与爱情》，以动人心弦的笔触描述了资产者与贵族的冲突，获得巨大成功，但这没有改变他饥寒交迫的生活处境。1787年，他创作了诗剧《唐·卡洛斯》，宣扬资产阶级人道主义观念，这标志着他开始从受狂飙突进运动的影响向古典主义过渡。

1787年至1792年，席勒开始研究尼德兰革命和三十年战争，并于1789年被聘任为耶拿大学历史学教授。1792年，他又开始研究康德的哲学，写出了关于美学的著作，其中最重要的是《美育书简》（1795），他试图通过发展人的审美活动，实现个性自由，达到政治解放的目的。

和歌德交往后，席勒又恢复了文艺创作。到1805年逝世前夕，他的创作经历了一个新的高峰期。这一时期，席勒创作了历史剧"华伦斯坦"三部曲（1799）、《玛丽·斯图亚特》（1800）、《奥尔良的姑娘》（1801），以及最后一部作品《威廉·退尔》（1804）。其中，"华伦斯坦"三部曲是席勒戏剧创作的代表作，它以曲折的情节、华美的语言和丰富的想象，再现了三十年战争波澜起伏的壮观场面，展示了德意志人对不变的道德、绝对的信念、纯洁忠诚的理想的追求，是德意志最早有群众场面的戏剧。但是，席勒在完成"华伦斯坦"三部曲，达到创作的新高峰，并意识到戏剧创作是他最基本的职业时，他积劳成疾。1805年5月5日，席勒因病去世。他是整个德意志最受敬仰的诗人和剧作家之一。

席勒去世前，歌德已完成长篇小说《威廉·麦斯特的学习时代》（1795—1796），并着手修订他的巨著《浮士德》第一部。

歌德一生勤奋写作，先后完成了《诗与真》（1811—1833）、《意大利游记》（1816—1817）、《西东合集》（1819）、《威廉·麦斯特的漫游时代》（1821—1829）、《浮士德》第二部（1832）。其中，《浮士德》的写作，从1773年延及1831年，历时近60年，是毕其一生精力的鸿篇巨制，是诗人一生的伟大高峰。通篇贯穿的主要思想是人类通过各种矛盾冲突，在不断追求知识、探索真理、热爱生活的过程中取得进步。

这是对自文艺复兴至法国大革命以来，西欧社会剧变的深刻揭示，它对人类发展前景的展望反映了变革时期资产阶级的社会理想和精神风貌。

但是，同席勒一样，这位文学大师也希望通过改革，而不是革命，来实现自由和统一，因而他们的作品都带有明显的同现实妥协的改良主义倾向。

歌德之后，在德意志文学界享有重要地位的代表人物是海涅。海涅出生在莱茵河畔杜塞尔多夫一个犹太商人家庭。由于法国对莱茵地区的占领，海涅从幼年时期就受到法国大革命思想中的自由、平等、法治等观念熏陶。进入大学后，他曾受到浪漫主义文学思潮和黑格尔哲学的影响，1821年至1831年，他发表了《歌集》和《游记》两部早期作品。《歌集》是一部优秀的抒情诗集，里面诗歌以个人的爱情遭遇为主题，伴有生动的自然景物描写，风格朴素，音调和谐，自然景物与个人情感融为一体，堪称优美的抒情诗篇，其魅力和神韵，只有歌德青年时期的诗篇才能与之媲美。《游记》是一部散文集，包括游记和随笔，既有对德意志现实面貌的速写，也有对祖国自然景色的热爱和对劳动者的同情。它标志着海涅开始走上反映现实的创作道路。

1831年，海涅来到巴黎。在那里，他同法国进步作家交往，目睹了法国七月革命后的现实，坚定了革命民主主义立场。1833年，他出版了《论浪漫派》一书，在批判德国消极浪漫主义的同时，提出了文学必须同现实生活相结合的进步主张。

19世纪40年代以后，特别是他于1843年在巴黎结识马克思以后，海涅的思想和创作风格发生了重要变化，他突破早期抒情诗的个人范围，开始以变得富有战斗力的文笔来反映德意志革命斗争的现实。其中，他写于1844年的《西里西亚纺织工人》一诗，就以铿锵有力的笔调颂扬了起义工人英勇无畏的斗争精神，成为最早、最优秀的社会抗议诗篇。海涅最重要的作品是政治长诗《德国，一个冬天的童话》（1844）。全诗以夸张的讽刺离奇的譬喻对德意志政治分裂等现状进行了无情揭露和抨击。此诗讽刺深刻，节奏有力，譬喻生动，集中表现了海涅晚期作品的艺术风格和思想深度。但是海涅的思想未能突破资产阶级民主主义的界限，他在同情劳动人民的同时未能认识到人民群众的历史作用，这些都减弱了他的作品在反映现实斗争方面的力度。

同文学一样，音乐文化也是最能反映时代脉搏的战斗领域。在当时的音乐界，杰出作曲家贝多芬创作的交响乐成为反映时代精神的最强音。

贝多芬出身于波恩一个贫困的宫廷歌手家庭。受环境的熏陶，贝多芬4岁那年就开始学习钢琴和小提琴，未受过正规教育，曾自学钻研过荷马、莎士比亚等人的作品，此后专心致志于音乐。8岁那年，贝多芬师从宫廷管风琴师伊登，学习音乐基础理论和管风琴，并于同年第一次登台演出。11岁那年，他开始师从管风琴师、指挥家和作曲家克里斯蒂安·戈特洛布·聂弗，打下了坚实的音乐基础。1787年，贝多芬到维也纳学习。在维也纳，他先后向莫扎特和海顿学习，直到30岁才举行首场个人音乐会，巩固自身在音乐界的地位。此后，他长期侨居维也纳，终身未婚。晚年，贝多芬在双耳失聪的艰难条件下，以坚强的意志致力于乐曲创作，谱写了许多动人心魄的不朽乐章。

贝多芬青年时期受到法国大革命的影响，憎恨封建专制，向往自由、平等、法治等，他的作品充满革命热情和英雄气概，鲜明地体现

创作中的贝多芬

了那个时代的斗争精神。贝多芬的作品,除了具有代表性的9部交响曲外,还有5部钢琴协奏曲、32首钢琴奏鸣曲、几十部乐曲,以及歌剧、神剧、弥撒曲等。在9部管弦交响曲中,第三交响曲《英雄》、第五交响曲《命运》和第九交响曲《合唱》影响最大,表现了英雄主义精神。第三交响曲《英雄》和第五交响曲《命运》分别用葬礼进行曲和悲痛哀婉的乐章反衬交响曲最后的狂欢乐,使生活、斗争、死亡和取得新胜利的喜悦,在不同段落节奏的对比下,取得震撼人心的艺术效果。在宏伟的第九交响曲《合唱》中,他运用跌宕起伏的音乐艺术技巧,把人民通过英勇抗暴斗争,冲破黑暗,迎来自由解放的欢乐推向最高潮。他在末章加上席勒的诗篇《欢乐颂》的人声联唱。该交响曲因这一创新成为最富于表现革命热情和英雄性格的音乐体裁。第四交响曲（没有名称）和第六交响曲《田园》是抒情性的交响曲。贝多芬用清新柔美的旋律，表达大自然的活力和欢快气氛，是贝多芬艺术创作的另一表现风格。贝多芬创作的钢琴奏鸣曲，如《悲怆奏鸣曲》《热情奏鸣曲》《黎明奏鸣曲》等，也都通过所塑造的鲜明音乐形象，给人们留下难忘的印象。

贝多芬的音乐反映了他所处时代的革命精神，他的乐曲就是革命时代的奏鸣曲，他的名字和艺术成就不仅属于德意志，也属于赋予他创作激情的时代和进步的人类。

第四章
统一之路

随着工业革命和农业改革的深入,德意志的政治统一已成为迫切的时代要求。1848年革命是以自下而上的民主方式统一德意志的一次尝试。但由于资产阶级的叛变,这次统一运动以失败告终。在19世纪50年代至60年代的新形势下,普鲁士通过王朝战争以自上而下的方式实现了德意志统一。从此,德意志不仅在形式上恢复了帝国形态,而且作为一支举足轻重的政治力量开始对欧洲局势和世界格局产生深刻影响。

一、1848年革命

1848年革命是一场具有全欧意义的革命,除了英国和沙皇俄国,整个欧洲都爆发了革命。30多年来,萦绕在欧洲各当权者心头的担忧,到1848年终于变为现实:王冠被成打地打落在地,国王们逃之夭夭,共和国纷纷成立,大街上到处是革命民众,一切似乎都是法国大革命的重演,不过以更快的速度在更广大的范围传播。但是,时代背景不同,阶级力量不同,特别是无产阶级独立运动兴起,资产阶级的革命热情已大大减退，这使1848年革命因缺乏统一的革命动力，在经历短期的革命高潮后，很快转向低潮。1848年革命犹如暴风骤雨，成功来得快，而失败也几乎是同样快。到1848年6月，随着巴黎无产阶级起义被镇压，汹涌澎湃的革命浪潮，在全欧范围迅速退潮。各国反动政府很快从最初的震惊中恢复过来，联手发动了对革命的反扑，随着革命潮水的降落，1848年革命于1849年走向终点。

在德意志，1848年革命经历了和整个欧洲大致相同的历程。1848年3月，法国二月革命的飓风越过东部边境的时候，革命几乎所向无敌地以惊人相似的形式席卷德意志各邦。3月1日，与法国毗邻的巴登率先发难，迫于人民的压力，巴登大公解除了几个反动大臣的职务，并在随后的几日内被迫接受民主派提出的各项自由民主主张，宣布废除封建制度。3月2日，慕尼黑爆发大规模群众示威，迫使巴伐利亚政府取消书报检查制度，实行责任制内阁。国王路德维希一世被迫于3月16日召开议会，并于3月20日宣布退位。在黑森和符腾堡，革命于3月初也开始迅猛发展，黑森大公和符腾堡国王被迫调整或解散旧有内阁，接受宪政改革的要求，到3月中旬政权已相继转入自由派人士手中。

更大规模的斗争发生在奥普两大邦。自3月3日匈牙利爱国者路德维希·科苏特在奥地利议会发表演说抨击梅特涅制度并要求实行宪政以来，多瑙河君主国已处在革命的前夜。3月11日，维也纳街头出现传单，号召人民起义，推翻政府。到13日，大学生和自由派领袖组织的群众示威同武装军警发生冲突，旋即演变为大规模起义。武装群众击退士兵的进攻，拥进王宫，要求梅特涅辞职。奥地利皇帝决定牺牲梅特涅，当晚解除梅特涅的首相职务。第二天，梅特涅乔装逃往英国，宣告了奥地利反动政府的垮台。3月14日，科洛拉特内阁成立。4月25日，皇帝宣布奥地利为立宪国家。梅特涅下台在德意志产生了巨大反响。接着，革命风暴迅速波及奥地利帝国，以及整个意大利和德意志。3月15日，柏林爆发群众骚乱，并于18日演变为流血冲突。为街垒战所震惊的普鲁士国王弗里德里希·威廉四世发表文告，答应撤走军队并被迫向死难起义者的遗体鞠躬致哀。在意大利米兰，起义者于3月18日将奥地利驻军驱逐出去，宣布成立独立的共和国。在匈牙利，3月15日，议会批准了《三月法令》，与奥地利在宪法上采取了完全分立的立场。几天后，皇帝斐迪南被迫赋予波希米亚以同等地位。这样，在3月这个前所未有的革命月份，德意志发生了惊人的变化：奥地利的帝国大厦行将崩溃，普鲁士的统治失去平衡，整个德意志在酝酿实现统一，而战斗正在意大利激烈地进行着。

可以说，革命所到之处，为革命所震惊的政府都不由自主地答应颁布宪法，人民纷纷举行制宪会议，一些独立或自治的国家在斗争中陆续产生。那些还保留着农奴制的地区，则宣告废除农奴制，农奴纷纷摆脱旧有领主的控制，获得了人身解放。

1848年革命迅猛异常的冲击力首先是独立工人运动兴起的产物。自1844年德意志西里西亚纺织工人起义爆发以来，工人运动在19世纪40年代已经有了重要发展。1847年，流亡布鲁塞尔的马克思和恩格斯已经将早期工人组织正义者同盟改组为共产主义者同盟，并于1848年2月在巴黎革命爆发前夕发表了同盟纲领《共产党宣言》。这个划时代的文献不仅是德意志工人运动走向成熟的标志，而且对国际共产主义运动产生了不可估量的影响。1848年革命爆发后，受这一科学理论武装的无产阶级在革命中发挥了重要作用，是革命在整个德意志迅速蔓延的重要原因。

三月革命爆发后，马克思和恩格斯发表了《共产党在德国的要求》的纲领性文献，用以直接指导1848年德意志革命。该文献提出了建立一个统一、不可分割的德意志共和国的目标，同时提出武装人民，无偿废除一切封建义务，把王公贵族的土地、矿山、运输工具收归国有，建立国家工厂，实行普遍免费教育等主张。该文献还提出无产阶级积极参加民主革命，为社会主义革命创造条件的策略。

在马克思、恩格斯的号召下，1848年4月初，大约有400名共产主义者同盟成员带着这个文献回国参加革命。马克思、恩格斯回国后，在科隆创办大型日报《新莱茵报》，积极联合革命民主派，宣传工人阶级独立的政治主张，推动了无产阶级革命在早期深入发展。

随着革命在德意志各邦的胜利，建立统一、民主的德意志的任务被提到历史前台。革命之外，德意志各邦还有一个共同的革命舞台。这场"革命"主要是由德意志各邦的自由派资产阶级进行的。经过一个多月的筹备，他们于1848年5月18日在美因河畔法兰克福召开了所谓的全德国民议会（简称法兰克福议会）。议会的法定代表为831名，但参加开幕大会的仅为330人，后来陆续增至500人左右。代表来自全国各地，但以自由派和激进派的领袖为主体，也包括许多有成就的科学家和文化界人士。除了少数例外，会议代表很少有职业革命家，其中绝大多数为学者、教授、作家、政治家、律师、法官和政府机关人员，新教和天主教的教职人员，以及知名的经纪人，也参加了大会。从表面上看，会议代表是一群光辉灿烂的人物。他们都是因个人品质或声誉而不是作为阶级、党派的代表而被推选出来的。从他们的主要成分来看，他们是理论家，而非实践家。他们想要建立的德国是一个在联邦范围内统一的"民主的"自由、自治德国。他们的统一理想是热忱而平和的,最重要是合法的。他们希望通过劝说来达到自身的目的。他们厌恶暴力,既不想同现存的德意志诸邦爆发武装冲突,也不想同国外发生战争纠纷,更不愿发生普遍的国际工人阶级起义。作为受尊敬的教授和商人,他们对德国激进主义和共和主义的恐惧远胜于对各邦君主的恐惧。这就决定了这个以议会方式实现德意志统一尝试的悲剧性结局。

1848年法兰克福议会开幕大会

不同于英法两国的革命家,德意志的资产阶级诞生太晚,他们开始革命的时候,无产阶级已经开始向资产阶级宣战,他们的反封建要求已经因惧怕无产阶级而大打折扣。然而,正是下层民众在街头革命才使资产阶级轻而易举地掌握了政权。现在,他们想通过模仿1789年法国的国民议会来实现民族统一的愿望,但不愿采取法国革命者与下层民众哪怕是貌合神离的联盟。他们寄希望于各邦君主的支持来实现削弱各邦君主权力的民族统一,这就是所谓的全德议会悲剧性结局的根源所在。

法兰克福议会面临的最棘手的问题,首先不是社会的,而是民族的。不同于1789年的法国国民议会,它不止要缔造一部宪法,还要建立一个民族国家。在这方面,它首先遇到了为这个国家划定一个确切范围的难事。因为奥地利统治着许多非德意志民族,而普鲁士的东普鲁士一直处于帝国领土之外。至于丹麦,它统治着石勒苏益格和荷尔斯泰因这两个德意志公国。而德意志自1815年以来就把它们作为邦联的成员看待。现在应如何处置这一问题?

与此相关的另一个难题是关于"大德意志"和"小德意志"的争论。由于这种分歧,会议分裂为大德意志派和小德意志派两个派别。大德意志派希望找出一种解决办法,使存在复杂民族问题的奥地利被包括在统一的德国之内;小德意志派则力图把奥地利排除在外,建立一个清一色的"德意志"民族国家。大德意志派一度占据了议会多数席位,因为许多议员都期望非德意志民族保留在统一的德意志国家之内。也正是这个原因,当奥地利军队镇压捷克的民族起义时,他们不禁为之拍手叫好。但是,当坚强有力的费利克斯·施瓦岑贝格侯爵(1800—1852)于11月21日被任命为奥地利首相,并力图按国家利益至上的原则把奥地利重建为一个包括匈牙利在内的中央集权帝国时,法兰克福议会关于把奥地利融入德意志和非德意志的组成部分的设想化为泡影。小德意志派开始夸耀自身观点的正确性,一些以前主张把奥地利包括进来的代表人物,如今也要求立即推举普鲁士国王为皇帝。

1848年10月19日,国民议会开始审议新的德意志帝国宪法。从此，议会的活动就陷入冗长的辩论和不着边际的清谈之中。围绕宪法草案的第一个词"每个德意志人"的提法，议会就陷入无休止的争论，后又为由谁出任帝国元首争执了8天，其中有223人围绕这一议题发言。关于公民基本权利的讨论从1848年7月3日就已开始，直到12月27日才形成正式法案。议会还成立了一些专门委员会讨论有关方面的国家立法，但由于分歧过大，大多数委员会都未能完成议会交给他们的任务。一些具有决定性的议题，如建立一支国家武装力量、消灭残存的封建制度等，都没有在议会的讨论中得出结果。漫无边际的讨论浪费了宝贵的时间，也转移了国内政治斗争的视线，各邦的反动势力从最初的受到打击中恢复了元气，并发动了对1848年革命的反扑。

反扑最先出现在奥地利。1848年6月，第一届泛斯拉夫人代表大会在布拉格开幕。会议期间，捷克爆发了反奥起义。当地驻军指挥官温迪施格雷茨命令炮轰布拉格，镇压了起义，奥军在这里最先控制了局面。7月，奥军又打败撒丁王国的军队，以野蛮的报复手段恢复了奥地利对伦巴第与威尼斯的统治。9月至10月，在克罗地亚将军耶拉契奇的配合下，奥军开始向爆发革命的匈牙利开战。在维也纳，富有远见的革命家意识到，如果耶拉契奇的军队取得对匈牙利人的胜利，他们很快就会掉转头来打击他们。因此，1848年10月，他们又发动了第二次维也纳起义。但是为时已晚，出逃的奥地利皇帝迅速把耶拉契奇的军队集中到维也纳，同时又调集温迪施格雷茨的大军，包围了全城。经过5天激战，维也纳于10月31日陷落。

维也纳起义失败后，自由派内阁被解散，封建主和旧官僚组成新内阁。1849年3月，新皇帝弗朗茨·约瑟夫（1830—1916）颁布极端反动的帝国宪法，在废除对革命的承诺基础上恢复了专制统治。

在普鲁士,随着维也纳十月起义被镇压,反革命力量也转入反扑。1848年11月初,普鲁士国王在宫廷党的影响下任命勃兰登堡伯爵弗里德里希·威廉组成保守内阁,完全排挤了资产阶级自由派。普鲁士元帅弗兰格尔将军被任命为军队最高统帅,率4万大军进驻柏林,实行军事戒严。正在制定宪法的普鲁士国民议会被迫从首都转移到勃兰登堡,并于1848年12月5日被强行解散。普鲁士又恢复了君主专制的统治局面。不过,国王弗里德里希·威廉四世答应将恩赐臣民一部宪法。这部宪法颁布(1850)后,普鲁士扩大了它在各邦资产阶级中的影响,为它实现自上而下的统一创造了有利条件。

当奥普两邦的反动势力转入反扑时,法兰克福国民议会还在热烈讨论制宪。直到1849年3月28日,所谓的全德帝国宪法才出台。宪法规定,德意志36邦组成君主立宪制帝国,各邦保持内政独立,帝国首脑是依法选举产生的皇帝,帝位可以世袭,掌握联邦的最高权力。立法机关由两院制议会组成,上院代表各成员邦,下院由人民代表组成。上院有176名代表,半数由各邦政府决定,半数由各邦立法机构决定,代表任期6年。下院的组成学自美国宪法:每三年经普遍、平等、直接的投票产生,每5万人中选出1名代表。代表的意愿不受政府指示约束,对议会通过的法律,皇帝不能否决,只能拖延执行。

宪法在议会通过后提交各邦政府审议,结果有28个邦表示有保留地接受宪法,而奥地利、巴伐利亚和汉诺威则完全拒绝接受这部宪法。议会按"小德意志"方案选举普鲁士国王弗里德里希·威廉四世为帝国皇帝,并派遣议长爱德华·齐姆松率领的由32名议员组成的代表团赴柏林,向国王弗里德里希·威廉四世呈献皇冠,但是遭到了拒绝。这位国王表示只能从王公贵族和合法君主手中而不能从人民代表手中接受皇冠。普鲁士国王的鄙夷态度给了代表团当头一棒，使法兰克福议会的最高成就全部落空。沮丧的代表团回到法兰克福，报告了使命失败。但议会中的温和派仍对普鲁士抱有幻想，期待通过谈判来达成新的协议。弗里德里希·威廉四世下令拒绝接受宪法，并于5月14日宣布从法兰克福召回普鲁士代表，而奥地利于4月5日已召回代表。

这样，大部分议员因失望接受了各自政府的召令，离开了法兰克福，而剩下的小部分激进分子坚持要为维护宪法和议会的权威斗争到底，他们公开呼请各邦人民支持宪法，希望通过新的革命维护革命的最后成果。但是，原先从未打算使用暴力的学者们错误地估计了形势。革命的高潮在他们埋头于咬文嚼字地讨论宪法条文时，已经成为过去。各邦转入反攻并取得对革命的胜利时，仅靠维护宪法的呼吁，而缺乏切实有力的反封建举措，是难以引发新的革命高潮的。尽管萨克森、巴伐利亚、巴登等南德地区曾先后爆发维护宪法的起义，但因缺乏坚强有力的领导核心，它们先后被普鲁士军队镇压下去。残存的国民议会被迫于1849年5月末由法兰克福迁往斯图加特，不久即被符腾堡军队强行驱散（6月18日）。至此，轰轰烈烈的德意志1848年革命以失败告终。

革命失败标志着按资产阶级自由民主主义方式自下而上统一德意志道路的夭折，但是革命重创了封建秩序，锻炼了工人阶级，在一定程度上削弱了分裂势力，这些都为19世纪50年代至60年代的经济高涨和统一运动再度兴起创造了条件。

二、19世纪50年代至60年代的统一形势

19世纪50年代至60年代是德意志走向民族统一的转折时期。统一的基本动力是经济的飞速发展、国际形势的变化和普鲁士在统一运动中领导地位的形成。

1848年革命没有摧毁德意志各邦的君主制度和反动势力,但毕竟重创了旧的封建秩序和生产关系,为19世纪50年代至60年代的经济高涨创造了重要条件。19世纪50年代至60年代,德意志经济发展的基本特点是具有持续性,并在这一时期完成了从农业国向工业国的转变。经济发展首先是旧有生产关系得以调整的产物。1850年3月2日,普鲁士政府颁布《调整地主和农民关系法》。这项立法无偿废除了农村中残存的次要封建义务,把允许通过赎金免除主要封建义务的范围扩大到农村所有阶层。此举大大加快了农民赎免封建义务的进程,使封建地产迅速向资本主义地产过渡。1850年至1865年,普鲁士共有100多万农户办理了赎免手续,获得了人身自由,其他各邦也先后通过改革废除了农奴制度。通过这种自上而下的改革,从农民手中获得大量土地和赎金的容克地主,开始在国内外农产品价格上涨的刺激下,通过改变土地经营方式,使用雇佣劳动,采用机器生产,把传统的庄园农业改造为面向市场的资本主义农场经济。部分容克地主还利用手中集中起来的赎金,通过开办酿酒厂、面粉厂、制糖厂、锯木厂等,转变为企业家,少数人甚至投资于铁路修建和证券交易,摇身变为大企业和银行的股东。广大农民因赎金沉重和失去土地,相继转变

为雇农，或流入城市成为产业工人，只有少数富裕农民上升为富农。农村经济结构发生的巨大变化和资本主义统治地位的确立，进一步促进了德意志工业的发展，使工业发展成为19世纪50年代至60年代德意志经济高涨最显著的特征。

自工业革命开始以来，随着德意志农奴制的废除和关税同盟的扩大（1852年已扩及德国全境），轻重工业都有了巨大的发展。在最先采用机器的纺织工业部门，机器生产已普遍排挤了手工劳动，工厂制度作为最基本的生产组织形式已取得统治地位。德意志率先使用了矿物染料，成本低廉，其产品在国际市场上成为英国产品的强大竞争者。不过，德意志工业高涨最突出的表现是重工业迅猛发展。经过19世纪50年代奠基，德国的煤铁生产、机器制造和铁路修建均有极大发展。其中，原煤产量在20年间（1850—1870）从670万吨增至3400万吨；生铁产量从21万吨增至139万吨；机器制造厂在15年内（1846—1861）从131家增至300家，工人达9.8万人。规模最大的波尔齐希蒸汽机厂到1866年拥有工人达1600人，被认为当时世界上最大的工厂之一。

德意志重工业的发展与铁路建设密切相关，19世纪50年代至60年代被视为"铁路时代"。德意志自19世纪30年代开始兴建铁路，到19世纪50年代，铁路建设进入高潮。1860年，德意志铁路总长度已达1.1万千米，已形成以柏林、科隆、法兰克福、慕尼黑和纽伦堡为中心的四大交通网。1872年，全德铁路总长已超过2.2万千米，赶上并超过英法两国。铁路建设推动了采矿、冶金和机器制造业的发展，并为德意志同欧洲各国扩大贸易往来创造了条件。

德意志重工业发展的另一特点是与军工生产密切相关。在19世纪60年代的几次战争中，军火工业获得重要发展。斯汀尼斯的企业、波尔齐希的企业，尤其是克虏伯的军火工厂已成为德国军工企业的重要基地。1850年至1873年，克虏伯公司在业职工人数由237人增至1.6万人，经营范围遍及军工生产的各个领域，成为欧洲最大的军火制造商。

此外，德意志工业发展还得益于新的科技成果的引用，一些新的工业门类从一开始就处于领先地位。其中，化学工业的发展最为典型。19世纪三四十年代，德意志化学家发现了合成尿素和过磷酸盐制造方法。1843年，德意志兴建了第一家碱厂和一批制造过磷酸盐的化工厂。1856年，英国化学家珀金利用焦油合成苯胺染料，这一发明由德意志化学家霍尔曼加以发展，为德意志合成染料工业的发展奠定了基础。19世纪60年代，碱性矿渣被大量用于炼钢。19世纪70年代，德意志从焦油提炼的染料已完全代替天然染料。到1878年，全世界合成染料总产值达315万英镑，其中英国为45万英镑，而德意志已达200万英镑，已处于遥遥领先地位。化学工业的发展不仅为农业提供了人造肥料，为轻工业提供了新型原料，而且为钢铁生产技术的提高与合理化发展创造了条件，同时推动了车辆和机械制造，以及光学工业等部门的日益专业化。正是立足科技前沿，德意志很快形成以生产资料生产为主导，轻重工业相辅相成，相互推动的工业发展格局，以三四十年的时间完成了英国七八十年才走完的工业化道路。到1870年，德意志工业生产总值已占世界总产值的1/7，超过法国，进入发达国家行列，并完成了从农业国到工业国的转变。工业经济的高潮和农业改革的最终完成，为德意志政治统一提供了物质条件，推动了统一运动新发展。这一时期，德意志所面临的外部环境也发生了巨大变化,为统一运动提供了有利的客观形势。

自1815年以来,国际舞台上阻挠德意志统一的力量主要来自沙皇俄国;而在德意志内部,这个角色主要由奥地利来扮演。俄奥之间的联合是德意志难以走向政治统一的强大外部障碍。1848年革命以后,沙皇因帮助奥地利镇压了匈牙利起义,变得更加不可一世。因此,沙俄势力的削弱和俄奥联盟的解体,就成为德意志能否走向统一的重要国际条件。1853年,克里木战争爆发,为改善德意志统一的外部环境提供了新的机遇。

为了实现南下控制伊斯坦布尔的战略目标,沙皇以俄国对奥斯曼土耳其帝国信奉东正教的基督教徒有保护关系为借口,于1853年4月向苏丹提出保护要求。但在英法两国支持下,奥斯曼土耳其帝国拒绝了这一要求。随后,俄军进驻多瑙河流域诸公国。同年10月,俄土战争正式爆发。战争打响后,英国、法国和撒丁王国先后站在奥斯曼土耳其帝国一边。俄国原本指望得到奥地利和普鲁士的支持,但奥地利对沙皇在巴尔干半岛的扩张心怀疑虑,尽管沙俄于1849年曾帮助它镇压了匈牙利革命,它仍以折中主义表达了反俄立场。普鲁士在地中海沿岸地区的利益较少,加之它对沙皇干涉其统一北德耿耿于怀,遂以一种谨慎的中立观点表达了它的态度。这样,外交上陷入孤立的沙皇很快就在军事技术占优势的英法军队的围攻下转入守势。1854年秋,战事集中到克里木半岛。俄国海陆军在塞瓦斯托波尔要塞困守将近一年,终为装备先进的英法所败。战争期间,奥地利曾陈兵俄奥边境,扬言要向俄国开战。普鲁士、瑞典和俄国之间也剑拔弩张,分散了沙皇的兵力。这一切最终决定了俄国失败的结局。

1856年3月,经过一个多月的外交斗争,《巴黎和约》以对俄国比较温和的方式结束了战争。依据该和约，俄国放弃对奥斯曼土耳其帝国东正教臣民的保护权，同意保证奥斯曼土耳其帝国的"独立与完整"，并把比萨拉比亚南部割让给摩尔达维亚，把卡尔斯归还奥斯曼土耳其帝国；多瑙河畔两公国在苏丹的宗主权下实行自治；实行黑海"中立"化，俄国和奥斯曼土耳其帝国均不得设置海军基地；黑海海峡禁止除奥斯曼土耳其帝国以外任何国家的军舰通过。这些规定削弱了俄国的国际地位，使之失去了自1815年维也纳会议以来对欧洲局势的决定性影响，包括对德意志统一的干涉。

此后，在一代人的时间里，俄国把注意力转向国内，进行了农奴制改革；在对外政策方面，俄国则把重心由西方转向东方，加强对中亚各汗国和中国黑龙江流域的蚕食。这些都大大减轻了其对西方的压力。

在克里木战争中，奥普两国的不同态度，也为拆散俄奥联盟，增进俄普亲善，继而实现普鲁士领导下的德意志统一创造了外部条件。奥地利背弃沙皇，以及长时期犹豫不决和实行折中主义政策，既遭到沙皇的嫉恨，又为英法所蔑视。克里木战争结束后，它已陷入完全孤立。普鲁士谨慎中立，赢得了圣彼得堡的长久感激，也得到了英法两国谅解，这就为它统一德意志提供了有利的国际环境。

沙俄势力的削弱和俄奥同盟体系的解体，首先为意大利的民族统一创造了前提。1859年，意大利联法反奥战争爆发和迅速胜利，不仅进一步削弱了处于孤立状态的奥地利，而且为德意志民族统一提供了榜样。虽然拿破仑三世中途背叛，意大利统一未能完成，但意大利通过重创奥地利和收复部分失地，为最终实现统一准备了条件。奥地利的衰弱逐步改变了德意志内部奥普二元对抗而常常有利于奥地利的格局。自1859年意大利战争以来，德意志资产阶级中亲普反奥的感情像浪潮一般扩散开来。随着资产阶级"小德意志派"活动的加强，普鲁士自上而下地统一德意志已成为19世纪60年代德意志历史发展的主要趋势。这种趋势既得益于19世纪50年代至60年代的国际国内形势，也与普鲁士自身的发展有关。

自19世纪30年代以来，普鲁士的经济增长速度和发展水平一直居于德意志各邦之首。18世纪末至19世纪中叶，普鲁士的国库收入几乎增加了5倍，而同期奥地利仅增加了两倍。19世纪50年代至60年代，两邦之间经济发展的差距进一步拉大。由于率先进行农业改革，以及在工业化进程中处于领先地位，普鲁士雄厚的经济实力已成为德意志资产阶级瞩目的重要力量。这种力量还由于普鲁士在关税同盟中的主导地位和同盟本身的不断扩大得以加强。自19世纪50年代起，同盟的范围逐步扩大到全德。到1854年，随着汉诺威加入同盟，普鲁士基本达到把同盟建成一个包括所有邦国在内的，以共同关税和贸易体制维系的整体联盟的目的。由于奥地利始终被摒弃于关税同盟之外，以普鲁士为首的关税同盟体系实际上已从经济上形成德意志未来政治统一的雏形。

此外，普鲁士在1848年革命后因保留了一部具有立宪精神的宪法，赢得了资产阶级的好感，提高了它在各邦的威望。这部宪法诞生于1848年12月5日；1850年5月，普鲁士政府又修订这部宪法。经过修订的钦定宪法加强了容克贵族和大资产阶级在国家政治生活中的地位，但仍保留了原宪法关于人权和公民权的内容，并赋予通过三级选举产生的下院（众议院）以批准新赋税和监督国家财政开支的重要权力。这样，资产阶级就获得了通过有限的代议制参与国家立法的一定权力，并通过掌管贸易、工商、公共事务等部门，直接介入国家管理。他们仍受到种种限制，但这已部分体现了资产阶级向往的宪制精神，是1848年革命的重要成果之一。与之相反，奥地利于1849年3月废除自由主义宪法，取消了议会制度和出版自由，完全恢复了君主专制统治。两相对比，普鲁士通过有限让步，把自身扮成立宪君主国，无疑提高了它在各邦资产阶级中的威望。

1861年，新君威廉一世①继位，也对普鲁士政治地位的提高带来一定影响。威廉一世不是一位杰出的君主，但他头脑清醒、遇事冷静、注重实际，同前任国王弗里德里希·威廉四世形成对照。威廉一世有强烈的成就感，一旦他确信自己的事业具有现实性，他就毫不犹豫地坚持下去。他的政治立场是保守的，并对基督教抱有虔诚的信念。他不喜欢普鲁士宪法中保留的自由主义色彩，但他表示，只要宪法存在，就应予以执行，而不应强行篡改，加以歪曲。

在民族问题上，威廉一世强烈地认为普鲁士负有统一德意志的使命，但他又比较现实地认为，这一目标在他有生之年可能难以实现。所以，他把主要精力放在为实现这一目标做准备。他在德意志统一上的作用在于，他召唤了出色的臣属站在他身边，并让他们放手去干。从这个意义上讲，普鲁士的政治统治，当然也由于一部温和的自由主义宪法的存在，形成了一个新的起点。这位国王首先关心的是修订军事法规，进一步增强普鲁士的军事力量。但在这个问题上，他很快就

---

① 1857年，国王弗里德里希·威廉四世因患病而无法料理国事，其弟威廉亲王出任摄政王。1861年，弗里德里希·威廉四世病死，威廉亲王正式继位，史称威廉一世。1871年，德意志帝国成立，威廉一世即位为皇帝，史称德意志帝国皇帝兼普鲁士国王威廉一世。

同议会发生了冲突。

19世纪中期,普鲁士的军队是按1814年9月3日和1815年11月21日贯彻义务兵役制的法律建立起来的。1815年,普鲁士拥有1100万居民,接着按比例应征召4.07万名军人。他们在正规团队(野战军)服役三年,在后备军(地方军)中服役两年,然后服国民自卫队第一征召役7年、第二征召役7年。到19世纪50年代,普鲁士人口已增至1800万,每年按比例应征召6.5万人,但每年征召人数并未超过早先的人数,普遍兵役制处于有名无实的状态。此外,征兵过程中存在严重不公正现象,许多年龄偏大的已婚男子是国民自卫军的动员对象,而大约2.4万适龄青年却不承担任何军事义务。1848年革命期间,国民自卫队介入革命也使国王威廉一世心有余悸。

在这样的背景下,威廉一世决心实行彻底的军事改革。他改革的中心内容是扩大兵源,保证正规军的三年服役期,并为改革开辟法定财源。干练而极端保守的容克贵族阿尔布雷希特·冯·罗恩(1803—1879)被任命为陆军大臣,协助国王进行改革工作。

1860年2月10日,罗恩主持起草的《新义务兵役法案》提交下院讨论。依据新法案,常备军被扩大到39个步兵团、10个骑兵团,将容纳全部符合兵役制的青年,并拟议增加950万塔勒军事拨款;改革一度缩短的服役期,重新恢复三年期限;国民自卫军的地位大大削弱,不再被视为与正规军平等的武装力量,更多地受正规军官的控制,并与野战军保持尽可能大的距离。1860年4月30日,议会投票接受政府关于扩充军队人数的法案,但对削弱国民自卫队地位的要求提出异议,并要求将服役期限由三年减至两年。政府撤回法案,声称只有国王有权决定军队的组成,下院的职能仅在于投票通过必需的款项。内阁要求在总预算中增加900万塔勒的军事开支。下院于5月15日以两票反对通过一项临时措施，同意支付用于以1861年7月1日为截止日期改编工作的额外开支。这个临时措施很快被国王和他的军事顾问理解为最终决定，并宣称军队改革的内容属国王指挥的范围，无须经由立法机构批准。这样，围绕军事改革的经费问题，国王与议会之间的冲突变得尖锐起来。在1861年12月新的议会选举中，自由派资产阶级获得多数席位，他们拒不通过政府关于军事改革和增加预算的法案。其中，1861年6月新组成的以进步党为首的议会党团，要求议会监督政府开支，并由政府提供过去和将来的预算细目。这个动议在议会以多数票获得通过，但结果导致了议会被解散，自由派内阁也被迫下台。

1862年5月6日，新的议会选举使进步党获得更大的胜利，他们的议席由109席增至135席，连同其他自由派的力量，他们已在新选举中获得绝对优势（在352个席位中占有230席）。自由派多数否决了军事改革的全部经费，政府和议会的关系再度陷入僵局。进步党人无意从军事上削弱国家，也不是想使内阁垮台，而是想以此为手段，迫使政府进行某些宪法改革，特别是削弱上院的权力。罗恩本人试图通过在两年兵役制问题上向议会让步，换取议会对改革的财政支持，但威廉一世态度坚决，拒绝在任何权力上向议会妥协。于是，罗恩撤回了自己的让步建议，站在国王一边，公开向议会宣战。他们决定在预算没有获准以前，依靠国王的全权，按照过去的法定预算继续军事改革。但这一违宪行为遭到受人民群众支持的资产阶级反对派的坚决抵制。国王打算，如果他无法找到一个能在不违宪的情况下成功地反对议会的内阁，就传位给他的儿子。这时，罗恩向国王举荐了他在法国出任大使的朋友奥托·冯·俾斯麦（1815—1898）。这位铁腕人物于1862年9月24日被任命为普鲁士首相。

从此，俾斯麦这个名字开始深刻影响普鲁士，以及未来德国的历史。在他那令人惊叹的政治生涯中，他不仅以无与伦比的方式解决了宪法纠纷，实现了普鲁士领导下的德意志统一，他还以其在欧洲外交棋盘上纵横捭阖、左右风云的高超手腕，在欧洲历史上，乃至世界历史上，永远留下了个人印记。

三、俾斯麦其人

奥托·冯·俾斯麦于1815年4月1日出生在勃兰登堡阿尔特马克的舍恩豪森庄园一个容克世家。这个庄园自1562年起就是俾斯麦家族的世袭产业。数百年来，岁月流逝，世代沧桑，但俾斯麦家族的地位几乎没有什么变化，从14世纪的庄园主到19世纪初叶的乡村贵族，犹如离庄园以西不到8千米的易北河，缓缓向北流淌，既不声名显赫，也非默默无闻。早在几百年前，这个家族就开始在阿尔特马克地区以外谋求社会声誉。同其他容克家族一样，俾斯麦家族也认真履行其军事义务，但并不过分热情。这个家族经历了从等级反对派转变为效忠国王的贵族的一般发展过程，但在俾斯麦之前从未出现过出类拔萃的天才人物。

俾斯麦的父亲斐迪南·冯·俾斯麦12岁就进入柏林武备学堂，这是进入军界谋求前程的预备阶段。他有过与年过七旬的弗里德里希一世交谈的殊遇，并在国王的侄子的统率下参加过反法战争，但这未能激发他在军事上的抱负。斐迪南上尉胸无大志,加上晋升的机会十分渺茫,23岁就转入预备役,三年后退伍。在俾斯麦出生之前20年间,他把全部精力用来经营舍恩豪森庄园,成为一个生活无忧无虑的典型乡村贵族。

俾斯麦的母亲威廉明妮·冯·俾斯麦出身于资产阶级学者兼官员家庭。其父路德维希·门肯曾任普鲁士高等文官和驻斯德哥尔摩大使。良好的家庭教育和非贵族出身,使她给这个容克世家注入了新鲜血液。也许正是传统和遗传两种因素的结合,俾斯麦身上才形成一种把统治欲望、强烈的意志同超高的智慧和想象融合为一体的独特天赋和丰富而又充满矛盾的性格。就其性格的复杂性而言,任何英雄或恶魔的简单风格与之相比,都不免黯然失色。

俾斯麦不到两岁时,由于继承关系,他们家族把舍恩豪森庄园委托给一个代理人经营,全家迁居波美拉尼亚的克尼帕霍夫庄园。那里距波罗的海45千米,离柏林约170千米。那里土地贫瘠,遍布森林沼泽,耕作条件较差,但自然风光优美,一望无际的滨海平原,畅行无阻的海风,飘逸着成熟庄稼的香味。对少年俾斯麦来说,这是一个富有诗意的美好天地。他在那里度过了童年时期和少年时期,培养了对农业世界的特殊感情和深切感受,即使他成年后也对城市生活毫无兴趣。每当他不得不待在大城市时,他总是渴望远离城市文明。他最喜欢穿着涂油的靴子,漫步在幽静的森林深处,聆听啄木鸟优美的啄木声……

但是,俾斯麦的母亲不愿意让环境把儿子塑造成一个典型的乡间贵族,她坚持把两个儿子:俾斯麦和比他大5岁的哥哥,送到柏林接受新的文明教育。

少年时期的俾斯麦

从1822年起，俾斯麦开始在柏林威廉大街139号普拉曼学校就读。这是一所十多年以前由一位福音派牧师创办的学校。创办者力图贯彻爱国主义者弗里德里希·路德维希·雅恩的教育思想，即：通过对学生严格的体育锻炼和智力训练，为他们今后从事更高级的活动做准备。

因此，雅恩在普通贵族和公职人员中享有很高的威望。俾斯麦在那里学会了游泳和击剑，也参加了按雅恩要求制定的体操运动，但他过得并不快乐，他渴望在假期里回到克尼帕霍夫庄园，他厌恶柏林和都市生活。

1827年，12岁的俾斯麦离开了普拉曼学校，但仍在柏林上学。他先在弗里德里希·威廉文科中学就读三年，15岁那年又转入灰衣僧修道院文科中学学习。在那里，他重点学习了希腊语、拉丁语、德国古典文学和数学。但在后面两所学校里，他的学习成绩从未超过中等生的水平。他对古希腊、古罗马的文化，以及数学，缺乏学习热情，但对英法两国的文学，特别是莎士比亚的戏剧保持着浓厚兴趣。这种情况使他的母亲十分失望。1831年秋，在母亲的劝说下，他开始到神学家弗里德里希·施莱尔马赫上宗教课。这位神学家后来成为俾斯麦所崇敬的少数人物之一，但教义宣扬的顺从美德与这位狂放少年的个性格格不入。1832年，他作为一名泛神论者而不是一名虔诚的基督徒从学校毕业。同年5月，也是在母亲的决定下，他被送到汉诺威的哥廷根大学。

哥廷根是一座坚固而漂亮的城市，带有明显的中世纪特征。在哥廷根大学就读的学生大多数出身于德意志贵族，但也有少数外籍学生。俾斯麦最早结识的朋友约翰·洛思罗普·莫特利就是一个来自美国的学生。

俾斯麦，这位新来的大学生没有一处不显示出他与众不同的特点：爱穿奇装异服，常常饮酒，貌视校管人员，负债累累，特别是经常与同学决斗。自从1832年8月9日首次与他人决斗以来，他在三个学期与同学决斗了27次，狂暴的声名远近传扬。但是，与那些身穿镶金边衣服的浪荡公子有所不同，他那大胆妄为的粗俗习气后面隐藏着卓越的才智和诱人的魅力。除了莫特利，出身于波罗的海地区贵族世家富有教养的凯泽林兄弟最先感受到了这种才智和魅力，并与他维持了毕生的友谊。因为这位贵族青年会弹钢琴，会拉提琴，会讲四国语言，热爱贝多芬的音乐和英法两国的文学，特别是当他和朋友在一起的时候，他的谈吐出奇地文雅，并能打动人心。

俾斯麦未能在哥廷根完成学业。一年后，他转入柏林大学法律系。在那里，他对外语和历史产生了浓厚的兴趣，但生活习气并无太大改观。1835年5月，他通过法学考试的第一部分，取得司法见习生的资格。一年后，他因完成关于哲学和政治经济学的论文而获得见习官的头衔。大学生涯结束时，他没有取得他母亲期望的和外祖父一样的学术荣誉，但为步入外交界准备了必要前提。尽管俾斯麦的母亲不断通过她的家族在柏林的关系向普鲁士外交大臣举荐儿子，他的外交抱负仍然遭到了挫折。事实上，普鲁士外交大臣很担心把这样一个喜欢舞刀弄剑的狂妄自大分子派往伦敦或维也纳会惹出事。他放荡不羁的大学生活，很可能是他没能进入外交界的主要原因。

俾斯麦的外交官梦想暂时中断，他没有去伦敦或维也纳，而是被派往亚琛，在莱茵政务参事手下任公务员。亚琛是查理大帝①建立的查理曼帝国的首都，虽已失去昔日的政治地位，但它正在发展成一个景色宜人的温泉休养地。在那里，俾斯麦工作很少，使他有较多的空闲时间看书、骑马和从事其他娱乐。除了两度陷入同两位英国小姐的热恋，俾斯麦对无所事事的公务员生活十分厌倦。恋情耗尽了他的随身积蓄，除了两段美好的回忆，没有取得任何结果。

1838年春，他参加了一个近卫猎兵大队，开始履行他已无法逃避的"志愿服役"义务。起初，他被分配到柏林卫戍区，后来随大队被调防到波罗的海沿岸的格莱夫斯瓦尔德。在12个月的时限内，俾斯麦

---

① 查理大帝（742—814），又译查理曼，法兰克王国加洛林王朝国王，查理曼帝国缔造者。公元843年，查理大帝的三个孙子根据《凡尔登条约》，把法兰克王国一分为三：西法兰克王国、中法兰克王国和东法兰克王国。西法兰克王国，为现代法国的雏形；中法兰克王国，为现代意大利的雏形；东法兰克王国，为现代德国和奥地利的雏形。随着法兰克王国的分裂，法兰克人的语言也出现明显分化，形成了法语、德语、意大利语和其他西欧国家的民族语言。

度过了一段沉闷而平静的军人生涯。后来，母亲病危，他获得了一个较长特假。退伍后，他决定辞去公务员职务，回波美拉尼亚经营他的庄园。

这是这位乡村贵族为追求个性独立做出的反叛行为，也是一种天才禀性的优越感对限制和监督的反抗。这也是俾斯麦孤傲、敏锐、藐视一切的精神气质的重要体现。也许这是他性格构成中最主要的几种因素，既是他功成名就的潜在因子，也是他的精神生活经常自相冲突的基本原因。

不过，作为一个年仅23岁的青年，他能够区别官迷与政治激情、虚荣与名誉、众人合奏与独奏、富贵与权力之间的巨大差异，已表现出超常的早熟心态。

这为我们提供了一幅俾斯麦的画像：一个追求表现独立意志的人，一个愤世嫉俗者，一个不安分地等待时局变化的奋斗家。辞去公职的反常表现，不是因为他喜欢森林与大自然胜过案牍与官阶，而是要按他自己的意志实现某种理想。

如同许多杰出人物一样，俾斯麦不仅有自己独到的政治抱负，而且善于等待时机。退居乡间就是他在政治上的一个蛰伏期。

蛰居乡间的岁月占据俾斯麦一生中的9年时光。作为一个容克庄园主，俾斯麦是成功的。他在退伍前就已在格莱夫斯瓦尔德附近的一所专科学校阅读有关农业的图书和论文，并在该校旁听土壤化学分析课程。在克尼帕霍夫庄园定居后，他曾千方百计地提高庄园的产量，也在市场上尽力为自家出产的羊毛和其他产品谋求好价钱。他很快以渊博的知识和农业上取得的成就博得邻人的赞扬和尊敬。

在他亲自经管庄园的9年里，庄园的产值提高了1/3，其间还经历了三年农业萧条。实践表明,他已成为一个精明强干的庄园主。此外,经常深入市场的交际活动也培养了他的外交风度。

然而,他在学生时代养成的粗野习气在他回到乡间后没有什么改观,还因无人监督而更加放纵。他经常骑着一匹叫卡莱普的矮壮黑红马,横冲直撞地驰骋在草地和林区,以吓唬邻近的农户取乐。他曾以用手枪向天花板开枪的方式向几位约他来访的朋友宣告他的来临;他也曾像牵狗一样牵着一只惊恐万状的狐狸,来到主人的客厅里,大声命令狐狸奔跑来引起大家狂欢。

在庄园里,他也养成了豪赌的习惯,常常在几个晚上把庄园的辛苦所得输得精光。这种粗野的乡村贵族习气在他身上表现得淋漓尽致。但令人惊异的是,他常常对庄园里的雇工表现出一种宽大为怀、和蔼可亲的长者风度,这与他公开表露的傲慢态度迥然不同。如果他的马夫跌入水中,他会不顾生命危险跳入水中去救人。这都是俾斯麦性格中极为矛盾的方面。

他与一般庄园主的不同还表现在另一方面:他博览群书。

他在充任后备役少尉时已养成夜读的习惯,回到乡间后这种兴趣日益加深。他阅读的范围也从文学、历史,扩展到政治和哲学。他所有的知识都是在这个时期得来的。那时候,他在乡下有一间藏书室,拥有各种各样的书,他几乎要把这些书"吞到肚里"。

英语文学是他的偏爱,除了莎士比亚的戏剧、拜伦的诗作,他还广泛阅读了劳伦斯·斯特恩(1713—1768)的感伤主义文学、亨利·菲尔丁(1707—1754)的现实主义小说,以及爱尔兰诗人托马斯·穆尔(1779—1852)的民族诗歌。

英国的政党政治和社会史也引起他的浓厚兴趣,他曾仔细研究过英国历史上最杰出的首相罗伯特·皮尔（1788—1850）把托利党改造为保守党的具体方法。

在哲学领域，除了黑格尔的作品，他还阅读了大卫·施特劳斯（1808—1874）批判《圣经》的神学著作，以及斯宾诺莎（1632—1677）的神学政治论等。

广泛阅读，深入思考，全面充实自我，是俾斯麦未来以崭新的面貌投入政治风暴的必备条件。但这种素养暂时还淹没在他那过分放纵的粗野习气之中，鲜为人知。

1841年夏天，年过26岁的俾斯麦开始再次考虑婚姻问题。半年多以来，他一直向一位名叫奥托琳妮的富有庄园主女儿大献殷勤。他对她的情感远未达到几年前对那两位英国女郎的热烈程度，但俾斯麦是真诚而实际的。然而，这位女子的母亲对他的品行表示怀疑，俾斯麦遭到无情拒绝。这次求婚失败使他的自尊心受到严重挫伤，他觉得受到了侮辱，数年后心头尚有余痛。由于无法接受最深沉、最真诚的情感被人蔑视的事实，他接受了父亲和哥哥的劝告，决定做一次长途外出旅行。

他首先想去的国家是英国。1842年年初，他离开波美拉尼亚，经汉堡乘邮船前往赫尔，7月由苏格兰南下英格兰。英国之行是他生活习惯发生改观的重要转折点。英国人的彬彬有礼和谦逊礼貌使他感触颇深。同年10月，他经瑞士返回普鲁士，他身上那种放荡不羁的作风已荡然无存，并变得十分热爱交际。同莫里茨·冯·布兰肯堡相识对他的未来发展具有重要意义。这位莫逆之交使他直接或间接结识了许多对他有重要影响的人。莫里茨的表兄阿尔布雷希特·冯·罗恩少校时年39岁，是普鲁士总参谋部的军官。此人后来擢升为陆军大臣，是最早发现俾斯麦的政治才干并向普鲁士国王推荐他出任首相的人。莫里茨的妻子玛丽·冯·塔登，这位秀美、健壮、活泼的女子是俾斯麦终身仰慕的女性。正是在她的影响下，俾斯麦从一个徘徊在自然神论和泛神论之间的怀疑主义者转变成一个虔诚的基督徒。对一个政治家来说，这是一个决定性事件。从此，他被认为合乎上帝意愿，并在言行中发现和贯彻上帝的意旨。

此外，正是在玛丽的引荐下，俾斯麦结识了他未来的妻子约翰娜·冯·普特卡默尔。这是一位身材修长、面貌祥和、长着一头乌黑的头发，但并非十分美丽的女子。俾斯麦选择她既非出于她的秀雅，也非出于她的家世，而是她的坦诚至纯。

对他步入政界最先产生影响的是结识国王弗里德里希·威廉四世的受人尊敬的保守派顾问利奥波得和恩斯特·路德维希·冯·格拉赫两兄弟。利奥波得时任国王的侍从副官，恩斯特则在马格德堡的省司法机关担任最高职务。他们在交往中对俾斯麦的为人了解甚深，知道这是一匹暂时被围圈在栅栏里的骏马，一旦外面有跑马声，它就要出猎了。

1846年冬至1847年春，为了取得修建一条连接柏林和东普鲁士的铁路的费用，国王召集了由普鲁士8省各等级代表组成的联合邦议会。议会定于1847年4月在柏林举行。西普鲁士的自由派决心通过联合邦议会争得一个民选国会，但俾斯麦和他的朋友则认为，召开这样一个议会有可能使霍亨索伦王朝面临法国1789年的国民大会对波旁王朝施加的命运，结果是易北河以东的容克贵族有所失而无所得。因为容克贵族想要一条通往柯尼斯堡的铁路，而不想要一个公开选举的国会。了解俾斯麦政治态度的格拉赫兄弟深信，普鲁士的保守派需要一个像他这样的人。当联合邦议会中一位叫冯·勃劳希契的马格德堡议员生病的时候，他们竭力劝说俾斯麦代表他到柏林充当普鲁士萨克森贵族的代言人（严格来说，他不属于普鲁士萨克森贵族。因为他的领地主要在阿尔特马克和波美拉尼亚）。这个提议十分诱人。蛰居乡间9年之久的俾斯麦经过多方磨炼已羽翼丰满，狭小的波美拉尼亚农村世界已无法施展他的政治抱负。年届32岁的他决定抓住这个机会，开始了他那令人惊心动魄的真正的政治生涯。

联合邦议会，从莱茵河到梅默尔，各省都有代表参加。这是普鲁士统一的标志之一。但在到会的500多名代表中，只有70余人属保守派。俾斯麦于1847年5月11日到会，此时会议已召开4个星期。在此期间，组织得很好的自由主义反对派在威斯特伐利亚议员格奥尔格·冯·芬克的领导下，把每次会议都变成关于国家根本结构的讨论，这是俾斯麦从一开始就感到无法忍受的。经过一周的沉默，俾斯麦针对自由派把1813年解放战争的胜利与国王答应给臣民一部宪法联系在一起的说法发起了反击。他指出，他们于1813年遭到法国痛击，然后又一次振作起来进行抵抗，勉强免遭失败；解放战争与宪法完全是风马牛不相及的。俾斯麦的反击伤害了一些普鲁士人的虚荣心，而他的登台引起了一阵阵愤怒的风暴。俾斯麦的观点是支持国王的。他那坚定有力的战斗性演说，给黑森大公的公使留下深刻印象。但犹豫不决的国王并未承认他是战友。

在当年夏天宫廷举行的多次宴会和舞会上，国王都不理会俾斯麦。国王依次对每个人说几句话，但一走到俾斯麦跟前就中断了，转过身去或迂回穿过大厅。这是一个不解之谜，也许国君出于谨慎和策略上的考虑，有意在公开场合冷落他，但这恰恰说明国王对他已有深刻印象，不到非常时期，他不会使用这位敢"捅马蜂窝"的年轻容克贵族。

联合邦议会，像一出蹩脚的滑稽剧，最后被国王解散。

俾斯麦与约翰娜于1847年7月28日在莱因费尔特附近的一座小教堂里举行了简朴的婚礼，然后赴巴伐利亚、瑞士和威尼斯进行了一次长途蜜月旅行。

当他们回国的时候，一场革命危机已经孕育成熟。革命的烈火首先于1848年2月在巴黎燃烧起来，这对俾斯麦来说是完全出乎意料的事情。他忧郁地预料会发生一次新的革命战争，他的预言令他在舍恩豪森的全家深感不安。3月19日，当他在舍恩豪森以南30千米的卡罗造访瓦滕斯勒本伯爵的时候，伯爵的儿子带来了关于柏林三月革命的第一批传闻，说前一天上午首都已爆发革命，国王已成为暴民的俘虏。俾斯麦闻讯十分震惊，他匆忙赶回舍恩豪森，深恐革命波及他的庄园。舍恩豪森尚且平安无事，但有人告诉他，一个来自市镇的市民代表团曾来到庄园，要求在庄园教堂的塔楼上悬挂象征自由的黑红金三色旗。这件事激起了俾斯麦的傲性与怒火，他下令让农民赶走这个代表团，并说服他们的妻女为教堂缝制一面白底黑十字旗，准备与自由主义分子公开对抗。他用70杆鸟枪把庄园内的农民武装起来，并劝说周围地区的农民准备进军柏林勤王救驾。

3月21日，俾斯麦带着国王弟弟卡尔亲王的信件只身来到柏林，希望觐见国王，说服他让军队占领首都，摧毁街垒，包围革命群众，但未获成功。后来，他又到波茨坦拜会王储威廉亲王的王妃奥古斯塔，希望在王妃的配合下以亲王之子的名义接管政府，但仅受到冷冰冰的接待。两天后，国王骑马来到波茨坦安抚那些在巷战期间服从命令撤出柏林的军官,并向他们强调他对"好柏林人"的强烈信任。

至此,俾斯麦已完全失望。他在新召开的联合邦议会发言指出,过去被埋葬了,而他比其他议员当中的许多人更加痛心惋惜的是,国王本人把泥土投在他自己的棺材上以后,世上竟没有一种力量能够重新把他唤醒。讲到这里,俾斯麦激动万分,没有结束讲话就大声啜泣着离开了讲坛。

1848年,俾斯麦就是以这种忠君观念来表达他对革命的仇视,对国王软弱态度的痛惜。但是,俾斯麦的忠诚表现未能得到应有的报偿。1848年11月9日,弗兰格尔将军发动军事政变,在柏林恢复旧的统治秩序,俾斯麦看来他这时很有希望在新政府中担任某一大臣职务。恩斯特·路德维希·冯·格拉赫等保守派也竭力主张任命俾斯麦为大臣,以奖赏他在革命期间的非凡表现,但是俾斯麦被人们指责犯有多种错误,有知人之明的国王弗里德里希·威廉四世巧妙地拒绝了这一建议。

同年11月底,未能获得一官半职的俾斯麦回到舍恩豪森的妻子身边,但他并不气馁,他知道国王任用他的时机尚未到来。怀着这一信念,1849年年初,他全力投入争取被选入新的下议院的战斗。竞选的辛劳使他疲惫,也使他感到满足,因为他获得了成功。在有400多人参加的庆祝宴会上,这位新议员频繁与人握手,最后右手的所有肌肉都感到酸痛。但三天后,选举他的人当中,有几个人家里的窗户被人打破,也有几个人遭到了无端殴打,而他却于2月26日安静地坐在下院的席位上。

新议会的核心议题是德意志统一,但俾斯麦关注的是保护和增强普鲁士的地位。当被他长期蔑视的法兰克福全德议会派遣32名议员到柏林向弗里德里希·威廉四世奉献皇冠的时候，俾斯麦同普鲁士下院的容克贵族一道联名上书国王，请他不要无视全德议会的劝进请求。但国王不打算当"人民恩赐"的皇帝时，他坚定地站在国王一边，攻击依照这部宪法虚构的统一主张。当国王任命外国人拉多维茨创立一个由小德意志诸侯组成的普鲁士联盟来与奥地利对抗时，他以避免对全德宪法的承认，公开反对这个计划。而出人意料的是，他嘲笑拉多维茨组建普鲁士联盟的做法，又接受了联盟在埃尔福特召开的议会为他保留的席位。1850年夏，当普奥两邦关系紧张，奥地利以恢复德意志邦联来同埃尔福特联盟对抗的时候，俾斯麦力主向奥地利开战。但是，普鲁士在沙俄的压力下在奥尔米茨与奥地利达成妥协，全普鲁士都视之为奇耻大辱，但俾斯麦认为这是明智的选择，并以生动有力的反战演说全力支持内阁的政策。俾斯麦变化无常的政治立场给人们留下了毫无原则的印象。有时候，容克认为他是本阶级的叛徒；有时候，国王也把他视为敌人；有时候，他无礼凌辱后又抚慰尊严的哈布斯堡王室；有时候，他与自由主义者、民主主义者，甚至社会主义者交朋友，但转过身来又与他们为敌。一开始，他发动战争，而后他又坚持要求和平。如同魔术师的权杖，他的政治策略使人难以捉摸，也常遭到误解。其实，他是一流的现实政治实践家，而不是毫无原则的政治赌徒。他念念不忘的是，维护容克贵族的利益，并使普鲁士变得强大，后来才逐渐形成建立全新的德意志联邦的设想。他一次次不尚空谈的演说，都影响了普鲁士的现实政治，并奠定了他本人在政治活动中的地位和威望，一次新的升迁机会开始向他招手。

1851年4月，法兰克福重新成立的邦联议会要求普鲁士任命一位具有外交才能的政治发言人的时候，长期推崇俾斯麦的格拉赫兄弟再次出面向国王举荐这位性格坚强的新议员。犹豫不决的国王几经踌躇，最后违背自己的意愿，把这项重任交给了俾斯麦。消息传来，除了报刊上的讽刺挖苦，连普鲁士亲王一想到由一位后备军少尉承担如此重任也叹息不已，但国王没有收回成命。

从这时起至1859年止，俾斯麦担任这一外交重任长达8年之久。在这8年中，他通过广泛的外交活动积累了丰富的政治经验，并对欧洲的国际形势有了更深入的了解。克里木战争爆发后，他开始与法国等国，特别是与俄国结盟，孤立并有选择地打击奥地利，谋求一种不受邦联和奥地利约束的独立的普鲁士政策的战略意图。这是俾斯麦政治立场逐步发生转变的重要转折点，他开始抛弃宫廷党保守政治原则的最后残余，放弃早年反对德国统一和亲奥的立场，接受了欧洲强权政治的观点，力主利用不断高涨的民族主义为君主政体服务，争取在普鲁士的领导下，部分满足资产阶级的利益要求，最终实现德意志的民族统一。

但是，俾斯麦的雄图大略对格拉赫兄弟、曼陀菲尔首相，以及弗里德里希·威廉四世来说，太革命了。他们只会赏识俾斯麦的政策，但不会接受他的政策。这种状况随着1857年10月国王突然中风，他的弟弟普鲁士亲王威廉接管政权变得更加没有希望了。普鲁士亲王威廉接管政权时已经60岁，他是一位守成君主，对政治有着固定看法。他把俾斯麦当作一个具有很大破坏性的"学童"（俾斯麦当时已42岁），认为俾斯麦对奥地利的挑战姿态会毁掉普鲁士的前程，反对把邦联议会作为普奥"冷战"的舞台。

1858年11月，这位摄政王在秉政一个月之内就开始对极端保守的政府进行清洗。两个多月后，一位叫乌泽多姆的新代表被派驻法兰克福。忐忑不安的俾斯麦尚不知自己的新岗位在哪里。1859年1月29日，他获悉自己将成为普鲁士驻俄大使，这本来相当于一次晋升，但俾斯麦并不感到高兴。

8年来，他谋取高位的苦心所得微乎其微。更为重要的是，他的雄心壮志受到了冷落。在他的政治生涯中，他从来不曾这样远离事件的中心。在越过柏林和圣彼得堡之间白雪皑皑的平原时，俾斯麦这样喃喃自语。

与俄罗斯冰天雪地的严寒气候有所不同，俾斯麦在俄国宫廷受到十分热情的接待。沙皇及其首相戈尔查科夫对俾斯麦十分敬重。不久，他就成为圣彼得堡沙龙里的宠儿。亚历山大二世把俾斯麦视为一位家族大使，俾斯麦还通过与威廉亲王的妹妹、俄国皇太后富有情感的交谈不断加强俄普之间的友谊。他曾同一些名门望族一道到俄国南方旅行；他也曾同沙皇一道站在皇家检阅台上，检阅一支4万人的队伍。戈尔查科夫十分信任这位明智、迷人、谦恭的普鲁士大使，把他视为"未来的大人物"，常常同他打开中欧地图进行无休止的交谈。

俄国无论做什么事都是大规模的。他通过参加俄国人的猎熊活动和盛大阅兵，对这个仍在酣睡的大国有了深刻的印象。俄国是狩猎者的天堂。无论在隆冬持枪漫步在一望无际的雪原，还是在初夏穿越青草芳香的森林，猎熊总是一种充满挑战和野性的自然生活。当猎者击中的大熊，尚未倒地死去，而用两条后腿撑地，前身直立起来向人怒吼的时候，动人心魄的壮观场面就出现了。人与兽之间面对面冲突，以及俄国猎人在险境中表现出来的超常胆略和勇武，使热衷于参加这项活动的普鲁士大使震撼不已。由此联想到阅兵中俄国士兵表现出来的战斗士气，他感到这个民族拥有的魄力和强毅。这种潜意识的影响，使他在此后30年间一直对俄国保留着敬畏的态度。他长期的亲俄倾向，大多来源于出使俄国期间对这个神秘辽阔的国度的直接感受。

然而，俄罗斯冰冷多雪的漫长冬天不免使他感到厌烦，他惦念早已春暖花开的德国。事实上，气候影响不是主要的，他真正关注的是柏林的政治气候的变化。他雄心未泯。他清楚地知道，他出使圣彼得堡不是他的最终归宿。他的事业在柏林。

1859年年末，一场大病袭击了身心疲惫的俾斯麦。身在异国他乡的他久治不愈，呼吸困难，他开始怀疑自己能否继续奔向锦绣前程。但到了新的一年，他的身体和政治本能恢复了。

1960年2月末，听闻摄政王正在物色一位新的外交大臣时，刚刚走出死亡之谷的俾斯麦便匆忙赶回柏林了。

但是，摄政王不信任他的驻俄大使。他愿意征求俾斯麦的意见，并于4月初两次召见俾斯麦。后者鼓吹俄普合作、柏林对维也纳展示真正独立的观点，让威廉感到十分不安。俄法之间的合作态势，莱茵河畔的普鲁士领土有可能受到新波拿巴主义侵略浪潮威胁的现实，使他想起了1813年至1814年的情景。尽管1859年奥地利在法意联军打击下已十分虚弱，他仍不愿冒修改外交政策的风险，以实现普鲁士的独立地位。这样，在柏林滞留近11个月后，俾斯麦一无所获地回到圣彼得堡。他的宏图大略受到了第二次挫折。

重返俄罗斯后，俾斯麦心灰意冷，郁郁寡欢，但并未完全放弃希望。1861年年初，国王弗里德里希·威廉四世去世，摄政王宣告登基，成为普鲁士国王威廉一世。新国王决定恢复臣属对他"宣誓效忠"的古老传统，选择在东普鲁士的柯尼斯堡举行加冕典礼。这一逆时代潮流的古怪想法遭到一些进步大臣的辞职抗议。陆军大臣罗恩趁机向国王进言，建议从圣彼得堡召回俾斯麦并授予要职，以支撑危局。当俾斯麦再次返回柏林时，威廉一世又改变了想法。王后奥古斯塔的影响似乎起了作用：俾斯麦被视为一个极不可信、反复无常的人，让这样的人待在首都会使人感到不舒服。于是，国王只让他草拟了一份关于德意志问题的备忘录。这就是所谓的《巴登-巴登备忘录》。俾斯麦在这份文件中充分论证了利用德意志人民日益增长的爱国主义情绪，成立一个把奥地利代表排除在外的"关税同盟议会"的主张。这个文件似乎是俾斯麦以往主张的发展，它没有引起国王的重视。

在1861年10月的柯尼斯堡加冕典礼上，俾斯麦同国王进行了交谈，但国王只字不提这份备忘录。11月1日，俾斯麦大失所望地回到圣彼得堡。看来，至少在表面上，他仍然一事无成。

但是，戏剧性的一幕很快发生了。1862年3月中旬，一封来自王宫的电报召他回国，但没有透露他今后的任用情况。他花了一个多月的时间在圣彼得堡向继任者移交工作，直到5月10日才回到柏林。他对国王的意图仍然捉摸不透，若不是确信有罗恩支持，他会觉得自己的前程又岌岌可危了。

同年5月22日，他接到通知，他被派往巴黎出任驻法大使，月底之前他已奉命搬进巴黎的大使馆。俾斯麦雄心勃勃的政治抱负第三次遭到挫折，但他并未完全失望，他以极大的耐心等待着新转机的来临。在巴黎，他更为深入地了解了他早年曾到过的法国，并对拿破仑三世的为人及其战略意图有了透辟了解。这为他尔后在普法战争中做出明快判断提供了条件。其间，他还接受邀请渡过英吉利海峡去参观伦敦万国博览会，他实际上是想考察英国的政治舞台。20年来，他尚未重游英国，也没有同威斯敏斯特的任何大人物进行过外交上的接触。这一次，他受到首相巴麦尊和外交大臣罗素的接见，也同他最钦佩的保守党领袖迪斯累里进行了促膝长谈。迪斯累里保留着对这位不凡客人的良好印象。俾斯麦有关对奥地利进行清算，解散德意志邦联，普鲁士领导德意志民族统一的雄图大略，曾让这位保守党领袖震惊不已。

1862年7月至9月，返回巴黎的俾斯麦利用休假的机会到法国西部进行了一次回归大自然的旅行。在那里，他与俄国驻布鲁塞尔大使尼古拉·奥洛夫亲王夫妇相遇，他又恢复了25年前对大自然和异国女性的柏拉图式激情，以至于他又一次把公务抛到九霄云外，以几个星期的旷职行为陪同这对夫妇东到普罗旺斯尽情游览。

然而，各种奇异的浪漫想法向俾斯麦袭来的时候，普鲁士陆军大臣罗恩的来信把他唤回现实世界。他开始意识到决定他政治前途的时刻已经到来，他15年来刻意追求的政治权力已近在咫尺。1862年9月13日，他在阿维农与奥洛夫夫妇依依惜别，后经日内瓦返回巴黎。普鲁士国王与当时议会在三年兵役期问题上已陷入僵局，深感失望的财政大臣海特和首相伯恩斯托尔已相继提出辞职，威廉一世也示意他正在考虑逊位。危急关头，罗恩急速向俾斯麦发去了那份著名的电报："速回，危机在继续。"俾斯麦已不能再推迟返回柏林了。

9月19日，俾斯麦登上东去的列车，次日抵达柏林。22日，国王威廉一世在巴伯斯贝格宫召见俾斯麦。他一筹莫展。面对邦议会反对三年兵役制和增加军费开支的强硬态度，国王已打算放弃王位，以保全上述原则。俾斯麦当即向国王无条件许下诺言：他作为一个见到其君王处于危机之中的忠臣，愿意为国王效劳，并在必要时违背议员意志推行军事改革，实行新兵役制。俾斯麦斩钉截铁的表态使国王大受宽慰，国王当即撕碎了已拟就的逊位诏书，表示将同他的这位新大臣一道继续斗争。9月24日，俾斯麦出任首相的消息传来，王储和王储妃（英国女王维多利亚之女）竭力反对，资产阶级报以哈哈大笑，许多观察家拒绝认真看待他。在国外，俄国人的反应是高兴，法国人持怀疑态度，英国人则敌视他。

威廉一世与俾斯麦

四、铁血宰相

任用俾斯麦犹如让一个不会游泳的人跳进深水之中。这是普鲁士宫廷反对派对俾斯麦的基本看法。显然，初登相位的俾斯麦面临的政治形势不容乐观。他必须战胜两院的恐吓、君主的怀疑、王后的反对、诸党派的恶意攻击，以及外国大使的种种阴谋。但他是一位拥有武士精神、勇往直前、不知畏惧为何物、坚定不移地向着目标前进的人。从青年时代参与多次决斗起，他就做好了"活到老、战到老"的准备。这种胆略与天生机敏和善于谋划，使他成为以自上而下的方式统一德意志的成功实践者。他的任期不是诗人和学者所预言的一年，而是28年。

万事开头难。他秉政之初就面临议会挑战和随时被免职的风险。

俾斯麦出任首相首先在议会引起轩然大波。一些自由派议员把俾斯麦组阁视为国王的"政变"，进行了针锋相对的斗争。

1862年9月23日，当国王的任命书尚未正式下达的时候，议员就破坏了任何妥协的可能性。他们不仅拒绝了三年兵役期，而且故意从预算中除去军费开支。被激怒的国王大发雷霆，他的怒吼和叫骂声穿过紧闭的窗户，在宫廷里弥漫、回荡，但无人理睬。俾斯麦别无他法。他组织了一个由温和的保守派组成的政府，除了留任的陆军大臣罗恩，新内阁中没有什么有声望的人物。俾斯麦对这种冷落局面并不介意，因为他不希望任何有影响的人在内阁中妨碍他独立行事。

9月29日，俾斯麦在下议院发表了简短的即席讲话。他以含糊其词的语言表达了对议员敌视预算态度的遗憾，强调了进行军队改革的必要性。但他的首次演说没有给听众留下良好印象。而在第二天仅有20多人参加的预算委员会会议上，他漫不经心的即兴演说，实际上是早有准备的一通讲话，给他留下了永远难以抹去的声名。他用鼓动性言辞呼吁普鲁士内部停止对抗，聚集力量共同对外。同时，他宣称，当时的重大问题不是通过演说和多数人的决议所能解决的——这正是1848年至1849年的重大错误——而是要用"铁和血"。

这篇未经深思熟虑的演说辞，犹如野火春风，使俾斯麦获得广为传播的暴力声名，也立即在议会引起轩然大波。他受到普遍指责，但这成为此后几十年中他一直奉为圭臬的既定国策。

对这篇演说的非议来自普鲁士的各个方面，连他的老朋友、政治立场保守的罗恩也指责他心血来潮。在德意志各地，自由派和进步党人都确信，俾斯麦通过他挑衅性讲话暴露了真面目，他把战争看作解决普鲁士问题的唯一办法。

俾斯麦的讲演很快传到了正在巴登的威廉国王耳中。他首先受到王后的指责。等到王后生日那天，他又受到来自王储和王储妃的指责。威廉一世忧心忡忡：也许王后和王储对俾斯麦的评价是对的，他是否应当听从直觉，而不应轻信罗恩的谏言？他是否应在俾斯麦可能给朝廷造成更多麻烦之前就把他免职？

国王最后决定于10月4日返回柏林。动身前，他既未写信也未发电报给俾斯麦，因为他耳朵里已装满对新首相的不满与警告。俾斯麦已预料到他的演说会在巴登产生什么样的效果。他既未告诉君主，也未告诉内阁，决定在君主回来的半路上面见国王。

在柏林以南约70千米的伊特堡小站上，俾斯麦截住了国王。威廉一世独自坐在头等车的包厢里，心情郁闷地凝视着消失在暮色中的苍茫大地，默默地思考着令他担心的问题。俾斯麦突然出现，出乎他的意料，他很不高兴在这儿见到他的首相。不等俾斯麦解说完毕，国王就直截了当地打断了他。俾斯麦对国王的反应是有思想准备的，他不慌不忙地辩解说，既然他们迟早是要死的，他们能死得更体面一些。

他是为国王的事业奋斗而死。无论死在绞刑架上,还是死在战场上,这是没有什么区别的。国王已没有别的路可走,只有奋斗。国王不能投降。哪怕拿生命冒险,也必须抗争到底。俾斯麦慷慨陈词,激发了国王的自尊自信,他很快走出沮丧的低谷,焕发出一个军人所具有的战斗精神。

30年后,俾斯麦在回忆这段历史时,常把国王态度的戏剧性变化视为自己的诸多杰作之一。他上台仅一个星期,就掌握了这位军人国王复杂多变的奇特心理。这次小试锋芒的成功,为他此后利用国王好战虚荣的心理驾驭德意志全局打下了基础。

当火车最后开进柏林车站时,国王原打算解除首相职务的想法已荡然无存,而且俾斯麦原先的临时任命很快得到正式确认。现在,无论王后还是王储或什么人,都已不能动摇国王任用俾斯麦的决心。

接下来就看俾斯麦如何与议会周旋了。在兵役制问题上,他还面临着新的考验。

兵役期限和军费开支是政府和议会冲突的两个焦点。在兵役期限问题上,罗恩和俾斯麦提出了一个绝妙计划,即:形式上保留三年服役期,但允许中等阶级和上层根据自己的愿望对第三年进行赎买。在军费开支方面,议会的顽固态度不亚于国王的固执念头。他们声称,如果不去除军费开支,议会就拒绝批准预算。此时,俾斯麦只有一步棋可走:他把包括原有军事开支的预算从下院撤回,转交上院,而后声称邦议会两院意见不一致,最终由君主来填补这一"宪法漏洞"。只要上院和下院不能取得一致,国王就有权批准国家预算。结果,上院否定了下院的决议。于是,俾斯麦于10月13日以国王的名义宣布议会休会,并按他的"宪法漏洞"理论,不理睬资产阶级的"违宪"

指责，擅自支付经费，进行大规模的军事改革。

俾斯麦认定，只要实现了德意志统一，所谓的宪法纠纷自然会烟消云散，资产阶级也会匍匐在他的脚下。从那时起至1866年秋季，议会的抗议不绝于耳，但它始终只能扮演咨询机构的角色。俾斯麦顶住了种种压力，自行其是，继续支出他认为一切必要的政府经费。"危险的首相"深谙普鲁士国情，不仅太平无事，还向全世界表明：他不经议会批准，也能进行统治。

在同国内资产阶级的斗争中迈出大胆的一步后，俾斯麦开始把注意力转向国外。他知道，一次外交杰作可以带来双重收获：既达到削弱奥地利的目的，也可使国内的民族自由派服输。1862年10月末，他前往巴黎。从表面上看，他是为了能亲自隆重地向拿破仑三世递交他的召回国书；实际上，他是想设法了解拿破仑三世对普鲁士和奥地利的军事冲突将做何反应。因为不久前一位亲奥的大臣已取代对柏林友好的大臣领导法国外交部。他从拿破仑三世那儿获得的印象，法国是不打算干涉德意志内部事务，但新任外交大臣德鲁安则采取观望态度。接着，俾斯麦把外交的目标直接转向奥地利。他时而讨好奥地利人，时而又向他们发出威胁，这种胡萝卜加大棒、甜言蜜语继之以威吓的手法此后成为俾斯麦在外交事务中惯用的伎俩。早在9月初，俾斯麦在同奥地利皇帝弗朗茨·约瑟夫的公使的一次谈话中就表达了他对奥地利的观点：奥地利应当把重点从德意志转移到匈牙利。这样，奥地利就会成为普鲁士的一个十分宝贵的盟友。另外，普鲁士将会把奥地利在意大利和东方的切身利益看作普鲁士的切身利益，坚定给予支持。奥地利若是不理睬普鲁士的想法与期望的话，普鲁士想要做的事就是使奥地利相信，奥地利的选择必定是错误的。可是，奥地利公使不为所动,他清楚地知道普鲁士首相是孤立的,不必认真看待他的每一句话。但是,当奥地利于1863年1月将关于改革德意志邦联的建议提交表决而没有取得必要的多数赞成票时,俾斯麦似乎在外交上迎来了一个胜利。他暗自欣喜,普鲁士同奥地利争夺德意志霸权的关键时刻已经到来。他开始把外交重点转向俄普联盟。

1863年,波兰爆发大规模反俄起义,为他推行自己的计划提供了机会。

为了阻止中兴的波兰出现,促使俄普两国军队联合对付波兰叛乱者,俾斯麦于1863年2月派遣国王侍卫长官古斯塔夫·冯·阿尔文斯勒本将军前往圣彼得堡,同沙皇和戈尔查科夫进行协商。2月8日,双方签署一项正式协定,规定在出现紧急状态时,为了追击从一个国家流窜到另一个国家的暴动者,两国现役军队可相互越境行事。这一协定立即在巴黎和伦敦的波兰流亡者中唤起了强烈义愤,英法两国的舆论也要求政府对波兰表示同情。十分珍视法俄友谊的拿破仑三世左右为难。舆论的压力迫使他于2月的第三个周末开始与英国和奥地利磋商向柏林提出联合抗议的可能性。单是这样一种国际外交步骤就有可能使俾斯麦任职以来的外交成就化为乌有。他力图使巴黎相信,这个协定是俄国倡议的,并且俄国不需要普鲁士的帮助。法国和奥地利对俾斯麦的申辩无动于衷,但英国主张把矛头转向真正的罪魁祸首。这样,法国就会弄巧成拙,不得不承担反对俄国的义务。随着1863年4月和6月法英奥三国向圣彼得堡发出的两份抗议照会,法俄之间令人珍视的友谊不复存在。相反,柏林和圣彼得堡之间的友谊则得以巩固。沙皇从三国联合抗议中恢复了对克里木战败的记忆,从此他更加看重同普鲁士的友谊。普鲁士即便不支持俄国,它的善意中立也会形成俄罗斯与西方发生冲突时的一道缓冲屏障。俄国在欧洲需要俾斯麦。

这样,俾斯麦的国际威望得以保全,并达到了破坏法俄友好、增进俄普亲善的外交目的。俾斯麦很顺利地得到了俄罗斯的友谊,他采取的办法不是战争,不是流血,而是在一份协定上签字。他的勇敢冒险得到了回报。俄普友谊巩固后,俾斯麦消除了后顾之忧,这为普鲁士放手在南边或西边进行军事行动提供了外交准备。

俾斯麦在外交上的成功,使哈布斯堡王朝的心跳开始加快,奥地利决定通过召开一次改革德意志邦联的王侯会议,来挫败俾斯麦不断强化普鲁士在德意志地位的阴谋。会议拟定建立一个由5位诸侯组成的执行委员会和一个由300人组成的代表议会来改造现有邦联,提高奥地利的传统地位。这个计划是以往有利于多瑙河君主国和牺牲普鲁士利益来加强邦联的一种尝试的继续,奥地利从一开始就预料到普鲁士有可能不出席会议。为了排除这种可能,奥方首先安排了一次突然袭击。

1863年8月2日,奥地利皇帝弗朗茨·约瑟夫趁威廉一世在加施泰因温泉进行浴疗之机,在非正式会见中突然提出邀请后者参加在法兰克福由自己主持的"王侯会议",讨论有关改革德意志邦联的问题。威廉一世感到很意外。因为奥地利皇帝建议于8月16日,也就是不足半月的时间,召开这样一次会议。他感到十分突然。尽管有些犹豫不决,但普鲁士国王还是很想前去赴会。这使弗朗茨·约瑟夫感到十分高兴。

但是,较晚获知这一消息的俾斯麦则斩钉截铁地表示反对。他认为,这是一次"穿着丧服来庆祝生日大典"的会议。因为他知道,奥地利和南德各邦的票数加在一起，必然使普鲁士在选举产生的议会处于无所作为的地位。他确信这次所谓的"王侯会议"不过是奥地利愚弄普鲁士的圈套。于是，他着手进行一项十分困难的任务：说服动摇不定的国王放弃这一邀请。

国王威廉一世是一个固执的人，要让他收回允诺是一件难事。俾斯麦使出浑身解数，竭力向国王表明，在疗养地非正式提出邀请意味着一种侮辱；而在短短的几天之后就宣布召开会议，使普鲁士来不及充分准备，就是一种蔑视。他还极力让威廉一世回忆起普鲁士在过去召开的会议上所受的难堪与羞辱。这位君主的自尊心是十分敏感的。最后，俾斯麦取得了胜利，国王被说服，拒绝了弗朗茨·约瑟夫的邀请。

这是这位军人国王与首相经常因分歧相持不下，而最后总以他向首相让步为结局的诸多戏剧性插曲中的小小一幕。但它具有不同寻常的意义，因为"王侯会议"没有普鲁士参加，要想通过一个新的德意志计划是不可能的。精疲力竭的俾斯麦终于放下心来。

但是，时隔几天，新的变故又发生了。"王侯会议"开幕不久，与会君主又派遣萨克森国王以全体与会君主的名义再次邀请威廉一世赴会。同一问题现在变得更为棘手了，因为这是一个很体面的邀约，而萨克森国王约翰一世又是威廉一世最敬重的人。此外，威廉一世这时正在巴登逗留，他身边的人都是支持"王侯会议"的。巴登距法兰克福仅有三个小时火车的路程，而国王碍于情面也开始考虑接受邀约。30位君主，甚至一位国王当信使，不好拒绝。当俾斯麦再次编造新的理由加以阻拦时，国王面露难色。俾斯麦再次向犹豫不决的国王发起攻势：国王去法兰克福接受会议的决议，就意味着放弃一支独立的普鲁士军队，意味着普鲁士在同邦议会议员的争吵中失利。因为如果国王的部队仅仅是邦联的辅助部队的话，那就不需要什么钱来加强军队了。两人的争辩一直持续到午夜，俾斯麦才最终说服了君主保持最初的拒绝态度，但双方都已筋疲力尽。威廉一世这位性情倔强、威猛盖世的军人，再也无法忍受与首相紧张对峙。他签署完给萨克森国王的拒绝信之后，便倒在沙发上大哭起来。满头大汗的俾斯麦也疲惫到了极点。当他晃着身子离开国王，想关上房门时，他那因激动而颤抖的手竟然把门把手拉断了。回到自己的房间，他随手拿起一个玻璃盘向墙上扔去。他向吃惊的秘书这样解释，他必须损坏什么东西，才会感到舒服些。

"王侯会议"已经不会取得什么有意义的结果，这就是俾斯麦的收获。

为了坚持自己的观点，俾斯麦面对君主的固执、暴怒和眼泪，没有做出丝毫让步。他冒着获罪于君主的危险，致力于实现自己的政治理想，最终取得了成功。但是成功的滋味又是苦涩的。

任职一年来，他已感到心力交瘁，疲惫不堪。他开始憎恨整个政务活动，向往能够再一次逃离现实，但是他已身不由己。他登上的是一辆正在冲向敌阵的战车，不待战争结束，车轮就不会停止转动。一年的从政体验，仅是他漫长的28年政治生涯的开端，他导演的波澜壮阔的戏剧的高潮，尚在后面。

五、王朝战争与第二帝国的建立

1863年，俾斯麦通过波兰问题赢得俄国的友谊，并通过破坏"王侯会议"使奥地利的计划宣告破产的时候，围绕石勒苏益格和荷尔斯泰因发生的纠纷，再次把他推向国际外交的风口浪尖。这是一场既困难又冒险的外交经历。在俾斯麦一生的外交实践中，它堪称一项深谋远虑的艺术杰作，淋漓尽致地展示了俾斯麦务实多变的外交风格。

俾斯麦的外交策略变化之快，连威廉一世都感到大惑不解，因为在他涕泗滂沱地违心拒绝出席"王侯会议"15个星期后，首相又在谋求与奥地利合作。俾斯麦究竟想干什么？在首相玩弄的外交魔术面前，生性率直的国王委实被弄得有些不知所措。他开始怀疑，首相是否像别人所说的：在没有罗盘的情况下，就开始在外交海洋里疾驶。

事实表明，俾斯麦是对的。14年后，俾斯麦仍然承认，解决石勒苏益格－荷尔斯泰因问题是他最大的外交成就。正是以此为起点，俾斯麦真正拉开了以王朝战争统一德意志的序幕，排除了任何用"铁与血"以外的方式解决德意志民族问题的要求。

石勒苏益格和荷尔斯泰因地处易北河下游和丹麦日德兰半岛之间。那里有富饶的农田和贫瘠的荒原，构成德意志与丹麦之间的过渡性边界。

400多年来，这两个公国一直处于丹麦王国的控制下。在拿破仑战争时期，这种隶属关系没有发生变化。1815年的维也纳会议进一步肯定了这一现状，并将劳恩堡这个小公国也并入丹麦国王治下。石勒苏益格－荷尔斯泰因问题实际上涉及上述三个地区。矛盾首先起因于那里的种族分布，其中荷尔斯泰因和劳恩堡的居民纯粹是德意志人，而北边的石勒苏益格则杂居着德意志人和丹麦人，但它的南部已和荷尔斯泰因一样德意志化了。在隶属关系上，这三个地区同归丹麦管辖，但荷尔斯泰因和劳恩堡同时又是德意志邦联的成员国。

此外，自1460年起，相关条约就规定石勒苏益格和荷尔斯泰因是不能分治的。这种人种、隶属关系的复杂构成，使易北河畔的两个公国成为欧洲的"痛点"之一，多个世纪以来一直折磨烦扰着欧洲的外交家。19世纪上半期，随着民族主义兴起，德意志人愈加希望把这三个地区变为德意志民族有机体的组成部分。然而，丹麦的地理位置却使这一问题成为几个大国，特别是英国、俄国和瑞典密切关注的问题。在欧洲列强的干预下，1852年5月8日，英国、俄国、法国、瑞典、奥地利和普鲁士六国会同丹麦签订了《伦敦议定书》，各国在相关问题上达成新的妥协。依照该议定书，丹麦君主国在这三个地区的统治得以保障。同时，该议定书规定，诸公国不可分离，荷尔斯泰因和劳恩堡同时隶属德意志邦联成员国的传统特权不得侵犯。该议定书还为无男嗣的丹麦国王规定了王位继承顺序，即：时任丹麦国王弗里德里希七世死后，由他的堂妹夫克里斯蒂安·冯·格吕克斯堡亲王继任为王。但是，这一安排遭到两个公国居民的反对，他们援引两个公国通行的《萨利克继承法》关于女性后裔无权继承土地和王位的规定，对议定书的继承规定提出异议。他们认为，合法继承人不应是克里斯蒂安亲王，而是先祖曾统治过丹麦的德意志贵族奥古斯滕堡公爵。这一继承要求得到了德意志邦联中民族主义者的支持。丹麦王位继承问题为两个公国问题的复杂化埋下了隐患，表现为"国际法"与"德意志法"之间的对立。

丹麦曾于19世纪50年代加强了把两个公国完全并入丹麦的努力。在一小撮民族主义者的压力下，丹麦国王弗里德里希七世于1863年3月最后一周颁布了一部适用于全国的宪法。该宪法取消了石勒苏益格的传统特权，将其纳入丹麦的单一王国体制，同时对荷尔斯泰因和劳恩堡的传统权力也做了一定限制。此举立即在全德引发了一场反对丹麦的抗议风暴，弗里德里希七世被迫推迟对宪法的实施，但精神过度紧张摧毁了他的健康。1863年11月9日，他出乎意料地死去，格吕克斯堡亲王旋即被拥立为国王克里斯蒂安九世。新国王轻率地批准了新宪法，结果危机达到高潮。荷尔斯泰因拒绝向新国王宣誓效忠，并呼吁德意志邦联议会承认奥古斯滕堡公爵为三个独立公国的联合大公。

这时候，正在静观事态发展的俾斯麦有了自己的打算。他既不愿站在德意志邦联的立场投入对丹麦的战争，也不愿放弃把自己装扮成民族利益保卫者的难得机会，而愿意在《伦敦议定书》的基础上对丹麦进行干预。他的目的在于为普鲁士带来明显的好处。干预最好让普鲁士以一个独立大国的身份进行，以便在名利两方面都取得最大收获。但俾斯麦敏锐地意识到，普鲁士单独出面干预必定会招致欧洲各大国干涉，因此他决定与奥地利联合行动。奥地利曾多次受到普鲁士羞辱，但它不愿让普鲁士在这一问题上占据头功；让普鲁士单独行动，奥地利将会失去在德意志的影响力和领导权。这样，奥地利就心甘情愿地走进俾斯麦为它布置的圈套。

在俾斯麦看来，拉拢奥地利共同对付丹麦是一箭三雕：第一，两国联合行动，以维护《伦敦议定书》为出发点，可以杜绝列强干涉。第二，借助奥地利的力量，可以对丹麦打一场强弱悬殊的战争。第三，利用两国在两个公国问题上可能存在的分歧制造矛盾，最后向奥地利开战。至于受忠诚的荷尔斯泰因人热情拥戴的奥古斯滕堡公爵的地位，普奥两国都持否定态度。奥地利不喜欢由这位公爵表现出的民族自决原则，这对维护多民族的多瑙河君主国是有害而无利的。俾斯麦则认为，边界延伸至易北河和汉堡附近的独立的石勒苏益格-荷尔斯泰因联合公国对普鲁士不会有什么好处。此外，他们的出发点是维护《伦敦议定书》，接受奥古斯滕堡公爵的特殊地位是与之相矛盾的。事态发展，完全印证了俾斯麦的预见和谋划。

1864年1月16日，奥地利和普鲁士联合向丹麦发出最后通牒，限它在48小时内取消它于1863年11月18日公布的宪法，否则将对它采取军事行动。丹麦指望得到欧洲列强的援助，拒绝了普奥两国的最后通牒。

然而，丹麦的希望完全落空。法国因深陷在墨西哥的冒险活动，拒绝向丹麦提供任何有效援助；英国也不愿在没有大陆国家配合下单独行动。此外，法国为了在莱茵河西岸开疆拓土，英国为了利用普鲁士牵制法国，都不愿牺牲同俾斯麦的关系。这样，到2月1日，普奥军队已渡过艾德河，进入石勒苏益格。三周后，它们占领了日德兰半岛。4月中旬，丹麦陆地上的所有工事都掌握在它们手中。为了阻止事态扩大，英国出面召集各方召开一次国际会议解决各方的争端。但各方分歧过大，会议未取得结果。此后，战争再次爆发，一直持续到7月12日，丹麦被迫要求停战议和。

1864年10月30日，交战三方在维也纳签订和约，丹麦被迫将三个公国割让给普鲁士和奥地利，由两国共同进行军事管辖。1865年8月14日，普奥两国经过长时间谈判签订了《加施泰因温泉协定》，对三个公国的归属做了最后处置。依照这一协定，普奥两国对三个公国实行联合统治，但行政管理分开进行。与普鲁士接壤的荷尔斯泰因由奥地利管理，北部的石勒苏益格则由普鲁士控制；至于最南边的劳恩堡小公国，经奥地利皇帝同意，以250万塔勒卖给了普鲁士。

此外，普鲁士还获准在荷尔斯泰因保有一条军事通道和电报线路，并可在那里修建一条沟通北海和波罗的海的运河。两个公国还获准参加普鲁士为首的关税同盟。

《加施泰因温泉协定》是普鲁士外交的一大胜利，它战胜了丹麦和国内的自由派，并把奥地利引进俾斯麦设计的圈套。

但是，俾斯麦并不以此为满足，他认为这不过是一张遮盖裂缝的糊墙纸，下一步他将严重损害哈布斯堡家族的抵抗力，在战场上打败奥地利才是他外交格局的中心所在。

正当普鲁士举国上下沉浸在一片胜利的喜悦之中时，俾斯麦打算去法国南方进行一次旅行。据说，这位首相需要通过比亚里茨海滨的阳光、空气和海水恢复因连续危机而损坏的身心健康。但此行的真正目的只有他自己知道：探明拿破仑三世对普奥冲突的态度，尽可能得到法国皇帝的中立态度。

1865年10月，柏林已经披上冬装，但阳光明媚的比亚里茨似乎还处在温暖的春天。和煦的海风夹裹着阳光和海水的润气，把清新的空气和温和的气候送上白色海滩。远处水天一色，一望无际；近处波光粼粼，清澈见底。阳光、大海、不时飘逸而至的贝多芬的音乐，使俾斯麦长久地沉浸在一个德意志人的梦境之中。

但是，出现在远处的欧仁妮皇后别墅的显著标志很快打断了俾斯麦梦幻般的遐想，他意识到了这次出行的主题，同拿破仑三世的会见开始占据他大脑的全部空间。这将是他28天旅行中最主要的目的。

这次会见是非正式的，因为双方都想尽可能地摸清对方的意图，而不是达成有约束性的协议。与前来"疗养"的首相相比，拿破仑三世精神不振，双目枯槁，膀胱病的折磨和近来法国在墨西哥冒险失败给他增添的忧虑，使这位皇帝已丧失了早年的活力和自信，他的智力和体力都处于不断减退之中。会谈很快转入正题。俾斯麦在离开柏林前曾直率地对法国大使馆一等秘书表示,对法国在讲法语的地区扩充其疆界,他都予以承认。但面对神秘的法国皇帝,他没有对他在柏林说过的微妙允诺做详细解释,仅热情地向拿破仑三世表示,普鲁士为酬谢法国的中立立场,不会反对将卢森堡并入法兰西第二帝国的版图。但法国皇帝毫不经意地拒绝接受卢森堡,他暗示普鲁士不能用微不足道的好处敷衍了事。当俾斯麦企图问对方究竟要求什么时,拿破仑三世犹豫不定,他不想透露会使整个欧洲群起而攻之的想法,避而不谈占有比利时或其他国家的法语地区的具体要求。这对丝毫不愿透露自身的政治宏图的俾斯麦来说,正中下怀。他含糊其词,用空头支票骗取对方的信任。对拿破仑三世来说,他不愿暴露他的具体要求的原因在于,他始终认为普奥之间的战争将是长期、极具破坏性、两败俱伤的战争,只要普军陷入这一战争,他就可将精力充沛的大量法军调往莱茵河,得到他所想要的一切:比利时、卢森堡和莱茵河西岸的土地。

因此,在具体问题上,他们是不能达成协议的。但经过会谈,俾斯麦获得三点收获:第一,用空头支票暂时获取了拿破仑三世的中立立场。第二,他获悉拿破仑三世对威尼斯有兴趣,这为他与意大利结盟创造了条件。第三,法奥联盟是一种谣传。拿破仑三世已公开表示,他不会紧挨着一个靶子站着。除了这三点,俾斯麦还获得这样一种深刻印象:对欧洲政治地理进行重大调整时,法国必须得到补偿。这一印象使他在普奥战争前已经预见到,普法之间将来肯定会爆发战争。

从法国回来后,俾斯麦一面利用易北河畔两个公国的每一件事来败坏奥地利的名声,一面加紧进行战争准备,他要使法国皇帝希望看到的长期消耗战转变成闪电战,即:他想要在拿破仑三世醒悟过来之前,一举击败奥地利。

在这个关键时刻,威廉一世高度器重的梅克伦堡人、65岁的赫尔穆特·卡尔·贝恩哈特·冯·毛奇将军(1800—1891,又称老毛奇)成为协助俾斯麦进行战争准备的军事领导人。按照威廉一世的评价,这是他的首相在军事上的伙伴和完美的协助者。作为一名优秀的军人,威廉一世早在他的首相和多数高级军官之前就发现了这位军事天才,虽然老毛奇是在大多数将领已经到了退役年龄才受到器重的。丹麦战争是老毛奇受到重用的转机。在此之前,他一直被当作陆军部的一名科长,负责秘密的军事情报工作。在19世纪50年代以前,老毛奇几乎默默无闻。1855年,他担任威廉亲王(后来继位为威廉一世)的副官,被擢升为将军。1857年,他被任命为一个方面军的参谋长。两周后,他被委于领导陆军总参谋部的工作。1858年9月,他正式被任命为陆军总参谋部总参谋长。这时,老毛奇已满58岁。他的同事在这个年龄大多已退役,而老毛奇则认为他的事业刚刚起步。

由于长期在参谋部门和情报部门供职,加上对军事理论和现代战争特点深入研究,老毛奇成为新型的参谋将校的代表。他的军事思想和战略战术成就首先表现为,他创立了大规模的总参谋部体制,为制定战略战术、协调各军种兵种、统一军事行动进行了体制创新。此外,他把技术革命的成果引入现代战争,重视军队装备的更新和新的通信、运输手段的运用,特别是电报和铁路的运用,为短期内把大量兵员和装备集中到特定战场,形成优势兵力,完成战略任务创造了条件。在周密地制订作战计划的基础上,采取先发制人的快速进攻,务求必胜,是老毛奇的基本军事原则。可以说,老毛奇的军事战略是俾斯麦的铁血政策和政治现实主义的重要补充，为普鲁士通过王朝战争自上而下地统一德意志，提供了军事保障。

除了在军事上积极准备，俾斯麦向御前会议提出同意大利结盟的主张。老毛奇积极支持这一主张，他赞成让意大利人向奥地利占领的威尼斯进军，以便开战后普意两军分别在两条战线上对付奥地利军队。这是分割奥军，实现速胜战略的重要条件。但是，意大利国王维克托·伊曼纽尔二世犹豫不决。他担心年轻的意大利王国的军队没有绝对把握战胜奥军。意大利国王及其亲信都有意谢绝俾斯麦提出的诱人而又危险的结盟建议。俾斯麦本人也预见到意军必然会被击溃，但这对他的两线战略是无关紧要的，他只想要意大利牵制奥军，分散奥地利注意力就达到了目的。他表示，不管南部战场结局如何，威尼斯将被依照普意两国缔结的和约交给意大利。但是，迟疑不决的意大利国王仍然下不了决心。这时，俾斯麦采取了出人意料的手段：他毫不含糊地威胁意大利国王说，他将不理睬意大利国王的态度，直接向意大利人民呼吁，号召意大利民主派领袖加里波第等给予他直接协助。于是，维克托·伊曼纽尔不再犹豫，他答应接受俾斯麦的结盟建议。

对奥地利来说，自《加施泰因温泉协定》签订以来，它已逐步意识到自身被推入了俾斯麦布置的"陷阱"。只要看一下地图，就会一目了然。奥地利"治理"的荷尔斯泰因，是完全与它这个多瑙河帝国分离的，它与奥地利本土之间为许多德意志邦国所隔断，处于普鲁士的四面包围之中。德意志关税同盟在经济上对它的影响渗透，以及普鲁士在其境内修建的连接石勒苏益格的交通和通信通道，使奥地利对荷尔斯泰因的统治成为不可靠而又十分危险的事情。

这是一块远离奥地利本土并在军事和政治上都难以控制的飞地。

第四章 统一之路

普奥两国很快就围绕这一地区的通行权、内部秩序的维持和其他一些问题发生了激烈争吵。这些争吵使双方占领军都大伤脑筋。俾斯麦一面假装努力调解这些纠纷，一面故意让它获得发展，以便把那里真正变成普奥进行角逐的合适场地。

奥地利已意识到这种危险，它多次提出向普鲁士出让荷尔斯泰因，希望在德意志的其他地方获得补偿，但是威廉一世最害怕的就是失去祖传的土地，特别是当奥地利皇帝提出从普奥接壤的西里西亚割让一块土地用作交换的时候，他毫不犹豫地加以拒绝。显然，他不愿使那块代表弗里德里希二世的荣誉的土地遭到任何分割。

在这种情况下，要是俾斯麦愿意的话，从其他地区给奥地利以补偿，达成永久性和平协议是完全可能的。但是，俾斯麦不仅要为普鲁士赢得这两个公国，还想把奥地利从德意志统一运动中排斥出去。这样，所谓的永久和平就是他所不需要的。他要诉诸"铁和血"，而不愿使已经进入陷阱的"猎物"轻易逃脱。奥地利别无选择，它开始寻求同盟者，以应付即将来临的博弈。

奥地利皇帝最初希望英国和俄国能够出面干预，但他很快就放弃了这种希望：英国自丹麦战争以来就对大陆事务奉行不干预政策；俄国正在经受农奴制改革的困扰，同时它仍对克里木战争期间奥地利的背弃行为耿耿于怀。最后，他把求助的目光投向拿破仑三世。拿破仑三世期待的是普奥两败俱伤，但俾斯麦离开比亚里茨后的外交策划已引起他的警觉。他已从间谍那里获知俾斯麦和维克托·伊曼纽尔之间的交易。他立即警告弗朗茨·约瑟夫，要他注意两线作战的危险，劝他最好在战争爆发之前将威尼斯主动让给意大利。这个计划倒是很明智的，它将粉碎俾斯麦的计谋。

可惜的是，无论弗朗茨·约瑟夫还是他的大臣，都没有眼光和决心来理解必须吞服这剂苦药的道理。奥地利拒绝了拿破仑三世提出的建议，结果这场一无所获的法奥交往反倒为俾斯麦所利用。俾斯麦向拿破仑三世进言：既然奥地利拒绝了法国皇帝的公正建议，那就证明它对任何人的意见都不予考虑，是奥地利在选择战争。此外，俾斯麦还力图使法国皇帝相信，无论在什么条件下，战争对普鲁士都是极其艰苦的。为应付这场"长期"战争，普鲁士很珍视同法国的友谊。这样，俾斯麦再次以假象蒙骗和麻痹了拿破仑三世。

完成这些外交准备之后，普鲁士一天时间也不能放过，因为拿破仑三世随时都有可能改变主意。然而，到了这时，发动战争还需要突破一个技术上的难题，即：俾斯麦还需等待奥地利承担率先发动战争的责任。对形势缺乏全面估计的奥地利皇帝开始一步步走进俾斯麦为他设计的伏击圈。

1866年6月1日，奥地利驻法兰克福代表贸然宣布，石勒苏益格和荷尔斯泰因的前途应由德意志邦联议会来决定。这一提议意味着奥地利想要撕毁《加施泰因温泉协定》。普鲁士国王威廉一世认为，这是对他本人在两个公国主权要求的损害，遂命令驻石勒苏益格的普军越过艾德河向荷尔斯泰因进军。然而，令俾斯麦懊恼的是，普军还没有来得及打一枪，奥军就已撤离。6月14日，奥地利通过邦联议会呼吁反对普鲁士。普鲁士则要求解散邦联议会，并于次日向萨克森、汉诺威和黑森选侯国提出建立新联邦并允许普军自由通过它们国土的最后通牒。这三个邦国拒绝了普鲁士的要求。6月15日晚间，隆隆的炮声响彻北德意志上空，一场兄弟阋墙的战争正式爆发。

普鲁士人凭借其优势兵力，轻而易举地占领了萨克森和黑森选侯国,并迅速取得对略有抵抗的汉诺威的胜利。1866年6月24日,普鲁士真正同奥地利开战,北德绝大部分地区此时已落入普鲁士之手。

然而,在普鲁士同奥地利开战同一天,意大利军队在南线的进攻遭到意外失败。这使俾斯麦大为气恼,因为他完全没有料到他的盟国竟如此缺乏战斗力。意军的惨败有可能破坏俾斯麦分割奥军的计划,但是老毛奇将军出奇制胜的战略弥补了这一意外失败带来的损失。1866年6月底,他已形成集中三路普军合围向波希米亚挺进的奥军的计划。奥军总司令贝内德克面对集中行进的普军,试图在对方会合之前把它们各个击溃,但普军的顽强作战能力和神速运动使这一计划破产。7月3日,成功会师的普军与奥军对峙于易北河与阿德列尔河汇合处的柯尼希格雷茨要塞。这一天,两军打响了对世界历史具有重要影响的柯尼希格雷茨会战(又称萨多瓦战役)。

1866年6月30日,一直期待着一场大战的威廉一世和随从离开首都来到波希米亚。陪同国王来前线督战的是身穿后备军少校制服、头戴铁甲骑兵头盔的俾斯麦和总参谋长老毛奇将军。他们于7月3日早晨7点45分登上杜布村附近的一座山头,以便直接俯瞰这场即将爆发的战役的每一个风云变幻的细节。一刻钟后,普军第一方面军奉命率先向奥军阵地发起进攻。顿时,柯尼希格雷茨要塞下的比斯特里茨河谷变成一片火海。炮弹在离俾斯麦和君主不远的地方嗡嗡地飞鸣而过,他们被战争的激烈场面所震撼,已不在意自己的人身安全。这是一场双方投入兵力多达46万人的战役。在欧洲历史上,直至第一次世界大战,还没有一个单一战场集中过如此众多的兵力。俾斯麦为首次经历这场空前的大战所展示的梦幻般全景感到目眩神迷。因为这是他一年多来所推行的政策产生的一个必然结果。成千上万的人相互残杀，是为实施他的战略。但是，如果普军战败，挑起这场战争的他就会遭到残酷报应。一个小时过去了，俾斯麦在山上的眺望点发现，战地东方数千米之外有一行类似树木一样的东西正向前移动。他立即提醒老毛奇注意这一情况。老毛奇透过望远镜静静地观察了片刻，然后兴奋地向国王报告普鲁士不仅赢得了这场战役，而且赢得了整场战争！因为老毛奇知道，俾斯麦所看到的并不是一座森林在移动，而是普鲁士王储率领的第二方面军正在切断奥军被分割的部队。当时，除了老毛奇本人，还没有人相信这是事实。三个小时后，战役的进程证实了老毛奇说的话：普军取得了辉煌胜利。此役，奥军死伤2.4万人，被俘1.3万人，昔日的德意志霸主已完全俯伏在它的对手面前。这场战役出奇短促，一些学者也称为七周战争。

普军速胜大大出乎拿破仑三世的预料，震惊之余，他决定接受奥地利的调停要求，对交战双方进行干预。同时，军事上的胜利也完全改变了普鲁士国王的态度，他和左右的将军为胜利所陶醉，决定放弃战前的谨慎态度，主张兵锋直指维也纳，迫使奥地利缔结一个屈辱性和约。俾斯麦对这种扩大战争的想法感到吃惊，因为他们都忘记了法国的干涉，这种干涉足以使普鲁士功败垂成。于是，俾斯麦不得不面临另外一场"战争"：劝说国王和将军放弃进一步削弱奥地利。这是一项吃力不讨好的工作，在国王和军界充满战争狂热的气氛中，他的努力无疑是"向沸腾的葡萄酒中注水"。

正如他当初力排众议坚决主张战争一样，现在他又面临着说服国王放弃继续战争的困难。战前与战后，他都是一个不为人理解的孤独者。特别是当普军即将占领距维也纳仅6千米的弗洛里茨多夫要塞，而普鲁士国王正等待像拿破仑一世那样高昂着头颅走进维也纳，接受

柯尼希格雷茨战役

战败者屈辱性求和时，劝解他退兵就变得十分困难。当国王仍不让步时，俾斯麦绝望地流下了热泪，他甚至打算从四层楼上跳下去，以避免为国王的最终失败承担责任。

就在这个时候，他政治上的老对手——普鲁士王储出现了。普鲁士王储过去一直反对俾斯麦的战争政策，现在他站在首相一边，表示将尽力说服国王接受提早缔结和平协定的必要性。正如他在柯尼希格雷茨战场上的出现带来了胜利的转机一样，这一次他配合俾斯麦劝说国王也获得了成功。国王在大臣和王储的联合"进攻"面前勉强做出了让步，但他在俾斯麦的奏折上批说在维也纳的大门前，他不得不痛心地在军队取得如此辉煌的胜利之后逆来顺受，接受一个耻辱的和约。威廉一世声称，他要把这份奏章存放到国家档案处，以证明他当时是多么无奈而又委曲求全。俾斯麦不理会这些，他只知道自己获得了胜利。

7月4日，柯尼希格雷茨战役结束第二天，奥地利皇帝电告拿破仑三世，表示愿将威尼斯交还意大利，并请法国皇帝出面干预普奥之争。不幸的是，意大利国王维克托·伊曼纽尔二世和他的大臣远没有俾斯麦那样明智和实际。他们宣称：仅仅归还威尼斯，对于他们现在来说，已不能满足，他们还想从奥地利得到特伦托和的里雅斯特。俾斯麦深知意大利人的本事，但他没有阻止他的盟友的过分要求，甚至还赞扬了意大利政府突然间表现出的这种令人意想不到的大胆行为。因为他知道，意大利的这种表现对他是有利的。在他与奥地利代表谈判的日子里，这可以让奥地利明白，它的南部边境并不平静。7月20日，意大利海军在与奥地利海军的遭遇战中全军覆没，对方的损失却极为微小。

维克托·伊曼纽尔天真地以为普军将继续作战，但突然失望地获知，1866年7月26日，普奥双方在尼科尔斯堡城已签订停战协定。当意大利试图对盟国的这种行为进行抗议时，俾斯麦提醒它说，意大利反正已经取得威尼斯。如果意大利还想索取新的领土，谁也不会阻止它继续单独同奥地利作战。维克托·伊曼纽尔赶忙拒绝了这种"友善"的建议。这样，俾斯麦出于外交目的策划的这场战争，正式宣告结束。

8月23日，普奥双方在布拉格正式签订和约。按照和约条款，德意志邦联宣告解散；奥地利被排除在德意志事务之外，并放弃在石勒苏益格和荷尔斯泰因的一切权利；普鲁士通过兼并两公国，以及汉诺威、黑森选侯国、拿骚和自由市法兰克福，把东西方的领土连成一片；南德四邦，即巴伐利亚、符腾堡、巴登、黑森－达姆施塔特，保持独立自主；奥地利的领土完整受到尊重；奥地利承认由普鲁士建立一个由美因河以北的邦国组成的新德意志联盟——北德意志联邦。

至此，普鲁士已迈出了统一德意志最重要的一步，初步实现了俾斯麦的计划。从整体上看，和约对奥地利及其盟国是比较温和的，普鲁士要达到的目的也是明确而有限的，排除了法国和其他欧洲列强有可能干涉的口实。和约的内容是得到拿破仑三世默许的，也是他多年来一直赞成的。他只是对把奥地利完全排斥在德意志之外有所保留，因为这样会使德意志内部的力量平衡发生有利于普鲁士的变化。但俾斯麦以答应南德诸邦保持独立自主为条件，打消了法国皇帝的疑虑。这样，从表面上看，和约的内容使各方都觉得"满意"。但是，拿破仑三世的领土补偿要求没有得到满足。俾斯麦一味地用拖延和空话来搪塞法国皇帝，他实际上什么都不想给拿破仑三世。此外，南德四邦尚处于德意志联邦之外。俾斯麦知道，法国任何时候也不会同意把这些邦国并入统一的德国。这样，普法之间必然存在一场战争。

正如对丹麦的战争会引起普奥战争一样，普奥战争自然会引起第三场战争：普法战争。从1867年开始，一场新战争的谋划开始在俾斯麦的头脑里孕育成熟。他一面做好外交和军事上的准备，一面在冷静地等待时机。同时，他还必须与国内的资产阶级达成新的和解，并巩固普鲁士在北德意志联邦的地位。

打败奥地利不是俾斯麦获得的唯一一场胜仗。在这场战争中，同时被打垮的还有德国的资产阶级。在普鲁士，对奥胜利所激起的普遍狂热帮助俾斯麦解决了自1862年以来悬而未决的宪法纠纷。柯尼希格雷茨战役爆发的当日，普鲁士的议会选举就表明国内舆论在向支持政府的方向转移。8月11日，《科隆日报》公开宣称，关于军队改革的纠纷不过是出于"误会"。俾斯麦也竭力迎合资产阶级。为了使自由派能够保全面子，他提出一项补救法案，作为同议会和解的妥协措施。按照这一法案，议会将追认1862年至1864年的预算，政府以往抛开议会的行为不再被认为非法，不受指控。这就给资产阶级议员一种安慰，他们可以心安理得地认为，俾斯麦的补救议案已默认他任期内政府在预算问题上的做法不合乎宪法。9月3日，这一法案以230票对75票的多数获得通过。至此，德意志议会政体中的一场宪法斗争正式宣告结束。毫无疑问，对俾斯麦胜利的记忆，是宪法之争获得解决的强有力因素。虽然，议会批准预算的权力得到确认，但政府在议会拒绝满足它所要求的拨款时，内阁可以遵循俾斯麦的先例。而当议员们认识到这种可能性时，围绕预算可能发生的冲突永远不会发生了。

为了表彰俾斯麦在战争期间的功绩和勇敢表现，在柏林举行胜利阅兵式的当天，国王授予他终身军籍，以及后备军铁甲骑兵第七团少将军衔。这对俾斯麦是一种莫大的荣誉。因为在一个尚武的社会里，他常为自身的非军人身份和有限的军人生活经验感到遗憾。国王认为，这一褒奖已给首相足够的报酬，但威廉一世建议议会批准给前方指挥作战取胜的将军们以赏金时，议会主动修改了国王的提议，他们让首相也获得40万塔勒的赠款。俾斯麦用这笔钱购置了位于波美拉尼亚的瓦尔青领地。这一切都像一位完成毕生事业后打算隐退的政治元老的选择，而俾斯麦还处在政治生涯的高峰期。偏爱乡村风光的乐趣，并不妨碍他投身于筹建北德意志联邦的复杂活动。1867年年初，一个包括德意志北部大小22个邦国的北德意志联邦，开始因近期通过的统一宪法而结成一个有机的国家实体。

与此同时，俾斯麦还通过与南德四邦缔结的攻守同盟，为可能爆发的新的统一战争做了充分准备。在对德国新的政治秩序做出这些合理安排之后，俾斯麦外交战略的重心开始转向对法关系方面。这是走向新的战争的前奏曲，俾斯麦决心和准备对奥战争一样，赢得对法战争，下好走向民族统一的最后一盘棋。

普法之间虽然难免一战，但俾斯麦反对任何出于纯粹主观上的原因擅自干预历史的进程。他把老毛奇和总参谋部急于同法国开战的急躁情绪理解为试图"摇落不成熟的果实"，竭力反对率先为这样一种暴力灾难承担责任。

但是，无所事事地等待也不符合俾斯麦的本性。他不愿采摘"不成熟的果实"，但也不愿等到果实成熟后自行落到他的手中。他的原则是积极为这一结局创造条件，并为此正确地选择时机。眼下，他在外交上有三个目标要逐步实现：第一，争取列强承认由他一手改变的德国政治新秩序。第二，设法使法国在外交上陷入孤立。第三，设法让法国承担发动战争的政治责任。

普奥两国缔结和平和约的头几个月内，所有事态的发展都笼罩着一种忐忑不安的阴影，人们不清楚欧洲其他国家将会对俾斯麦的欧洲新秩序做何反应。事实表明，英俄法三国对普鲁士的迅速胜利都感到吃惊。但是，俾斯麦很快就摸清了三国的底细。在英国，自从巴麦尊勋爵于1865年10月去世后，继任的内阁以不干涉欧洲大陆事务为基本方针。此外，由于英法在海外殖民地扩张上的矛盾，特别是围绕苏伊士运河的开凿所发生的争执，英国有理由相信，普鲁士-德国的崛起是抵制法国强大的有效力量，因此英国的惊讶包含着赞叹与默许，这对普鲁士是有益的。相反，与普鲁士毗邻的俄国的态度颇令俾斯麦担忧。俄国外交大臣戈尔查科夫一直怀着不安的心情注视着普鲁士在外交上的成就，俄国军界也对其邻国在柯尼希格雷茨战役中所展示出的完善的军队组织和新战术原则感到焦虑。俾斯麦的担心变成了现实，戈尔查科夫已正式提议召开一次国际会议，以决定德意志的前途。但是这一提议没有得到伦敦的同意。此外，俾斯麦告诫戈尔查科夫，任何试图改变已经改变了的德意志政治秩序的行为，都有可能激发1848年革命的热情，普鲁士对此是无能为力的，也将引发波兰独立，而俄普两国在波兰是有共同利益的。此外，俾斯麦还派特使前往圣彼得堡，专门向沙皇表明普鲁士支持俄国修改《巴黎和约》，将黑海非军事化的，这使沙皇回忆起在克里木战争中惨败所蒙受的耻辱。由于在英法那里没有得到类似的保证，沙皇只好接受了俾斯麦的友谊。这样，俄国对德国政治现状改变的不安和怨言也就慢慢消失了。

法国的态度比较复杂。对北德意志联邦的迅速出现，拿破仑三世既感到意外，也在他意料之中。因为俾斯麦的目标是有限而温和的，他无法加以干涉。现在的问题是，如何向对方索取"补偿"，因为这是俾斯麦在比亚里茨专程拜访中口头答应的，他至少要取得卢森堡。但这是一笔不可能成交的买卖。

在俾斯麦看来，意大利收回威尼斯就是他付给拿破仑三世的报酬，现在法国想取得卢森堡，那是法国人自己的事。至于法国要在德意志边境取得领土，那是不可能的，他拒绝放弃哪怕一个德意志村庄。

然而，当拿破仑三世醉心于取得卢森堡，秘密同卢森堡的统治者——荷兰国王谈判割让这个地方的时候，受到法国金钱贿赂的荷兰国王在达成协议的最后关头，坚持要在取得普鲁士同意的前提下签署条约。

卢森堡是一块古老的德意志土地，它的统治权于1815年维也纳会议上归属荷兰国王，但它的安全由一支普鲁士驻军保障。荷兰国王打算出卖卢森堡，一定要普鲁士撤军，所以征得普鲁士的同意是有道理的。但这样一来，原来秘密的交易便大白于天下。首先，这使德国舆论处于出人意料的激动状态。普鲁士国王一想到要把一个半个世纪以来普鲁士有权驻兵的大公国割让给法国就感到震怒。总参谋部也变得十分恼火，他们宁可同法国开战，也不愿做出让步。

此外，英国舆论也对此倍加关注，因为法国改变疆界的企图，将从战略上、地理上威胁英国本土。在国际舆论的反对下，见势不妙的荷兰国王只好把出卖卢森堡之事就此作罢。在俾斯麦的策划下，卢森堡问题被提交国际会议去决定。

1867年5月的第二周，英国主持召开伦敦会议，列强决定卢森堡为永久中立国，由各大国保证它的独立地位不受侵犯。这样，拿破仑三世的补偿要求遭到彻底失败。

卢森堡危机是普法关系史上的一个转折点。此后，法国放弃领土补偿，以及与普鲁士联盟的主张，开始把目标放在维持《布拉格和约》所规定的欧洲现状方面，即保持法国对南德四邦的控制，以阻挠普鲁士统一大业的最后完成。但卢森堡危机爆发后，拿破仑三世在欧洲已经声名狼藉。英国是他的主要对手；俄国则因为他反对修改使黑海非军事化的条约而成为普鲁士的盟友；奥地利因为国内问题的困扰（它已变成奥匈二元帝国）对法国的结盟要求沉默以对；意大利渴望法国从罗马撤走军队，以克复它的首都。因此，法国在没有任何一个政治盟友的情况下，一步步走向普法战争的边缘。

俾斯麦已达到他外交上的前两个重要目标，现在他正等待着从道义上发动战端的借口。不久，西班牙爆发王位继承问题，把法国引进了他的伏击圈。

1868年9月，西班牙爆发了一场革命。临时接管政权的军政府想在全欧范围寻找一位君主来取代身败名裂并已逃往国外的女王伊莎贝拉二世。俾斯麦马上对这个问题产生了浓厚的兴趣，认为这是一个转移人们注意力并刺激法国的好机会。1868年圣诞节，受首相和总参谋长指派的两名心腹悄悄地前往马德里了解西班牙首都的情绪。第二年春天，又有一名政府的非正式代表前去活动。1869年5月，人们盛传西班牙已将王冠奉送给普鲁士的一个王室成员。9月，西班牙军政府的代表前往瑞士的魏因堡，在那里秘密会见了霍亨索伦家族的西格马林根亲王，正式向亲王提出西班牙议会准备接受他的儿子利奥波德为空缺的王位候选人的请求。至此，传闻开始得到正式证实。1870年2月24日，在西班牙政治秩序恢复正常的情况下，西班牙摄政王普里姆元帅派全权代表赴杜塞尔多夫，再次建议利奥波德接受王位。与此同时，摄政王还把西班牙的决定正式转告威廉一世和俾斯麦。亲王一家对接受王冠一事一直犹豫不决，但在俾斯麦的鼓励下，他于6月19日接受了提名。虽然一切谈判都是秘密进行的，但消息还是泄露出去了。7月3日，这一消息传到巴黎，立即在法国引起爆炸性反应。法国舆论普遍认为，由于这一王位继承关系，法国开始处于德意志和西班牙的包围之中。这是历史上的查理五世帝国的再现，法国绝不允许它的邻国把自身的亲王推上查理五世的王位。

面对法国举国的抗议浪潮，普鲁士国王委婉地否认普鲁士插手这件事，声称西班牙人和亲王都是按自身的意志行事，和普鲁士官方没有什么联系。威廉一世本来就不赞成霍亨索伦家族的子弟在马德里执政，当法国驻普鲁士大使于7月9日向普鲁士国王提出交涉时，他事实上已经在劝说利奥波德放弃王位,以避免战争爆发。国王的态度使俾斯麦颇感失望,因为他正需要利用这一事件迫使法国发动战争。但接下来,由于法国的愚蠢和俾斯麦新的谋划,正在熄灭的余烬又被煽成战争的熊熊大火。法国人不满足国王威廉一世劝阻利奥波德接受王位的承诺,他们要求普鲁士国王做出新的保证,答应今后永不允许利奥波德继承王位。对此,威廉一世感到不快:法国人要求他做出一个时间上没有限制的承诺,这真是太过分了!

7月13日,当法国大使贝内德蒂前往埃姆斯温泉疗养地,要求普鲁士国王做出这种保证时,威廉一世坚决而有礼貌地拒绝做出这一承诺。后来,他又派一名副官通知这位大使,除了现在劝阻西格马林根家族放弃继承王位以外,其他无可奉告。

国王在做出这一决定之后,恼怒之余,采取了一个不寻常的步骤:他委托他的副官将发生的事情电告俾斯麦,如果首相认为适当,可将他与法国大使会见的经过向新闻界公布。俾斯麦一直注视着埃姆斯事态的发展,他对国王在谈判中的退让深感忧虑,因为这将使他的战争计划陷入破产。他闷闷不乐地与老毛奇和罗恩坐在一起,相互惋惜,相互同情。

突然,国王副官阿贝肯的电报来了,内容是叙述国王与法国大使在埃姆斯会见的详情。话语是平和的,国王对大使的谈话是委婉而有礼貌的。他们读后情绪低落,失去了他们进餐的胃口。然而,俾斯麦在反复阅读电文之后,忽然变得兴奋起来。他发现这份电报大有用场。他注视着总参谋长和陆军大臣,避而不谈电文内容,而是向他们提出一个问题:在对法战争中,普军能否保证取胜?

在得到两人毫不犹豫的肯定答复之后,俾斯麦劝他的客人继续安静地用餐，而他迅速离席，到另一间屋子里开始修改这份电文。俾斯麦一字未加，稍作调整，就把一份语气温和的商谈文稿，变成对法国十分轻慢的挑战性宣言。他自信，这份电文将起到"一块红布对高卢公牛的作用"。而对首相的"杰作"，老毛奇和罗恩十分惊喜，因为退却的信号现在已变成挑战的号角。战争就这样以意想不到的方式，在三人的餐桌上决定下来。

由俾斯麦加工的电文第二天一早就出现在柏林的重要报刊上，当晚它已被刊登在巴黎报纸的号外版上。那一天正是7月14日法国大革命纪念日，本来就情绪激动的巴黎人，因这一刺激变得怒不可遏。到了夜间，"打到柏林去"的呼声已响彻云霄，就如同同一时间柏林人也在高呼"打到巴黎去"一样。爱国主义情绪像闪电般迅速蔓延，法国人18年来第一次唱起《马赛曲》，歌声在人群的欢呼声中此伏彼起。7月15日，法国议会批准战争拨款。带着这种情绪，法国代办于7月19日下午向柏林外交部递交了正式宣战声明。法国宣战以后，民族情感的浪潮也席卷整个德意志，符腾堡、黑森、巴登、巴伐利亚先后宣布站在普鲁士一边对法作战。所有德意志邦国都为了伟大的民族事业而团结起来。俾斯麦已实现了自身的梦想，德意志南北两部分统一的基础在战争初期已基本形成。

随着一支50万德意志民族大军开赴法德边界，俾斯麦的第三场战争拉开了序幕。

此时，俾斯麦深信他的外交和军事准备已达到无懈可击的程度。俄国在战前已答应保持中立，这也是制约奥匈轻举妄动的条件。至于英国，为了保险起见，俾斯麦把珍藏达4年之久的拿破仑三世要求吞并比利时的书面文件递给了英国大臣，这是争取英国保持中立的最后

德意志统一三杰：俾斯麦、罗恩与老毛奇

一道保险阀。军事方面，老毛奇自普奥战争结束就确定了包围和歼灭法军的战略方针，他的奇袭快攻战术和一支经过高度训练的战斗部队，使俾斯麦对胜利充满信心。怀着这样的信念，7月31日，身着后备军现役少将军服的俾斯麦，陪同国王威廉一世亲赴前线督战。

军事行动一开始就对法军不利。战争远非拿破仑三世估计的——只是到柏林的一次"军事散步"，而是面对一个民族的抵抗。尚未完成动员的法军，因未能在边界集结优势兵力，一开始就被迫应付普军38.4万精锐之师的分割合围。经过8月初的几场交锋，南线法军和北线法军主力相继为普军所败，战争主动权开始落入普军手中。为了阻止南北两部分法军会合，普军乘胜前进，切断了他们的联系。8月18日，普军在格拉夫洛特和圣普里瓦大败巴赞元帅所率领的北路法军，后者被迫退入梅斯要塞，但很快就被普军团团围住。麦克马洪元帅奉命救援被围的巴赞大军，但普军以优势兵力阻止了这一计划的实现，麦克马洪被迫退守色当，他和随军的拿破仑三世一起在那里陷入普军重围。

9月1日，弥漫的晨雾刚一消散，400门普军大炮就向默兹河东岸的法军阵地发起怒吼。俾斯麦和威廉一世，及老毛奇、罗恩等人站在离主战场不远的一座小丘上，用望远镜目睹了这场惊心动魄的大战。战役开始不久，老毛奇放下望远镜对普鲁士国王说，普军取得了19世纪最伟大的胜利。9月2日，色当陷落，拿破仑三世率12万法军向普鲁士国王投降。9月27日，斯特拉斯堡陷落。10月27日，梅斯投降，巴赞元帅连同17万法军一并成为普军俘虏。色当战役宣告了法国主宰欧洲局势时代的终结。从此，欧洲的势力均衡开始发生惊人的改变。9月4日，巴黎发生革命，宣布推翻第二帝国，由特罗胥、儒勒·法夫尔和甘必大组成所谓的"国防政府"，但长驱直入的德军很快将巴黎团团围住。9月19日夜晚，俾斯麦在费里埃接见了儒勒·法夫尔，双方就议和问题进行了初步的会谈。1871年1月28日，双方订立停战三周的协定。2月26日，普法两国在凡尔赛签订了预备和约。经过在布鲁塞尔和法兰克福进一步谈判，普法两国于5月10日缔结了正式和约。根据和约条款，法国将阿尔萨斯（贝尔福除外）和洛林东部（包括梅斯）割让给德国，并支付赔款50亿法郎，赔款付清前，德军将驻扎在法国北部。

在对法胜利的一片狂欢声中，俾斯麦着手实现王朝战争的主要目的：宣布新的德意志帝国的成立。早在1870年11月，胜利的兴奋浪潮便推动南德四邦相继加入德意志联邦。现在只剩下新的联合的地位和名称尚有待确定。不过，已没有人怀疑，新的德国应是一个帝国，普鲁士国王将接受皇帝的称号。但困难在于，必须以某种形式来创立一个"帝国"，以便使各邦不再把新的联合视为普鲁士的扩大。此外，他还要说服威廉一世接受一个新的称号，因为这位老国王已表示不愿从人民手中接受帝冕，而且他一听说要把普鲁士称号撂下，就感到痛心。俾斯麦的工作首先从劝说国王接受帝位做起。他巧妙地鼓动巴伐利亚国王以德意志诸侯的名义请求威廉一世重建德意志帝国并接受皇冠，并在这个问题上争取到了王储的支持。在他们的联合敦促下，普鲁士国王于12月16日勉强同意接见一个由30名国会议员组成的代表团。最终，普鲁士国王接受了请他就帝位的劝进书。

但是，直到帝国建立的最后关头，皇帝的正式称号仍然没有取得一致意见。受资产阶级自由派支持的王储希望用"德意志人的皇帝"称号，而威廉一世直到最后一天还坚持要使用"德意志皇帝"这一较为威严的称号。俾斯麦认为，恰恰是这个"包含对非普鲁士地区行使君主权力"的威严称号有可能不利于消除南德各邦的疑虑，他坚持使用巴伐利亚国王劝进书中的"德意志皇帝"称号。

德意志帝国的成立仪式选定于1871年1月18日在凡尔赛的镜厅举行。这一天正好是第一位普鲁士国王加冕170周年纪念日。在72米长的镜厅内，那17面曾经捕捉过太阳王路易十四风采的镜子，如今映照的是德国军服和勋章的光辉。在为皇帝威廉一世举杯祝酒的欢呼声中，强大的德意志帝国在欧洲勃然兴起。

第五章
新帝国

德意志帝国的建立，开辟了德国历史发展的新阶段。然而，这个帝国既非历史上古老帝国松散结构的复活，也非帝国形态在其他民族中呈现的高度统一，而是一个奇特的联邦国家。德意志帝国时期，德国的经济、文化有了巨大发展，是近现代史中最令人惊异的篇章。帝国的缔造者俾斯麦，权倾朝野，又面临种种挑战，他那强烈的意志力同无限的智慧和想象融合为一体的独特天赋，为这个新国家打上了自身的印记。

一、帝国的政治结构

德意志帝国在形式上是作为一个联邦国家组织起来的，参加联邦的各独立邦并未失去各自原来的地位。联邦包括4个王国：普鲁士、巴伐利亚、萨克森和符腾堡，6个大公国：巴登、黑森、梅克伦堡－什未林、梅克伦堡－施特雷利茨、奥尔登堡和萨克森－魏玛，5个公国：安哈尔特、不伦瑞克、萨克森－迈宁根、萨克森－阿尔滕堡、萨克森－科堡－哥达，7个侯国：罗伊斯长系、罗伊斯幼系、施瓦尔茨堡－鲁道尔施塔特、施瓦尔茨堡－松德尔斯豪森、瓦尔德克、利珀和绍姆堡－利珀，三座自由市：汉堡、不来梅和吕贝克，还有帝国直属领地阿尔萨斯－洛林，共计大小25个邦。这些邦在疆土和人口上相差悬殊。普鲁士的版图占整个帝国的2/3，人口占3/5。1871年，帝国总人口约4100万，其中居住在普鲁士的有2470万，而其余成员邦中，仅巴伐利亚、萨克森、符腾堡和巴登的人口超过100万；另有8个小邦，人口数均未超出10万，其中最小的罗伊斯长系，人口仅6.2万，占地316平方千米。这种不平衡局面使普鲁士拥有事实上的强大优势，它的人口和面积超过所有邦国的总和，并控制着最重要的工业和自然资源。普鲁士的巨大优势决定了它在帝国中的特殊地位。从这个意义上讲，德意志帝国并不是一个真正的联邦国家，因为一个过于强大的成员邦的存在，是和联邦主义的原则不相容的。

依据1871年4月14日通过的帝国宪法，帝国立法权属于两院制的立法机构——联邦议会和帝国议会。联邦议会形式上相当于上院，但它并不代表议员个人的意志，而是代表议员体现的各邦君主的意志。联邦议会的代表由各邦君主任命，一般都由保守的贵族和大资产阶级出任。联邦议会是各邦君主权力的集中体现，它是帝国的最高机构，发挥的作用是主权性质，而非议会性质的。任何法律和政策，未经联邦议会同意，均视为无效。因此，它被视为拥有新帝国君主权力的原来的邦联议会的残余，同时它也是掩盖普鲁士霸权的一种伪装。在联邦议会最初的58个席位中，普鲁士有17个席位，巴伐利亚6个席位，萨克森、符腾堡各4个席位，其他各邦从一个席位到三个席位不等。普鲁士的席位不足总数的1/3，但宪法规定拥有14票就可以否决议案，这样普鲁士对宪法的任何修改都拥有否决权。

帝国议会名义上是人民议会，由所有年满25岁的男性公民投票选出，在表面上具有一个真正立法机构的一切外部特征，但是它的权力实际上极其有限。它对国家的外交和军事没有发言权，也不能单独通过任何一项对政府不利的法案，因为一切法律和决议都必须取得联邦议会和皇帝的同意才能生效。它也不能对政府行使监督权，无权要求政府做政务报告。它唯一能对政府施加压力的就是拒绝通过预算，但是所有议员都没有忘记普鲁士历史上的宪法纠纷，政府抛开议会进行军事改革的先例使他们行使这一权力也归于无效。

宪法规定，帝国皇帝由普鲁士国王兼任，同时规定普鲁士首相就是帝国宰相，普鲁士外交大臣就是帝国外交国务秘书。由于帝国不组织内阁，帝国的唯一大臣就是帝国宰相。帝国宰相只对皇帝负责，并主持联邦议会的工作。宪法还规定，宰相必须在皇帝批准的一切法案上副署，但宰相的任职取决于皇帝的意愿，这一规定实际上毫无意义。事实上，在俾斯麦担任宰相的漫长时期里，皇帝和宰相在原则问题上都是相互信任的，以至于俾斯麦能够大权在握，纵横捭阖，成为帝国权力的真正化身。

帝国军队是帝国结构中的特殊构成部分，它最为明显地表现了帝国的普鲁士化倾向。从法律上讲，德意志没有什么帝国军队、帝国参谋本部或帝国国防大臣。它实际上只是普鲁士军队和军事组织在帝国范围的扩大。在统一的帝国军队旗号下，除巴伐利亚、萨克森和符腾堡保留一定的军队之外，各邦都把分担的份额军队统一交由普鲁士指挥。普鲁士的军队占据这支军队2/3以上的兵员，并把自身的军事法规扩大运用于整个帝国。军人不对宪法，而对皇帝宣誓效忠，作为帝国皇帝的普鲁士国王便彻底控制了军队。早在统一以前，军队就是普鲁士邦的核心，现在它不仅是"邦中之邦"，而且成为帝国中的主体邦。大多数德国人都承认德国的统一全靠这个普鲁士军人邦。在全帝国，任何政治思想和政治行为都深受普鲁士国王、普鲁士参谋本部和普鲁士军队的影响。人们认为，军队既是缔造德意志帝国的工具，又在极大程度上成为保卫帝国的武器。在帝国时代，它一直是国内政策最坚强的枢轴，又是保卫帝国大厦最前沿的坚固堡垒。高级军官对君主的影响愈来愈大，以至于俾斯麦之后的任何宰相都难以无视军队的影响而保持自身的威势。只有俾斯麦，可以凭借个人威望保持政治上的权势，其他任何宰相都达不到这样的高度。

显然，按照这样的方式建立起来的德意志帝国是普鲁士的扩大版。普鲁士与帝国其余部分之间的紧张关系的存在就成为一种客观现实，反映了联邦主义与中央集权的矛盾。但是，在帝国续存的大部分时间里，这种紧张关系被消除了，因为帝国与普鲁士之间的有机联系，使帝国的其余部分也获得了普鲁士的力量和政治影响。只要普鲁士的军事力量和政治影响仍在为帝国的所有部分提供保护，以上一切紧张因素都将受到抑制。此外，随着帝国力量增长，陆海军扩大，国际义务增多，扩大帝国政府职能的需求成为一种趋势。1873年，帝国铁路局成立。1874年，帝国银行建立。1877年，最高法院宣告成立。随着这些帝国统一机构增多，以及俾斯麦时期适用于整个帝国的社会立法，帝国走向中央集权化的趋向在不断增强。即便如此，带有联邦主义性质的对抗活动仍然存在。除了小邦政府的分立活动，天主教势力、非德意志民族，特别是波兰境内的反日耳曼化斗争的激化，都在抵制各种中央集权化的努力。所以，俾斯麦一手炮制的帝国体制本身是一个矛盾体，它前所未有地巩固了普鲁士容克贵族的主宰地位，同时又潜伏着种种对立和矛盾。自出任帝国宰相起，俾斯麦不得不再次应对各种新的"不流血的战争"。以"文化斗争"著称的反教权主义斗争，是帝国时期俾斯麦领导的第一场战斗。

1870年12月，普法战争已取得决定性胜利，俾斯麦尚留在法国时，国内政党活动发生了明显变化。19世纪50年代曾经存在的一个罗马天主教政治派别，在议会选举中获得引人注目的57个席位，旋即他们组成组织严密的政党中央党，并通过购进一家跨地区大报——《日耳曼尼亚报》获得一个宣传阵地。这个党起初以维护一个新教国家的天主教会的权利为出发点，继而提出有关政治与社会的明确的教会纲领，包括反对中央集权、教会自治、宗教教育自由这三个方面。显然，这个党的出现和它在纲领中对现代政治和社会发展提出的挑战，标志着天主教会已成为帝国政治生活中一支不容忽视的力量。

自普奥战争以来，奥地利便被排除出德意志，天主教徒在新帝国中就成为少数，而这个少数既重要又集中。他们特别集中在南德的巴伐利亚、西部的莱茵兰和东部的西里西亚。作为一个联合一致的集团，他们在国外得到罗马教皇的支持，在国内与南德的分离主义势力保持着密切联系。在一个新教占优势的帝国，他们所处的少数地位，反而使人们更容易体会到在一个权力无限的国家面前获得保护的必要性。德国天主教徒的政治立场是自由主义和保守主义的有趣结合体。就其对国家的无限权力提出挑战、竭力维护个人和集团的权利不受国家不必要的干涉而言，他们是自由主义者。然而，从他们强调的教会世界观的统一性和整体性，以及对世俗化、现代化的抗拒而言，他们的立场又是保守主义性质的。对一个信仰虔诚的天主教徒来说，大量的世俗化社会政治事务应包括在宗教的广阔范围之内,因为基督教就是一种无所不在、无所不包的影响人类活动一切方面的生活方式。而对新教徒来说,这些事务不属于宗教,而属于一个完全自由的领域。此外,对具有世界性和国际性的天主教徒来说,他们不像新教徒那样易于接受民族教会的形式。他们在民族特点和民族传统方面做了许多让步,但绝不把自身的宗教完全等同于民族宗教。对德国这种天主教居于少数的国家,想要保持天主教会的独特面貌,必然会与民族主义和中央集权的势力发生冲突。德国天主教徒的具体政治要求必然表现为:反对进一步扩大帝国的权力,维持国家的联邦制结构;主张教会组织独立于国家,实行自治;要求开办天主教学校,保持教会对教育的控制。

然而,天主教中央党的政治主张是悖于德意志帝国实现统一的。它在南德各邦的政治影响助长了分离主义势力的发展,并增强了信仰天主教的波兰人的反德意志倾向;它与罗马教皇的联系,以及它在天主教法国引起的呼应,也对帝国联俄反法的外交战略起着破坏作用;它的反世俗化立场对国家的工业化、现代化带来一定的消极影响。1871年3月3日,天主教中央党投入第一届帝国议会选举,成功地取得18.4%的选票,占据63个议席,出人意料地成为第三大党时,俾斯麦决定发动一场反教权主义斗争,以打击天主教势力。这场斗争被称作"文化斗争",不仅进步党和自由党使用了这一名词,被打击的天主教徒也嘲弄性地接受了这一概念。

1871年6月19日,俾斯麦授意《十字架报》发文率先发起对天主教徒的攻击,声言斗争将由内及外,矛头已指向罗马教皇。7月8日,他宣布关闭普鲁士文化部的天主教事务处,使之与新教处合并为宗教事务处。当中央党领袖对此提出非议时,俾斯麦声称,德国不能把国家分割成每个教派都将分得一定份额的不同教区。鉴于部分天主教会在东普鲁士学校提倡恢复波兰文化,以及阿尔萨斯-洛林地区神职人员对政府的反对态度,1871年11月,俾斯麦采取果断措施,通过一项法律草案,把一切学校,包括私立的教会学校,全部置于国家监督之下。为了加强对这场"文化斗争"的领导,1872年1月22日,俾斯麦用激进的反教权主义者阿德尔伯特·法尔克代替较为温和的冯·米勒为文化大臣。新大臣的使命是恢复国家对教会的权力,从法律上确立国家对学校的监督权。1872年7月4日,国会通过相关法律,宣布将反德天主教徒驱逐出德国国境。罗马教廷对此提出强烈抗议,两国外交关系遂告中断。1873年5月,法尔克拟定的一系列反天主教法令公布实施,反教权主义斗争达到高潮。法令剥夺了天主教大主教在教

描绘俾斯麦与庇护九世斗法的漫画

会内的大部分惩戒权，把对教士的教育完全置于国家监督之下。1874年3月，政府颁布新的刑律，推行了强制性非宗教婚姻。7月3日，爆发了有人企图暗杀俾斯麦的事件，斗争进一步尖锐化。12月，俾斯麦在帝国议会发表6次长篇演说，每次都带着挑衅口吻迫使天主教中央党应战。但是，天主教中央党在外部也得到罗马教廷强有力的支持。1875年2月5日，教皇庇护九世宣布，普鲁士的所有教会法令统统无效，并威胁要把所有遵守这些法令的人逐出教会。教皇通谕引起非天主教徒的猛烈抨击，也促使德意志帝国政府加大了对天主教的镇压力度。到1876年，几乎所有普鲁士天主教大主教均依据刑法被逮捕或驱逐出境，大约有1/4的天主教职空缺无人。

俾斯麦的反教权主义斗争，得到资产阶级的支持，人民群众也欢迎向天主教会开战。俾斯麦尽量利用这一有利时机煽动民族情绪。他提醒人们回忆起1077年神圣罗马帝国亨利四世前去卡诺莎向教皇格里高利七世悔罪的耻辱[①]。据报道，人们对俾斯麦的这次议会演说，报之以压抑的欢呼声，它反映了俾斯麦投入这场斗争的坚强决心。但是，无论俾斯麦还是天主教中央党，都没有获得这场斗争的最后胜利，因为他们本来就不是真正的对手。自1876年起，俾斯麦已认识到他过高估计了天主教中央党对德国统一的危害，随着他策划的新的对法战争的失败，以及国内工人运动的发展构成新的威胁，俾斯麦决定与天主教会和解。天主教中央党也深感工人运动的威胁，他们警告宰相说，

---

① 卡诺莎是意大利北部的一座城堡。1077年1月，神圣罗马帝国皇帝亨利四世曾顶风冒雪前往这座城堡前向教皇格里高利七世"忏悔罪过"。三天三夜后，教皇才亲吻亨利四世的额头以示原谅，史称卡诺莎之辱。这一事件被视为皇权向教权卑躬屈膝的象征，为后世历代教皇刻意渲染。

剥夺工人在彼世的天堂，他们就想要地上的天堂。这样，自1876年起，双方的斗争停止了。为了对付一切号召阶级斗争的人，俾斯麦打算至少走一段"去卡诺莎的路"。1878年，教皇庇护九世去世和利奥十三世当选新教皇，为他提供了这种机会。新教皇在就职当天写信给德国皇帝，表示希望在天主教会与德国之间重建和平。经巴伐利亚政府斡旋，谈判双方都做了让步。普鲁士不再认真执行法尔克的法令，并在晚些时候加以修正。教皇则保证天主教会行为合度，并承诺今后任命所有教职均事先通知政府。于是，俾斯麦从原先的立场退却，通过撤免法尔克的文化大臣职务，恢复各天主教区的神职，重新开放天主教堂，实现了与天主教会全面和解。1887年5月23日，利奥十三世在一次公开的红衣主教会议上正式宣布，损害天主教会又不利于德意志帝国的斗争已告结束。

文化斗争是在"为世俗文化而斗争"的旗号下进行的普鲁士容克统治势力与反普鲁士容克政治势力之间的斗争，是普鲁士大邦和西南诸中小邦争霸德意志的权力之争。斗争双方都未取得真正的胜利，但斗争具有维护统一、反对分裂，坚持变革、反对倒退的性质，对巩固新帝国的政治秩序产生了重要影响。文化斗争收场后，面对社会民主党在议会选举中的惊人力量，俾斯麦开始把注意力转向寻求用法律手段来镇压这一运动方面。从此，德国国内政治斗争的内容与方式都发生了深刻变化。

19世纪40年代，随着资本主义发展，工人阶级已经作为一支独立的政治力量登上历史舞台，并在1848年革命中经受了血与火的战斗锻炼。在19世纪五六十年代工业高涨的年代，随着统一运动的发展，工人阶级开始走向政治联合的道路，并逐渐摆脱自由资产阶级的直接影响。1863年年初，活跃起来的工人阶级决定在莱比锡建立"全德工人联合会"，这是工人阶级走向政治联合的显著标志，对未来的德国工人运动产生了深刻影响。联合会从一开始就处在一位年轻的犹太律师的影响下，这位曾对德国早期工人运动发挥过决定性影响的人物就是斐迪南·拉萨尔（1825—1864）。

拉萨尔出身于布勒斯劳一个犹太富商家庭。早在青年时代，他就曾梦想成为犹太人的英雄领袖，但是犹太人倍受歧视压迫的处境，迫使他走上了革命道路。他拒绝了父亲要他经商的劝告，以一种与生俱来的英雄资质和悲怆情怀向父亲宣告，他已选择为人权而战斗作为自身的职业，并打算为此承受挫折和困难。于是，他成为一个民主主义者。为了实现自身的政治理想，年轻的拉萨尔开始刻苦学习哲学和历史，并先后进入布勒斯劳大学和柏林大学。1846年，他到巴黎研究与他的哲学论文有关的手稿材料。在那里，海因里希·海涅同拉萨尔有过一面之缘，并留下了对这个年轻犹太学者初步印象的生动记述。他称拉萨尔是他遇见的智能最优异、学问最渊深、知识最广博、头脑最敏锐的青年。他既有高超的表达才能，又有坚强的意志和灵巧的行动。同年，拉萨尔因插手一位贵族妇女的离婚案件，中断了他的研究。他用全部热情和精力为这位贵族夫人进行法律斗争，前后卷入这一案件达8年之久，终于成功为她赢得了财产和地位，但拉萨尔因遭受指控而坐牢。出狱后，他又因参加1848年革命，再度被判处6个月监禁。这些经历使他拥有青年革命家的形象，并赢得学者、诗人、思想家和政治家的声誉。从此，他把自身的命运同激进运动紧密地联系在一起，并通过出版大部头的哲学著作、各种政治小册子，以及参与各种大众讲演，成为近代德国杰出的青年政治领袖。为此，莱比锡工人请求他帮助他们组织全国性工人联合会。拉萨尔从这个计划中看到了实现其政治理想的希望，他决心出面领导这一群众组织，使之成为一支与自由主义和保守主义党派并列的第三势力，并使自己真正成为群众运动的领袖。

自1863年5月23日全德工人联合会在莱比锡成立，至1864年8月31日拉萨尔为一个女人而与他人决斗受伤去世，联合会的会员达到4600名。组织人数不多，发展得也不快，但这是德国工人走向联合行动的起点。

在拉萨尔的不懈努力下，德国工人阶级已开始意识到自身的历史作用，并力争把自身组建为一个独立的政党。这是拉萨尔的功绩。拉萨尔从来没有真正接受历史唯物主义。他彻底吸收了黑格尔的国家理论。在黑格尔描述的国家观念面前，他的思想和行为变得裹足不前。他甚至向工人阶级呼吁阶级调和与和解，幻想依靠君主国家的帮助实现社会主义。这样，拉萨尔未能继承19世纪40年代德意志工人运动的革命传统，而把刚刚走向独立的工人运动引入改良主义的歧途。拉萨尔生前曾与俾斯麦有过多次接触和通信，他幻想得到普鲁士政府的帮助以实现工人的普选权。俾斯麦也试图利用拉萨尔，达到既打击资产阶级又控制工人运动的目的。他们很快达成交易，拉萨尔诱导工人阶级逐步将自由派资产阶级作为主要攻击目标，俾斯麦则答应实行普选，并准备拨款在西里西亚建立一个国家资助的工人合作社。至此，拉萨尔已由一个工人革命的组织者、领导者，转变为普鲁士王室社会主义者。

拉萨尔死后，全德工人联合会的领袖由其门徒约翰·巴普蒂斯特·冯·施韦泽（1833—1875）接替。施韦泽追随拉萨尔与普鲁士政府合作的政策，但在某些方面已突破拉萨尔主义的教条，力图在19世纪60年代末的新形势下，进一步扩大联合会的活动范围。这时，南德意志出现了一个新社会主义流派，它对北部的拉萨尔派提出了挑战，并最终使施韦泽及其追随者的活动黯然失色。这个派别最重要的领袖是奥古斯特·倍倍尔（1840—1913）和威廉·李卜克内西（1826—1900）。倍倍尔的职业是木镟工，他是地道的工人阶级子弟。他起初与进步党有一定联系，后来转向社会主义，再后来逐步受到马克思、恩格斯的影响转变为马克思主义者。1862年，他先后担任莱比锡工人教育协会和德意志工人协会联合会的领导职务。1865年，他结识了比他年长14岁的威廉·李卜克内西，他们结下了终身的友谊，并加速了他转变为共产主义者的过程。

威廉·李卜克内西是1848年革命的老战士，青年时代受过大学教育，同早期的工人运动有过密切接触。在1848年革命中，他曾参加巴登起义和维护帝国宪法运动，失败后流亡瑞士，后又辗转到伦敦。在伦敦，他参加了共产主义者同盟，成为马克思、恩格斯的密友和学生。从此，通过掌握科学共产主义理论，参与革命活动，他成为科学共产主义者。1862年8月，普鲁士政府宣布大赦后，他回国从事新闻工作和政治活动。1863年秋，他有保留地参加了全德工人联合会。1865年2月，他因与拉萨尔派发生意见分歧，被开除出全德工人联合会，并被普鲁士当局驱逐出柏林。此后，他来到莱比锡，参加了当地工人教育协会的活动。同年，他与倍倍尔结识，友谊和对马克思主义的共同信仰，使他们珠联璧合，成为德国工人运动史上最有影响的组织者和活动家。1866年，在他们的共同努力下，以莱比锡为中心的工人组织相继加入马克思领导的第一国际。1869年8月，南德各地的工人组织在第一国际思想的影响下,与退出全德工人联合会的先进分子一道在爱森纳赫城组建了德国社会民主工党(爱森纳赫派)。这个党以第一国际章程的序言为纲领,提出了废除私有制、铲除阶级统治、以阶级斗争为工人阶级解放的手段、拥护无产阶级国际主义等奋斗目标和策略原则,是德国第一个在全国范围内组织起来的社会主义工人政党。李卜克内西和倍倍尔成为该党的集体领导成员。在他们领导下,这个党成为国际工人运动中最有影响的政治力量,德国工人运动迅速居于国际工运前列。

1874年以后,德国当局加强了对工人运动的镇压与迫害,迫使社会民主工党和全德工人联合会走向政治联合。1875年5月,二者在哥达召开两派合并代表大会,宣布成立德国社会主义工人党。德国工人阶级开始处于一个统一的组织领导之下。但是,两派统一忽视了两派存在的思想政治分歧和统一条件。统一纲领——《哥达纲领》保留了许多拉萨尔主义的基本原则。鉴于两派合并后的形势和帝国当局对两派的镇压态度,这份文献直到1891年才正式公布。尽管如此,两派合并仍然标志着德国工人运动不断壮大,它在德国政治生活中的影响不断增强。在1874年选举中,社会主义党派的选票已由上届的12.4万张增至35.2万张,议会代表由两名增至9名。在1877年选举中,工人党的力量进一步增强,选票达49.3万多张,议席增至12个。工人政党选举力量的惊人增幅已成为俾斯麦的心腹大患,这是他草草结束文化斗争,以全力镇压工人运动的基本原因。1876年,文化斗争收场时,俾斯麦政府面对的就是这样一支新兴政治力量。

为了镇压工人运动,俾斯麦一直在寻求运用新的法律手段,但他的尝试一开始就遭到失败。直到1878年5月至6月,先后爆发两起谋刺威廉一世的事件，为他提供了新的机会。他把这一事件归罪于社会民主党人的恶意宣传。在他的授意下，官方报刊对工人政党发动了猛烈攻击。1878年10月19日，在舆论的引导下，国会以221票对149票的优势通过了反社会主义政党的"非常法"——《镇压社会民主党企图危害治安的法令》。根据这一法令，任何同社会民主党有关的团体、报刊、印刷品和大小集会，均被明令禁止；对这些团体和活动的任何支持，都要受到严厉惩罚。起初，"非常法"的有效期规定为两年半，后来每隔两年就延长一次，直至1890年，共计12年。在这12年中，俾斯麦政府共解散工人组织388个，禁封各类出版物1800种，有1500人被判决总计超过1000年的监禁。德国社会民主党处于十分艰难的境地，但他们坚持在"非常法"下进行斗争，最后赢得废除"非常法"的胜利。这是帝国时期德国工人运动取得的最重要的成就，使德国工人政党成为整个国际工人运动的先锋队。

俾斯麦一面通过"非常法"强化对工人运动的暴力镇压，一面通过一系列富有社会改革意义的立法，从政治上迷惑和软化工人阶级。立法主要出于政治目的，但也反映了资本主义发展的某些规律：在资本主义进入垄断阶段的前提下，提出通过国家干预，调节国民收入，缓和阶级矛盾，扩大再生产。俾斯麦的社会立法开欧洲各国之先河，故具有较为深远的影响。

俾斯麦的社会立法包括劳工立法和社会保险立法两个方面的内容。劳工立法主要是通过19世纪七八十年代的几项法案，对工人星期日劳动、实物工资制度、按期正常支付工资等要求做了具体的法律规定，确立了6天工作制，以及按期给工人支付货币工资的制度。其中，1878年法令对雇佣童工的年龄、受教育程度、劳动日的时限做了明确规定，要求被雇童工必须年满13岁并读完小学，14岁以下的童工劳动日不得超过6小时，14岁至16岁的童工不得超过10小时，完全禁止在工矿企业中雇佣童工。1891年，德国又通过立法，对妇女的劳动条件做了具体规定：禁止雇佣妇女在矿区从事地下作业，妇女的劳动日时限不得超过11小时，妇女产后可享有4周的假期等。为了监督各项劳工立法的执行情况，自1878年起，各邦普遍实行工厂视察员制度，以保证劳动过程中侵害工人劳保条件的现象及时得以纠正。

社会保险立法的影响更为广泛。第一部社会保险立法是1883年的《疾病保险法》，规定成立一个自主的管理机构，费用由雇主负担2/3，雇工承担1/3。1885年至1903年，这部法律经过4次修正。到1913年，约有1450万人得到这种保险。1884年，德国通过了《意外灾难保险法》，规定这项保险所需费用全部由雇主承担，工人享受保险费用的数额依受伤轻重程度来决定；若工人死亡，家属可领取相当于死者薪金约1/5的抚恤金。1889年，德国又通过《老年和残废保险法》，规定相关费用由雇主、工人和国家共同负担。享受这一保险的年龄为65岁。在此年龄界限以内，工人因工致残，会得到一笔抚恤金；65岁后，他们可以领到养老金；如果他们在65岁以前去世，家属可获得一笔补偿金。此外，各市政当局和私人机构还在住房、公用事业、流浪工人救济、卫生保健等方面对国家立法做了补充。所有这些措施加在一起，使德国在第一次世界大战前成为先进的社会立法楷模。这些举措使部分工人牺牲了一定的政治权利，如领取救济金者将失去选举权，但在一定程度上改善了工人的生活状况。从长远看，德国不自觉地顺应了垄断资本主义条件下国家对劳动力再生产进行干预的需求，对帝国时代德国经济的高速发展产生了一定的积极影响。

二、帝国的经济发展

德意志帝国的建立，实现了德意志民族的政治统一，也为德国经济高速发展创造了条件。从帝国建立到19世纪末，德国经济高速增长成为近现代世界史上最引人注目的篇章之一。在不至30年的时间里，德国令人惊异地走完了英国用100多年时间才走完的道路，不仅由一个分裂落后的农业地区，一跃成为高度发达的工业国，也成为对英美经济霸权和政治霸权提出挑战的新兴力量。

德国经济蓬勃发展的前奏出现于19世纪五六十年代。在这20年中，德国经济发展的成就超过了以往整整一个世纪的总和。到1870年，德国在世界工业总产量中所占比重已达13.2%，超过了法国，进入先进资本主义国家行列。统一以前，德意志各地区的经济发展是不平衡的。除了普鲁士、萨克森、巴伐利亚、巴登等工业较发达的地区，德意志还存在许多落后的农业地区。整个德意志总人口中有2/3的居民长年居住在农村。在1000多万劳动力中，有600万人仍在从事农业和林业生产。农业地区经济发展不平衡，长年有近100万人到国外寻找更好的就业机会。普鲁士东部的大庄园远离城镇，交通不便，沿用旧的经营方式，许多庄园主收益甚少，经常负债。他们不断对国家施加压力，要求政府对他们进行财政补贴。这些都说明，德意志当时仍未摆脱分裂的农业地区的消极影响，工业发展的成就具有一定的片面性，尚未真正形成一股洪流。

统一，是德国经济真正进入高速发展时期的起点。

第一，政治统一的完成和中央集权政府的建立，为资产阶级通过强有力的政权推行有利于经济发展的一体化政策创造了条件。这些政策包括统一的经济法规、统一的度量衡制度、统一的金本位币制的制定、部分统一的邮政系统、国家中央银行的建立等。从19世纪70年代开始，帝国政府相继颁布了《商业法》《营业自由法》《民权和迁徙自由法》《统一的度量衡法》《保护国外商业法》，以及对邮政、交通和金融机构事务的管理法等。1873年7月，政府公布《货币法》。1875年1月，相关法律规定帝国马克成为唯一的支付手段，随之又将普鲁士银行改建为帝国银行，统一了全国的货币制度。1879年，国会通过《保护关税法》，大大提高了进口税率。关税法不仅增加了政府的关税收入，而且使本国产品垄断了国内市场，保护了发展中的国内工商业，也稳定了容克地主的农业经济。这些举措彻底消除了统一前地方经济的分离状态，加速了国内统一市场的形成，为商品经济的充分发展创造了前提条件。

第二，1870年普鲁士对法战争胜利后，法国支付50亿法郎的赔款并割让阿尔萨斯-洛林这一煤铁产地，对德国经济的高速发展也产生了重要影响。50亿法郎的赔款对德国扩大生产起了一种"输血"作用，直接引发了德国经济的"暴发"；吞并阿尔萨斯-洛林则使德国获得了实际而又持久的资源优势。这一煤铁资源丰富的地区与有着丰富的原煤储量的鲁尔区连成一片，成为德国发展重工业的一大重要基地。有了新的财力和新的资源，这个新统一的国家取得了迅速完成工业化的决定性条件。

第三，军事工业的发展不仅具有政治意义，而且具有更为重要的经济意义。从策动三次王朝战争，到维持欧洲大陆霸权，继而争夺世界霸权，大力发展军工生产是普鲁士－德国的既定国策。1879年，德国的军费支出为4.3亿马克，1899年增至9.3亿马克，1913年则猛增至21亿马克。巨额军事支出刺激了克虏伯、施图姆等军火企业飞速发展。1870年至1913年，克虏伯军火工厂的雇员从7000增至8万。克虏伯大炮的声名不仅使它垄断了德国军队的供应，而且使它从全世界的军备竞赛中得到加工订货。在德国国内，军事工业不仅被视为国家利益所必需，而且被当作繁荣经济的主要手段受到颂扬。他们深信军备是使德国不断取得经济进步的条件。事实证明，军火工业的膨胀曾直接带动了相关重工业部门的发展。此外，服从于军事需要的交通运输业的发展，也给一系列工业部门，特别是重工业部门，带来巨量订货，推动了它们的发展。

第四，帝国时期的教育、科技发展成就，为经济增长提供了高素质的人力资源和技术条件，是德国后来居上并呈跳跃式发展的基本原因。德国实行义务教育制，19世纪70年代已基本完成近代教育革命的任务，全民族的文化素质大为提高。全国文盲率，1865年为5.5%，1881年为2.38%，1895年降至0.33%。学龄前儿童的入学率于19世纪60年代已达到100%。在此基础上，德国通过调整中等教育体制，大力发展职业技术教育，改革高等教育，形成规模性的三级教育网。其中，中等职业技术教育体系的建立，使德国工人在阅读、写作和计算能力，以及工艺水平等方面，领先于欧洲其他国家，成为拥有高智能、高技术水平的新型劳动力大军。在高等教育方面，自1810年创立柏林大学以来，教学与科研、基础训练与专业训练相结合，以及倡导学术自由的原则，已成为高等教育办学的普遍模式。其中，布勒斯劳大学（1811）、波恩大学（1818）、慕尼黑大学（1862）都依照柏林大学的模式来创建。此外，由于实行教学与科研相结合的原则，一些大学成为某一专业研究的人才基地。著名化学家尤斯蒂斯·冯·李比希所在的吉森大学受一个开放性的化学实验室的影响，被誉为"化学家的摇篮"。而哥廷根大学则成为数学家荟萃之地，有志于数理研究的学者中流传着这样一句口号："打起你的背包，上哥廷根去！"

德国高等教育十分重视教学与科研的密切结合，造就了一大批受过系统训练的高级专门人才，特别是出现了一批集科学家、工程师和企业家为一体的复合型人才。他们不仅在经济发展中发挥了巨大的创造性作用，而且他们的创新成就使德国成为世界第二次科技革命中心。这一时期，德国出现了著名数学家伯恩哈德·黎曼（1826—1866）、卡尔·魏尔斯特拉斯（1815—1897），卓越的化学家冯·斯特拉多尼茨（1829—1896）、维克托·梅耶（1848—1897）、埃米尔·费雷（1852—1919）、威廉·奥斯特瓦尔德（1853—1932），最先提出能量守恒定律的尤利乌斯·冯·梅耶（1814—1878）和赫尔曼·赫尔姆霍茨（1821—1894），发现无线电波的海因里希·赫兹（1857—1894），发现X射线的威廉·伦琴（1845—1923），提出量子理论的马克斯·普朗克（1858—1947），创立细胞理论的马蒂阿斯·施莱登（1804—1881）和特奥多尔·施旺（1810—1882），创造现代化学治疗方法的保罗·埃尔利希（1854—1915），发现结核杆菌和霍乱菌的罗伯特·科赫（1843—1910），发展细胞病理学的鲁道夫·魏尔肖（1821—1902）等科学巨子，技术领域涌现了一系列应用性新成果。1866年，工程师西门子制造出第一台发电机，成为标志电气化时代来临的第一个重要发明。1876年，奥托和朗根制造出第一台以煤气为燃料的四冲程内燃机，启动了动力机械应用上的又一场革命，经工程师戴姆勒和狄塞尔分别用汽油和柴油进行革新，直接为汽车的发明创造了条件。1886年，工程师卡尔·本茨设计制造的世界第一辆汽车行驶在慕尼黑的街道上。此外，在化学、光学、机械制造、军事工业等领域，德国因一系列创新成就居于世界领先地位。在化学工业方面，德国于20世纪初已拥有5000多名受过高等教育的化学家、工程师，几乎垄断了有机化学领域的科学发现和技术发明。第一次世界大战前夕，在全世界42名诺贝尔奖奖金获得者中，有14名是德国学者。这就是19世纪末20世纪初德国工业迅速发展，超越英法等国的基本原因。

这一时期，德国工业发展的显著特点是增长速度快。1874年至1890年，英、美、法、德四国的工业年平均增长率分别为1.7%、5.2%、2.1%和3.5%；1891年至1900年，这四国的工业年平均增长率则分别为1.6%、3.5%、2.6%和4.8%。从这两个时期的平均增长率来看，美国保持着最快的速度，但是德国的工业增长则显示了愈来愈快的态势，居于欧洲第一、世界第二的领先地位。1870年至1900年，德国工业生产总指数由17.5升至64.7（以1913年为100），增长了约2.7倍。1870年至1910年，德国在世界工业生产中的比重由13%升至16%，美国由23%升至35%，而英国由32%降至14%，法国由10%降至7%。

在德国工业中，重化工业占有相当大的比重。1870年至1900年，德国的重工业迅速发展，其中原煤开采量从3400万吨增至1.49亿吨，生铁产量从139万吨增至852万吨，钢产量从17万吨增至665万吨。煤和铁仍然是工业发展的基础，但钢则代表着新材料，是机器制造业的基础。1900年，世界钢年产量为2800万吨，德国占23.75%。这是自19世纪90年代起，德国机器制造业飞速发展的主要原因之一。在机器制造业中，电机制造和造船业的发展尤为突出。此外，钢对铁路建设和军工生产也产生了决定性影响。化学工业这一时期也有了较快发展。化学工业包含广泛而又多样的工业活动，同科学发展有着最为密切的联系。1860年，德国的化学工业几乎还是空白。到19世纪70年代，以威廉·霍夫曼为代表的一批化学家把英国人制造合成染料的技术传入德国，化学工业获得了突飞猛进的发展。1870年至1900年，德国酸、碱等基本化学原料的产量增长了7倍，染料的产量增长了三倍，均已跃居世界第一位。1900年，德国6家最大的染料公司共有资本250万镑，雇佣工人1.8万名，职员1360人，工程师和技术人员350人，化学专家500人；而同期英国染料工业雇佣的化学专家仅30人至40人。在受教育水平上，德国化学家已超过他们的英国同行。这是德国在这一新兴工业领域后来居上的根本原因。1900年，德国已占据世界染料市场90%的地位，并在人造橡胶、石油、硝酸盐、摄影器材、新药品等与化学工业有关的领域，取得了显著成就。

在这一时期德国工业发展中，作为新动力能源开发的电力工业、电气工业的发展具有决定性影响。电力工业发轫于19世纪三四十年代。到五六十年代，随着发电机、电动机的问世，以及19世纪90年代后远距离输电线路的形成，电力工业成为发展最快的产业，并促进了电气化迅速实现。自1866年维尔纳·西门子发明发电机和埃米尔·拉特瑙（1838—1915）从美国带回爱迪生的电灯专利权以来，有轨电车和电灯照明顿时把人们带入电气时代。自19世纪80年代起，德国先后出现两大电气公司：西门子公司和拉特瑙创建的德国通用电器公司。1890年至1910年，两大公司展开激烈竞争。德国通用电器公司通过扩大民众对电流和电气产品的需求来壮大实力；西门子公司则得到政府强有力的支持，并通过合并舒克特公司（1903）与通用电器公司在强电流方面展开激烈竞争。两大公司在竞争中迅速发展，加速了德国实现电气化。随着电车轨道的普遍敷设，城乡输电系统的不断扩大，电气工业成为德国的主导产业。1895年，电气工业雇佣工人约2.6万。到1906年，这一数字已猛增至10.7万。电气工业发展是德国1890年至1902年经济繁荣的基本要素，使德国在广泛利用电力能源方面位居世界之首。1913年，德国电气产品已占世界总产量的34%，而作为世界第一经济大国的美国仅占据29%。可以说，电气工业是把德国塑造成经济巨人的基本条件。

随着钢铁工业、化学工业和电气工业的飞速发展，德国的交通运输也发生了革命性变化。德国地处中欧平原，既缺乏英国那样利用近海航运解决内陆运输的条件，也因境内河流南北流向，难以形成贯通东西的河网运输，故而交通运输领域的技术变革存在颇大需求，也制约着工业革命的深入发展。早在19世纪五六十年代，德国已形成超过一万千米的铁路网。帝国建立后，逐步实行铁路国有化，并于1873年成立帝国铁路局，铁路修建出现了新高潮。1880年，德国铁路总长度约为3.3万千米。1900年，这一数字升至5.2万千米。长度低于俄国，但其密度超过所有欧洲国家。铁路国有化并不断降低运价和票价，高效廉价的铁路运输成为促进国民经济发展的大动脉，并刺激了新兴工业、重化工业的迅速发展。此外，海运和内河航运业也随着造船工业的技术变革不断获得新发展。自19世纪80年代以来，汉堡、不来梅这两座滨海港口经过不断扩建和开拓海外新航线，成为海外贸易的枢纽，它们的涉外航线分别为12条和4条，保证了德国轮船能够行驶在所有海域，成为一支足以与英国海运一争高下的船队。内河航运随着运河扩大修建，以及轮船动力机具革新，也获得较快发展。1879年，杜伊斯堡－鲁尔奥特已成为世界上最大的内河港口，它向西部输出粮食和原料，向东部输出煤和钢铁制品，是国内水路网的中心。此外，那里还是国内最大的轮船制造中心。自1834年德国第一艘全部用钢铁制造的汽轮"巴黎伯爵号"在那里诞生以来，德国已先后在不来梅和汉堡形成了新的造船中心。经过较短时间，德国造船业就迅速发展。到19世纪80年代，德国已能制造任何等级的商船和军舰，结束了从国外买船的历史。1890年，德国建造的具有国际声望的"北大西洋客轮"不仅采用了高精度的机器部件，而且恰当运用陆地建筑的风格，在船体建造上完成了一次美学革命。1900年，德国的船舶吨位已达194.2万吨。1910年，这一数字升至300万吨，德国已成为威胁大不列颠海上霸主地位的国家。

工业和海运的迅速发展，推动了德国对外贸易额的增长。1880年至1900年，德国进出口贸易额由57.37亿马克增至103.98亿马克，不仅数额增长近一倍，而且贸易结构发生了重大变化，进口额中粮食、原料的比重不断增大，出口额中工业品、生产资料的比重持续上升。"德国制造"已由最初的劣等品标志，摇身变为制造精巧和质量优良的标志。德国人从英国人手中接过这一标志，赋予它全新的内涵和意义。德国商品遍及全世界，它的资本输出也扩及亚洲和南北美洲。1913年，德国的国外投资额为300亿马克，而同期外国在德国的投资额仅50亿马克。这样，德国在不足30年的时间里彻底完成了工业革命，开创了由后进步入一流强国的经济奇迹。

工业革命的完成改变了德国的经济结构，其中工农业比重的变化最为显著。德意志帝国成立时，总人口约为4100万，城市人口所占比例为36.1%，农村人口所占比重为63.9%。到20世纪初，德国总人口已达6500万，城市人口为60%，农村人口为40%。经过40余年发展，城市人口已大大超过农村人口，工业化最终完成。在工业发展的内部，轻重工业的比重也发生重要变化。德国于19世纪40年代就不同于英法两国，采取优先发展生产资料生产的原则，重工业生产在帝国成立后获得更快发展。截至第一次世界大战前夕，德国生产资料的生产增长了8倍，而消费资料增长为三倍。轻重工业的比重已发生重大变化。1880年至1900年，在工业品全部输出额中，生产资料产品的比重已由27%迅速攀升至39%，德国成为典型的重工业国。在工业生产力中，科学技术的含量不断增大，成为决定性因素。教育和科技先行，德国较早实现了知识与经济发展的结合，凭借物化知识力量和最大限度地应用科学，德国工业在这一时期开始形成科技化生产格局。科技化生产不仅迅速提高了劳动生产率，开拓出新的生产领域，而且培养出了高技能、高素质的生产劳动者大军。生产力要素中科技水平不断提高，最终使德国超越英法，成为仅次于美国的科技化工业强国。

工业革命完成最重要的结果是引起德国社会的急剧变化。城市化成为德国这一时期社会变化的显著特征。城市化是工业革命的伴生物，但只有在统一后，德国城市化才发生了引人注目的变化。1871年，德国城市人口为1479万，占总人口的36.1%，其中居住在10万人以上城市的人口约为196万。1910年，城市总人口升至3 897.1万，占总人口的60%，而10万人以上城市的人口为1382万。城市人口的增加是十分显著的。此外，德国城市类型也发生了新变化。不同于英法，德国随着重工业的发展迅速崛起了一批工矿业城市群，如鲁尔区的亚琛、多特蒙德、埃森、杜伊斯堡、杜塞尔多夫，阿尔萨斯－洛林地区的斯特拉斯堡、米卢斯等，都是利用资源优势和河运之便，发展为新的工矿业中心城市群的。此外，德国兴起了许多港口城市，如汉堡、不来梅、基尔，莱茵河畔科隆，美因河畔法兰克福、斯图加特，多瑙河上游的累根斯堡等，都成为重要的港口城市。它们不仅在工业生产和内外贸易中发挥着重要作用，而且是德国人口结构和社会结构发生重要变化的标志。1870年至1910年，德国八大城市（柏林、布勒斯劳、科隆、埃森、美因河畔法兰克福、汉堡、莱比锡、慕尼黑），人口最少的埃森已超过41万，最多的柏林已超过200万。柏林人口从1820年不足20万，到1910年增长10倍以上，成为欧洲第三大城市和世界第五大城市。1910年被视为德国城市化完成的标志。

随着城市化完成，德国的社会阶级结构也发生重要变化。首先，随着工业化迅速发展和农业改革完成，容克贵族通过大规模投资工商业和进行资本主义农业经营，已全面资产阶级化。到20世纪初，他们占据的庄园数目和耕地面积有所降低，他们垄断官职和军职的局面也被打破，但他们仍然在帝国的政治生活和经济生活中占据主导地位。不过，他们在经济上已资本主义化，同资产阶级的联合已成为一种趋势。资产阶级于19世纪80年代也发展成影响德国内外政策的重要力量，但他们在政治上日益贵族化，除了投资于土地经营地产，贵族封号，以及与贵族子女联姻，跻身于贵族行列，对他们也有很大的吸引力。他们已在工业高涨中获得惊人的财富，赢得了引人瞩目的经济权利，但他们这时开始脱离其他资产阶级阶层，并努力寻求贵族化生活方式，以证明他们是社会精英。他们在贵族以长时间固定下来的传统生活方式中找到了使自身上升到社会金字塔顶端的最佳形式。从毗邻工厂的小屋到别墅，从别墅到庄园，最后通过追求勋章或荣誉称号，力图成为显贵。大资产阶级的贵族化倾向不仅在于他们的社会野心，还在于他们和容克贵族已经有了共同的政治经济利益，有些甚至通过联姻已经融为一体。这种政治、经济上，甚至血缘上的荣辱与共，是他们走向联合的基础。这样，随着工业化完成，容克贵族已经和大资产阶级结合为一个新的领导阶层。领导阶层扩大，一方面因大资产阶级贵族化而促使民族自由党人和保守党人接近，另一方面因大资产阶级同世界市场的联系和经济利益而推动德国领导层逐步走上争夺殖民地和世界霸权的道路。

德意志帝国时期，工人阶级已经随着大工业发展成为社会上人数最多的群体，这是这一时期阶级结构的最大变化。19世纪60年代初，德国产业工人近200万，到19世纪90年代已增至600万。随着工业化的深入，工人队伍内部已出现技术工人和非技术工人之分，彼此之间的工资差别甚大。到19世纪90年代，前者的平均工资相当于后者的三倍。1870年至1913年，工人工资有所增长，但分配极不平衡。对大多数德国工人而言，他们比同期英法两国工人的生活处境要差得多。因此，巴黎公社革命失败后，德国工人阶级成为国际工人运动的先锋队。

社会结构的另一变化，是介于无产阶级和容克－资产阶级之间人数众多的中等阶级的形成。他们包括职员、官吏、中小商业主、自由职业者和知识分子群体。一些家庭农场主和从事服务业的人员，也属于这个阶层。他们不是工业化和两极分化要消灭的小资产阶级，而是随着工业化和产业结构变化的需要产生的新的中间阶层。他们拥有一定的知识和技能，大多数在经济上是同工人一样没有独立地位的雇员，但就其政治态度和社会觉悟而言，他们又不接近工人，而是接近自由资产阶级集团。19世纪90年代至20世纪初，德国这个新的"中间阶层"的人数已达全部就业人数的1/3左右。他们人数不少，涉及面甚广，但没有统一的利益要求。不过，在风云变幻的年代，这个阶层的态度和动向，往往会对政治形势产生重要影响。这是一个因高度工业化而产生的有文化、处于攀升中、具有许多不确定特征的阶层。

三、帝国时期的文化新潮

政治统一和经济高速发展为德国文化的发展提供了新动力。随着科学研究的深入和各级各类教育的发展，富有探索精神的德国学术研究已达到欧洲的最高水平。德国大学吸引着来自世界各地的学生，德国科研训练方法被推广到欧美国家。与19世纪普及教育的总趋势相一致，德国各类群众性教育活动蓬勃开展，其中等教育学制已成为整个西方世界的典范。德国大学不仅是学习中心，也是研究中心，学术研究不仅为学术名流所瞩目，也开始受到大型企业集团关注，受过大学教育的人可以得到普通商人和工业家的高度尊重。随着各类报刊和出版物的创办和扩大发行，教育普及和知识传播的速度大大加快。1750年，德意志各邦共出版书籍1279本，1850年增至9053本，1890年增至1.9万本。除了各类普及廉价版本的科普和文艺作品，歌德的皇皇巨著《浮士德》也很快成为群众教育的重要作品。

德国文化发展的动力来源于经济社会发展的需要，但也受本国文化传统和全欧范围各种文化思潮的影响。帝国时期资本主义种种矛盾暴露，自启蒙时代就流行于全欧的理性自由主义开始受到新的时空观念和价值观念的挑战。这一变化与欧洲整体上出现的理性主义危机相契合,给这一时期德国文化的发展打下深刻的时代印记,使帝国时期的文化面貌呈现异常复杂的历史图景。新的文化观念在推动人们不断取得富有创造力的文化成果的同时,也创造出一个不确定的迷惘时代。

新的文化观念首先在自然科学领域以引人注目的新宇宙观表现出来。直到19世纪末,西方的宇宙观仍然主要建立在牛顿经典物理学的基础之上,一个井然有序、机械般运转的宇宙是牛顿理论所展示的家喻户晓的物质世界图画。世纪之交,这一宇宙模式连同不可抗拒的因果规律受到新的科学观念的冲击。挑战主要来自德国。除了自然科学发现,对20世纪自然科学发展产生革命性影响的是阿尔伯特·爱因斯坦的相对论。1905年,这位年仅26岁的犹太裔德国物理学家在莱比锡杂志《物理学纪事》上发表三篇论文,提出"狭义相对论",向盛行200余年的经典物理学传统观念发起挑战。在全文只有9000字的《论动体的电动力学》一文中,爱因斯坦通过论证时间和空间的统一性,以及时间、空间与物质运动之间的密切关联,否定了传统的绝对时空观,并通过论证质量和能量的关系,得出了一切质量都有能量、一切能量都有质量、能量等于质量和光速平方的乘积等著名结论。这一结论被用公式表述为:$E = mc^2$ [1]。这一理论揭示了原子内部蕴藏巨大能量的奥秘,为现代高能物理学的创立奠定了理论基础。1916年,他又发表"广义相对论",进一步从时间、空间和物质分布的相互关系上否定了传统的时空观,拉开了世纪之交物理学革命的序幕。

---

[1] 在这个公式中,E 表示能量,m 表示质量,c 表示光速。

帝国时期仅次于自然科学发展成就的是历史学和社会科学的发展。在历史学领域，根植于浪漫主义历史循环论的兰克史学，是对启蒙时代的理性主义史学的超越性发展。利奥波德·冯·兰克（1795—1886）是19世纪德国史学界泰斗，他以漫长的学术生涯和其所标榜的治史态度与方法，对德国史学，乃至整个欧洲史学的发展带来巨大的影响。兰克出身于图林根一个中产阶级家庭，早年曾在莱比锡大学研习语言学和神学，后由语言学转向历史学。1824年，他因发表《拉丁和条顿民族史》声名鹊起，次年被聘为柏林大学教授，自此开始了他那延续60余年的专业研究生涯。兰克的巨大影响得益于他在柏林大学开创的研究班，以及他首倡的"客观主义"研究方法。兰克主张研究历史要客观公正，重视对史料的掌握与考证，强调依照可靠的第一手资料撰写真实历史的原则。他把这一原则贯穿于他的研究班教学实践，直接或间接培养了上百名卓越学者，使批判性历史研究伸展到几乎所有时期和所有国家。依照上述原则，他先后撰写了16世纪至17世纪欧洲许多民族的历史，以及包括《教皇史》在内的一系列人物传记。他的全集多达54卷。晚年，他企图以《世界史》来完成他那一系列有关西方各国的民族历史专论，但这部包罗万象的巨著最后只写到1453年。除了教学、著述，兰克担任普鲁士科学院成员长达54年，前后主持柏林大学历史讲座46年。1871年，退休后他仍笔耕不辍。兰克著述宏富，治史严谨，门徒众多，被誉为"近代科学历史学之父""以科学态度和科学方法研究历史的第一人"。兰克史学研究的特点在于通过具体深入的史实和对真实的个体的实证研究来确定历史的真实性，这与总结和探讨历史发展规律的"历史科学"判然有别。此外，他以政治史为主要研究对象，否认理论在历史研究中的作用，反对对历史事件做出解释和概括。这些都反映了他与理性主义史学在治史观念上的原则差别。

兰克的史学成就代表19世纪实证研究的高峰，但我们在他身上仍可看到一个理念论者的形象。除了强调辨析史料，兰克还主张通过非理性的直觉体验包含在历史个体中的整体精神来揭示历史的本质。这种矛盾性是他对启蒙主义的反叛，也为后人超越其史学传统提供了新的空间。在他身后，普鲁士学派、文化史学派、经济史学派的兴起，使兰克史学面临新的挑战。其中，号称"兰克学派分支"的普鲁士学派，代表人物海因里希·冯·特赖奇克（1834—1896）背离兰克客观史学的传统，成为替德国统治集团公开辩护和效劳的御用史学。而文化史学派代表人物卡尔·兰普雷希特（1856—1915），把兰克的史学模式完全变成批判对象。兰普雷希特试图在一般心理学法则的基础上撰写历史。他认为，历史不应只对事件叙述，而应当对变化做出解释，历史不应只对个人进行研究，而应对"社会心理"因素和人的共性进行研究。兰普雷希特的批判未能撼动兰克史学的正统地位，但新的文化史观已成为与兰克传统的政治史相对抗的史学思潮。后来，威廉·狄尔泰（1822—1911）高举"精神科学"的旗帜，倡导历史研究对人的潜在意识和非理性力量的重视，开始了所谓理解的史学研究，对德国历史编纂和社会科学研究产生了重要影响。这一趋势与整个欧洲理性主义衰落和非理性主义思潮崛起相互呼应，展示了德国历史研究的复杂图景。

表现在历史学领域不同文化思潮的冲突，也集中反映在社会科学领域。其中，德国的社会学，不同于英法的实证主义经验研究，更大的成果表现在受新思潮影响的历史社会学和文化人类学领域。斐迪南·滕尼斯、格奥尔格·齐美尔和马克斯·韦伯（1864—1920）是这一学派的杰出先驱。其中，马克斯·韦伯因开创"理解社会学"成为德国社会学领域最有影响的代表人物。

马克斯·韦伯于1864年4月21日降生在德国图林根埃尔福特市一个富有的法学家家庭，5岁那年随家迁居柏林，定居在西郊名流荟萃的夏洛滕堡，从小就受到浓厚的学术气氛的熏陶。1882年，他进入海德堡大学法律系学习。1884年，他转入柏林大学，继续攻读法律，同时兼修历史课程。1892年，他在柏林大学获得教职，主讲罗马法和德国商业史。两年后，他转到弗莱堡大学讲授政治经济学。1896年，他回到海德堡大学，从事经济学和农业政策的教学研究。1899年，他因患精神病请长假休养，曾游历英国、比利时、意大利和美国。1903年，他开始恢复学术创作。1905年，他发表《新教伦理与资本主义精神》，奠定了他的历史社会学地位，为他赢得巨大声誉。此后，他的创作活力泉涌不止，新的研究成果接踵而来。到1920年去世，他已是德国社会科学界的知名学者和教授。但直至19世纪30年代后期，他的思想才在西方世界广泛传播开来。第二次世界大战结束后，西方学术界兴起"韦伯热"，并逐渐扩及世界其他地区，他成为国际驰名的学术人物。今天，他被称作与马克思、杜尔凯姆齐名的百科全书式社会思想家。

韦伯思想的核心命题是"理性化"。他认为，理性化的过程，即以理性了解和掌握自然界的规律，以理性方式组织生产和国家管理，是近代西方文明的主要特征。西方文明与世界上其他文明的不同之处在于，它在自然观念和社会观念上完全根除了神话、巫术和各种神秘观念的影响；西方国家或组织拥有理性的文字宪法，以理性为基础制

马克斯·韦伯

定的法律,以及依据理性法律规定管理国务的训练有素的政府官员组成的官僚机构。这一理性化过程最先出现于西方,是新教伦理观念与资本主义发展的需要相统一的产物。同时,他解释了宗教价值观和伦理观是如何阻碍理性化过程在中国和印度出现的原因。韦伯认识到,理性有明显的两重性,它带来科学和经济成就的同时,又无情地打破了数世纪以来形成的传统,使生命丧失精神追求。所以,理性化过程是一个"世界失去魅力"的过程。它使人类感到空虚,使生活失去意义,必然助长非理性冲突的产生和发展。要维持理性,就必须了解人类的非理性。他主张在社会学研究中,不能采用自然科学的方法,不能从社会结构或社会本身出发研究,只能从作为社会客体存在的个人及其社会行为出发,并运用"主观理解"的方法,通过"理解"影响人的行为的意图、动机、情感、意志等因素来把握社会。韦伯在政治社会学中有关能以个人魅力吸引民众的非凡领袖人物社会作用的深刻分析，就说明了所谓高度理性化的现代社会独裁者和煽动家仍能赢得众望的基本原因。这种研究取向和方法，反映了韦伯思想中德国唯心主义思维方式的传统影响，也是理性主义危机，以及理性和非理性两种对立思潮引起的冲突在帝国时期德国知识界的一种反映。在韦伯身上，19世纪理性主义传统和对非理性主义新精神思潮的体验同时存在，他试图弥合两者冲突的努力，以及由此引起的思想矛盾，是他成为影响巨大又充满争议的社会思想家的重要原因。

如果说，历史学、社会学领域富有影响的成果或多或少地反映出思辨、非理性的思潮对实证、理性主义思潮的冲击，以及企图弥合两种思潮鸿沟的愿望，哲学领域叔本华（1788—1860）的悲观主义哲学和尼采（1844—1900）的"权力意志论"及文化批判则把非理性主义推向极端，对德国的精神生活产生了强烈的冲击和影响。

阿图尔·叔本华属于前帝国时期的哲学家，是非理性的唯意志论思想先驱。青年时期，叔本华曾在柏林大学专攻哲学，受到康德、费希特的影响，也研究过印度哲学。1818年，他发表《作为意志和表象的世界》，集中阐述了他的非理性主义哲学和悲观主义的人生观。叔本华认为，世界的本质是人的意志，而不是理性。意志是人的内驱力，是欲望，是支配人类行为的执着力量。意志和欲求总是得不到满足，因而它的本质是痛苦的，欲求是无止境的，痛苦是无边际的。对世界本质的肯定就是对生命意志的肯定，但这种肯定又无异于痛苦，要摆脱痛苦，就要抑制各种欲求，摆脱意志的束缚，否定生命意志。这样，叔本华的哲学就从非理性立场出发逐步陷入悲观厌世的虚无主义深渊。叔本华的哲学命运在其生前长期倍受冷落。直到1851年，他发表《附录和补遗》，他才开始受到人们注意。但直至尼采接受了他的生命意志学说，并以"权力意志说"进行了新的超越之后，叔本华才成为这一思潮推崇的精神先驱。

弗里德里希·尼采，出身于萨克森勒肯镇一个新教牧师家庭。少年时期，他先后就读于瑙姆堡文科中学和普夫达预备学校。20岁那年，他进入波恩大学，学习神学和古典语言学。一年后，他转入莱比锡大学，由语言学转向哲学。1869年，他应聘担任瑞士巴塞尔大学语言学教授。1871年，他出版第一部著作《悲剧的诞生》，从美学角度确立了哲学研究的起点，曾轰动一时，受到热烈赞扬，也遭到正统语言学家的猛烈攻击。1879年，尼采因患严重的神经衰弱症辞去教职。自这时起到1889年精神失常，他度过了10年漂泊不定的生活。为了寻找适合自身健康状况的气候，他辗转于德国、意大利之间，从山到海，从海到山，没有职业，没有家庭，背井离乡，四处流浪。在流浪中，他深深地感受到孤独的痛苦，但为了自由思考，他又感到需要孤独。这10年中，他写下了大部分著作，在反思和批判中确立了自身的哲学体系和哲学观点。

尼采早年深受叔本华哲学思想的影响，后来又同音乐家瓦格纳有过一段亲密交往。对这两人，他都经历了由崇拜到否定、再到批判的转变过程，但他终生也没有完全摆脱他们的影响。叔本华对尼采的影响是纯粹的精神影响，因为他们素昧平生。尼采进大学时，叔本华早已去世。但是，当他不经意地读到《作为意志和表象的世界》时，立即就为作者的思考方式和生动笔触所感染。叔本华以意志为世界本质的说教及其描绘的异常悲观的人生图景，引起了他的共鸣。当时的激动和感奋是他从未经历过的，好像这本书是专为他写的一样。但是数年后，他逐渐超越了他所崇拜的前辈，用权力意志取代了叔本华的生存意志，并通过对人生的可悲性质，采取挑战的态度来肯定人生，超越了后者的悲观主义人生观。他指责叔本华用个人忧郁的性格歪曲了世界的真相，决心用新的感受为生命的意义提供一种新的答案。

同音乐家瓦格纳交往，是尼采一生中富有影响的事情。他们于1869年秋在瑞士相识。瓦格纳是叔本华哲学的信徒，他用音乐表现了叔本华哲学的精神，被尼采视为音乐领域里的叔本华。但是，瓦格纳深受德国市民喝彩的音乐风格，使他们之间产生了疏离感。他指责瓦格纳倡导的歌剧音乐把音乐变成对感官的刺激和麻醉，以迎合小市民的多愁善感情调，败坏了音乐的纯正风格。这样，他先后摆脱他早年崇拜的两位对象之后，进入创建自身哲学体系的发轫期。自1878年起，他先后写下《人性的，太人性的》（1876—1878）、《欢乐的科学》（1882）、《查拉图斯特拉如是说》（1883—1885）、《善恶的彼岸》（1885—1886）、《道德谱系》（1887），《反基督教的人》（1888）、《偶像的黄昏》（1888）、《看哪这人：尼采自述》（1888），以及最终没有完成的主要哲学著作《权力意志——变革一切价值的尝试》（1901）。

尼采的著作不是系统的论著，而是格言警句的汇总，常有相互矛盾之处，但他的思想能使读者入迷。造成轰动效应的是，他那横扫19世纪文明和价值观的势头，也包括对权力意志、"超人"哲学和非理性的古典酒神精神的推崇和提倡。否定和批判现存的道德观念和精神信条，是贯穿于尼采全部成熟著作的主题。为此，他把批判的矛头指向传统的基督教伦理，并对启蒙时代以来科学与理性的发展进行了猛烈抨击。尼采认为，基督教是从古代世界继承下来的弱者对强者的一场革命，它以来世说瓦解了人类控制世界的意志，以其教义中的罪过感束缚了人类本能和天性的正常发挥；它否定生命，钳制人类意志的自由表现，使谦卑和自我压抑成为美德，使骄傲成为邪恶，从而在根本上削弱了生命的本能，窒息了生命的火花；而生命的火花，作为人类本质的内在欲望，必须重新燃烧。尼采宣布："上帝死了！"上帝是人类自己创造的，随着上帝和基督教价值观之死，将带来人类的解放。人类可以超越虚无主义价值观，恢复生命活力，创造出新的价值观，成为自己的主人。尼采还把现代资产阶级社会的衰败颓废，归结为理智才能过分发展，而意志和本能受到侵害的产物。他反对自由主义和理性主义对理智的强调，认为只有人的本能欲望才是生命的真正力量。理性化过度发展抑制了人类意志，也摧毁了闪烁着文化创造精神和点燃生活激情的自发的生命活力。为了战胜令人窒息的现代文明带来的单调与平庸，他呼吁一种没有基督教负罪感，能以强力证实自身存在的理想"超人"的出现。"超人"不为社会所强加的任何限制所束缚，具有旺盛的强力意志和健全的生命本能，是充满古典的酒神精神的欢乐生活的真正享受者。

尼采的"超人"概念是一种理想，而不是一种现实。他借助"超人"概念来否定旧的传统，试图为理性抑制下衰弱退化的人类精神，提供一个超越现代化的理想类型。"超人"与"非超人"的界限是生命意志的强弱，而不是种族或出身的差异，但他的学说中包含种族主义的糟粕。他对优生学的盛赞和对生存竞争规律的宣扬，都表现出露骨的种族主义倾向。他针对西方文明的弊端展开的文化批判和价值重估，削弱了西方文明的理性基础，对生命哲学、文化哲学和精神分析学说的创立都有较大影响。20世纪资产阶级文化思潮中的进步流派和反动流派，都从尼采那里获得了启示。他思想中的消极成分曾为法西斯主义者利用，其中权力意志、"超人"等概念曾为纳粹分子歪曲，他们自视为尼采"超人"的化身，把尼采颂扬为自身的思想先驱。但尼采既不是民族沙文主义者，也不是反犹主义者，他对新帝国持批判态度，甚至反对把德国置于俾斯麦的领导之下。此外，他对德国民族的评价整体上比较低，认为德国人的心理是病态的，对自身的邪恶毫无意识，是一个危险的民族。相反，他认为与犹太人接触是令人愉快的，犹太人是生活在欧洲的最健壮、最坚强、最纯洁的民族。这些都体现了他与纳粹势力之间的重要差别。

尼采的哲学以极为复杂的内涵，反映了危机时代资产阶级知识分子的思想情绪和人生态度，为认识西方文明的弊端，毫不妥协地正视这些问题，提供了新的思考。尼采没有提出解决现代社会病症的建设性观点，他对西方价值观极端而猛烈的诋毁，以及对权力意志的颂扬，为暴力和非理性的滋长提供了土壤。

非理性主义思潮的冲击波，在19世纪后期德国音乐文化创作中得到明显回应。在帝国时期的思想界，有一位音乐家占有显要地位，令人困惑不解。他以戏剧为题材独创的音乐剧，以不可遏制的激情表达奇妙而动人心魄的象征意义，使他的音乐成为德意志民族命运的象征，对德国精神文化的未来走向产生了巨大影响。这位独具特色的音乐奇才就是理查德·瓦格纳。1813年5月22日，瓦格纳诞生在莱比锡一个有教养的警官家庭，但父亲在他出生6个月后就去世了。继父路德维希·盖耶尔是一位颇有才艺的演员，同戏曲界、音乐界名流广泛交往。耳濡目染，幼年的瓦格纳就同音乐艺术有着不解之缘。18岁那年，瓦格纳进入莱比锡大学学习哲学和美学。两年后，在一次音乐会上，他第一次聆听贝多芬的交响乐，深受感动。从此，他放弃学业，立志要做一名音乐家。其后6年，他先师从教堂乐师魏利格学习乐理，此后辗转于外省几个剧院当音乐指挥，逐步积累了丰富的舞台演奏经验。1836年，他完成了最初两部歌剧的创作。1839年，他带着名作《黎恩济》前往巴黎谋求发展，但没有产生预期效果，反而在生活上陷入困境。绝望之际，他接到德累斯顿歌剧院打算上演《黎恩济》的消息，满怀深情地回到祖国。这出反映罗马人反暴政斗争的历史歌剧首演成功，为他的事业带来了前景和希望。从此，他开始走上歌剧革新的道路，决心用新的音乐成就改造旧歌剧的传统。

1843年，新歌剧《漂泊的荷兰人》在德累斯顿首演，这成为瓦格纳走向革新道路的起点。在这部歌剧中，他首次以特殊的技巧，展示了音乐与歌剧的融合，把一种源于德国民间的原始乐曲发展为全剧的主题，使歌剧演变为以音乐为主旋律的交响曲。随着名作《唐豪赛》《罗恩格林》的上演，瓦格纳的创作在于19世纪40年代达到高峰。他试图以交响乐恢复古希腊悲剧的宏伟场景，把音乐剧推向一个全新的阶段。然而，1848年欧洲革命爆发了。瓦格纳因同情革命，甚至煽动军队起义，遭到政府通缉。他被迫流亡瑞士。在那里，他总结了他的艺术改革思想，开始写作四联剧《尼伯龙根的指环》和另外两部出色的作品——《特里斯坦与伊索尔德》《纽伦堡的名歌手》。这三部乐剧体裁不同，但都以史诗般的艺术效果，展示了瓦格纳惊人的音乐才华。受巴伐利亚年轻的国王路德维希二世的赞助，乐剧演出后，瓦格纳赢得空前的声名。他开始被视为一位开辟音乐中的新的英雄时代，以新的音乐形式恢复古希腊酒神文化精神的先驱。

瓦格纳超越前人之处在于，他将音乐与戏剧的表现以尽可能紧密的形式连成一体，以一种连绵不断的旋律取代传统的宣叙调和咏叹调，并按德语的音调形成独特的旋律轮廓，使旋律配合剧情的发展，成为连续不断的整体。这种新型音乐剧具有鲜明交响性和德国气质。音乐主题和动机成为乐剧的角色，成为与剧中人物和情节相伴随的情感象征，使主题旋律产生的听觉效果与戏剧演出产生的视觉效果融为一体，给观众以强烈的震撼力量。

瓦格纳不是单纯的作曲家。他从少年时代起就热爱文学、诗歌和戏剧创作，认真学习过希腊文，钻研过莎士比亚、歌德和席勒的作品。年轻时，他也曾参与政治活动，是1848年革命的政治流亡者，后又因受法国戈比诺伯爵种族理论的影响，成为北欧日耳曼民族种族主义的宣传者，是反犹太运动的先锋。此外，叔本华的悲观主义哲学、同青年尼采的交往，都从不同方面影响过他的思想。这些复杂阅历和多方面的文化修养，以及一生中所经受的几起感情波折，都在他的乐剧创作中留下深刻的烙印，使他的作品既新奇多彩，变化万千，充满激情和诱人的幻想，又沉重压抑，弥漫着浓厚的感伤情调和忧郁气氛。这些都使他成为世界音乐史上充满争议的风暴中心。在他的崇拜者看来，他的乐曲是令人心醉、光彩夺目和新颖脱俗的；他的批评者则认为，他以令人迷醉麻木、支离破碎的韵律败坏了文化和音乐艺术的纯正风气。尽管如此，他的音乐作品仍具有现代艺术的感人力量。人们可以批评他、攻击他，但不能否定他。他在音乐戏剧中大胆革新，音乐已不再是原来的面貌了。

帝国时期，德国在文学领域的成就与邻国相比稍显逊色，但也不乏反映时代精神的流派和杰作。受世纪交替时期所出现的社会动荡和非理性主义思潮的冲击，反映在人的思想中，特别是作家思想深处的矛盾冲突，必然会以不同形式的文艺作品表现出来。其中，盖哈特·霍普特曼、海因里希·曼和托马斯·曼两兄弟的创作实践在当时有较大的影响。

盖哈特·霍普特曼,早年是德国自然主义文学流派的代表性作家。他出身于西里西亚一个富有的店主家庭,青年时期曾在耶拿大学学习自然科学,1884年进入柏林大学,通过参加青年文学团体,开始走上文学创作之路。与文学社团青年诗人阿尔诺·霍尔茨的交往,决定了他在文学创作上的自然主义倾向。自然主义受达尔文的进化论和泰纳的环境论的影响,认为遗传和环境是决定人的生存和发展的前提,反映在文学上就是把人的生存原始关系毫无遗漏地以自然主义的方式刻画在文学作品中。这种描写方式起源于法国。法国著名作家左拉(1840—1902)和挪威剧作家易卜生(1828—1906)被视为自然主义的先驱。1880年11月22日,易卜生的名剧《娜拉》在柏林上演,给德国戏剧界带来清新之风,一时之间德国作家竞相仿效自然主义模式。1885年,慕尼黑出版的杂志《社会》,大力宣传自然主义创作方式,介绍左拉、易卜生的作品。1889年,柏林新建的"自由舞台"剧院,以公演易卜生的剧本为开端,很受观众欢迎。同年10月,霍普特曼的自然主义剧本《日出之前》在"自由舞台"上演,大获成功,成为他的代表作。该剧通过刻画一个青年与一个酒徒的女儿的恋爱悲剧,真实再现了德国当时社会生活的阴暗面,震撼了沉闷的社会空气,引发了轰动一时的社会反响。

继《日出之前》之后,霍普特曼最负盛名的剧作是《织工》(1892)。这是一部首次在德国文学中表现劳资冲突,反映工人阶级反抗剥削压迫的杰作。霍普特曼利用最原始的素材,成功创造了非常感人的悲剧场面。不同于一般的自然主义,它表达了霍普特曼鲜明的政治倾向和对历史事件的认识和理解,是自然主义与现实主义相结合的代表作,

《织工》海报

为霍普特曼带来了更大的声誉。

　　自然主义,从其大胆暴露社会黑暗、打破现实沉闷空气、表露人的精神的痛苦等方面来看,具有一定的进步性。但它缺乏对社会本质的认识,找不到摆脱现实苦难的出路,并否认艺术构思,这些减弱了文学的社会功能。但是就霍普特曼一生的创作而论,他的成就是最主要的,除了47部剧本,还包括许多小说和诗歌。在文学风格上,他也经历了由自然主义向批判现实主义的过渡,他后来还写过象征主义和新浪漫主义的作品。作为一个戏剧家,他后期的作品兼有自然主义主体和传统诗主体的特点。他在戏剧艺术领域取得了丰硕、多样和出色的成就,于1912年荣获诺贝尔文学奖。

　　19世纪90年代以后,德国批判现实主义最重要的作家是来自吕贝克的海因里希·曼和托马斯·曼兄弟二人。他们出身于吕贝克城一个富商家庭。海因里希·曼曾就读于柏林大学和慕尼黑大学，1893年到法国和意大利旅行，后来专门从事写作，主要代表作有《帝国》三部曲：《臣仆》（1918）、《穷人》（1917）和《首脑》（1925）。其中，《臣仆》是最具有影响的讽刺小说。他通过对小说主人公狄德利希·赫斯林的成功刻画，塑造了一个胆小残忍、极端利己而又崇拜和害怕权力的德国帝国主义臣仆的典型形象，表达了他对自由主义者的无能和社会民主党中工人贵族的蜕化所持的批判态度。此外，他还通过小说《垃圾教授》（1905）、《小城》（1909）等作品，对德意志帝国的国家制度等进行了辛辣嘲讽，反映了德国帝国主义政策和意识形态的基本特点。

托马斯·曼早年在慕尼黑一家金融机构当见习生，后通过在慕尼黑大学旁听文学艺术课程走上创作之路。1897年，托马斯·曼开始他的第一部长篇小说《布登勃洛克一家》的创作。这部作品通过对布登勃洛克一家四代兴衰的描述，反映了德国从自由资本主义走向垄断资本主义的历史过程。他以高超的艺术技巧，从典型人物的变换中表现了历史时代的更替，揭露了资产阶级社会的腐朽没落，具有巨大的现实意义。然而，受叔本华悲观主义哲学的影响，该作品对布登勃洛克一家衰亡过程的描述，也流露出一些无奈的惋惜之情，抱有消极悲观的情绪。尽管如此，这部著作仍然是托马斯·曼最有影响的代表作之一。1901年，该小说一发表就引起轰动，奠定了托马斯·曼在德国文学史上的地位。此后，托马斯·曼同类型的作品还有《特里斯坦》（1902）、《托尼奥·克略格尔》（1903）等。1912年，他的中篇小说《在威尼斯之死》被搬上银幕，在国际上产生了重要影响。第一次世界大战爆发后，他一度成为支持战争的民族主义者。第一次世界大战结束后，经过深刻反省，他成长为一个坚定的共和主义者。他于1923年流亡瑞士，1924年发表集大成之作《魔山》，1929年荣获诺贝尔文学奖，1938年移居美国，晚年重返瑞士定居。

托马斯·曼在艺术风格上继承了德国文学的优秀传统，并受到俄国现实主义文学，特别是列夫·托尔斯泰风格的影响。海因里希·曼在语言风格上更多受到法国现实主义传统的熏陶，但两人都以自身的作品反映了德国从自由资本主义向垄断资本主义过渡的社会矛盾，批判的现实主义倾向和强烈的社会责任感是他们的共同特点。

四、俾斯麦的外交政策

帝国的建立打破了欧洲均势，德国开始变成欧洲强国。韦尔比勋爵曾回忆说，他们记得19世纪50年代，德意志是众多无足轻重的王室成员统治下的无足轻重的邦国；而现在，在一个人的有生之年，它是欧洲最强大的国家，而且仍在发展之中。单是这一点就足以使"德国问题"成为未来半个世纪世界政治事务的中心。德意志帝国并不是一个从孤立状态中出现的国家，而是崛起于旧的欧洲体系的中心，故而它的建立势必冲击着周边国家的利益，并改变着各大国之间的相对地位。在欧洲，除了遭受直接打击的法国，几乎每个国家都感受到这个新巨人的影响。因此，如何在充满疑虑的新格局中维持帝国地位，就成为俾斯麦处心积虑地谋求的战略目标。法国迅速恢复使这种情况变得更为严峻了。1873年，法国提前交付50亿法郎的赔款，结束了北方6省的被占领状态。1872年，法国实行义务兵役制，重整军备并加强对德复仇的宣传,这些变化更令俾斯麦忧虑惊恐,迫使他把帝国外交的全部注意力转向西方的"火山"。

为了阻止法国复兴,俾斯麦与德军参谋部筹划,决定组织一场新战争,以期彻底打败法国。但是他深知,只有在法国没有盟友的情况下,德国才有获胜希望。从战略上看,最有可能成为法国盟友的是俄国。因为德国的东部边境缺乏地理上的天然屏障以阻止敌人入侵。更为重要的是,自1871年起,俄国不再是德国外交政策的坚定支柱,它开始对欧洲的政治天平倾斜到柏林一侧感到愤懑不平,并警惕十足地关注着德意志下一步行动。于是,法俄结盟的阴影像噩梦一样萦绕在俾斯麦的心头,使他忧虑惊恐,坐立不安。

为了阻止法俄接近,俾斯麦把目光投向他的南部邻国,他希望通过德奥的接近给俄国施加新的压力。奥地利自1866年战败后与匈牙利贵族妥协,组成奥匈帝国。奥匈帝国在巴尔干半岛与俄国存在深刻矛盾,它很希望在俄奥发生冲突时有一个坚固的后方,因而乐于与北方邻国和解。1871年11月,持顽固的反德立场的奥匈帝国首相霍亨瓦尔特和外交大臣博伊斯特,因捷克问题相继被解职,代之以亲德的奥斯佩克侯爵(任首相)和安德拉希(任外交大臣)。他们把俄国和斯拉夫人看成主要敌人,而把德国和英国视为可以争取的盟友。其中,外交大臣安德拉希是匈牙利贵族,很早就与俾斯麦保持亲密友谊。他力图和德国建立同盟,希望联合反对俄国。

1872年夏天,奥地利皇帝弗朗茨·约瑟夫几经犹豫,终于决定应邀访问柏林,这算是他对1866年胜利者的最终承认。沙皇亚历山大二世对德奥之间的和解十分敏感,他急于知道,他的对手奥地利和德国讨论什么问题,就让人转告柏林,说沙皇很想参加会晤。威廉一世接受了外甥的请求。同年9月，三位皇帝及其大臣会聚德国首都，原本显示德奥友好的会晤，在俄国的推动下变成三帝国团结的聚会。外界的舆论是，一个新的神圣同盟正在意识形态上把欧洲分为东方和西方。

俾斯麦对俄国的"突然袭击"略感意外，但结果令他满意。因为他无意联奥反俄，他的目的是同奥匈帝国和俄国同时保持友好关系，以便腾出手来组织新的反法战争。但是，三帝会晤未能引起轰动，他们在实质问题上并未取得新的进展。第二年5月，威廉一世在俾斯麦和老毛奇的陪同下曾到圣彼得堡的外甥那里做了一次国事访问，以便在实践中进一步发展双方的友谊。一个月后，沙皇又到维也纳进行了一次访问，双方签订了一个性质十分含糊的协定，即：缔约双方有义务就一切感兴趣的问题进行磋商；任何一国遭受来自欧洲第三国的攻击，两国皇帝必须彼此商定"共同的行动方针"，如需采取军事行动，则需另缔结军事专约。1873年10月，威廉皇帝来到维也纳，决定加入俄奥协定，这个协议就扩大为三皇协定。它名义上是构成历时10年声威显赫的三帝同盟的唯一基础，但实际上它只是一个关系松散的协商公约。由于各自利益上的分歧，协定很快就变为一纸空文。尽管如此，在俾斯麦看来，三帝同盟还是有贡献的，它调节和维系着三个专制政体的关系，只要维也纳和圣彼得堡重视这一同盟，就不存在俄奥两国向共和制的法国提供援助的危险，而这类援助正是他常常为之忧虑的。然而，事实证明，俾斯麦有些盲目乐观，共和制的法国并非永远找不到盟友，松散的同盟体系也不能对缔约国形成有效的约束。1875年，德法战争迫在眉睫，同盟的稳固性便经历了第一次考验。

1873年8月，法国南锡主教发表了《致教士的信》，号召信徒为阿尔萨斯-洛林重归法国而祈祷。这封信是在教坛上宣读的，并刊登在德国境内的天主教报纸上。这封信一经发表，便在德国引起轩然大波，俾斯麦决定利用这一机会向西部邻国发起外交攻势。在他的授意下，德国御用报刊连续发起对法国的舆论攻击，他们把各种图谋复仇的罪名加在法国政府头上，并呼吁德国政府采取强硬的报复对策。在德国舆论界的大力渲染下，到1875年年初，对法战争已有一触即发之势。4月8日，柏林《邮报》发表一篇名为《战争在望》的文章，进一步在德国煽起反法浪潮，一时之间，战云密布，发动一场先发制人的战争的喧闹声甚嚣尘上。的确，1875年的军事形势非常有利于德国对法国进攻，但是德国能否在外交上取得列强认可，对战争能否真正爆发具有非常重要的影响。显然，俾斯麦在这方面的长期担忧并非多余。德国的战争恐吓首先遭到英国的强硬抵制，首相迪斯累里从维持欧洲均势出发，不断向柏林施加压力，声称绝不容忍1870年至1871年的事件再现。更为严重的是，5月10日，沙皇和戈尔查科夫作为各大国的发言人抵达柏林，直接向俾斯麦施压，要他保证永远不对法国发动战争。事态的发展使德法冲突发展为国际冲突。俾斯麦一筹莫展，处境孤立。他曾要求威廉一世解除他的职务。遭拒绝后，他离开柏林，回到瓦尔青庄园疗养。近半年时间，他闭门不出，忧郁地思考着过去和未来。

　　1875年危机使俾斯麦获得这样一种深刻认识：俄国永远不可能成为德国的盟友。为了实现自己的战略目标，他要设法挑动英俄交恶，加深英法对立，离间俄法关系。1875年至1878年，东方危机为他提供了新的机会。东方危机是西方列强围绕奥斯曼土耳其爆发的外交危机。俄国自从叶卡捷琳娜二世以来，就一直对奥斯曼土耳其的欧洲属地和黑海海峡（博斯普鲁斯海峡和达达尼尔海峡）抱有极强的野心，但这一企图与奥匈帝国和英国在这一地区的利益发生尖锐冲突。奥匈帝国统治着众多南斯拉夫民族，它不愿看到打着解放斯拉夫人旗号的俄国势力在这里有任何扩展。此外，它对巴尔干各国的市场对奥匈帝国工业增长的意义也十分关注。英国是沙俄南下战略的最早抵制者，完整的奥斯曼土耳其既是英国工业品市场的需要，也是保证通往印度的道路畅通无阻的条件。此外，作为海权国家，它对黑海海峡的控制也十分重视，这是在战略上制约海峡沿岸国家，特别是把俄国封锁在黑海里面的基本条件。

1875年7月，巴尔干半岛的黑塞哥维纳和波斯尼亚爆发了反奥斯曼土耳其统治的起义。起义很快蔓延到保加利亚，并在已经实行自治的塞尔维亚和门的内哥罗引起强烈呼应，一个以斯拉夫人为主体的反奥斯曼土耳其民族压迫的斗争很快达到高潮。奥斯曼土耳其政府以极其残暴的手段镇压起义，但斗争不断高涨，而且规模越来越大，奥斯曼土耳其在巴尔干的统治根基已发生动摇。俄奥英三国密切关注事态的发展，并从各自的立场出发进行干预。俄国的反应最为强烈，它惯常把自己打扮成奥斯曼土耳其境内东正教徒保护人的角色，使它从奥斯曼土耳其苏丹的镇压活动中深感自己的大国利益受到触动。俄国人民以无比的热忱支持巴尔干人民的解放斗争，但沙皇政府则认为这是它直接控制黑海，向巴尔干扩张势力的最好机会。奥匈帝国和英国对巴尔干民族起义持否定态度，主张保存奥斯曼土耳其帝国的完整。英国更担心俄国占领伊斯坦布尔和达达尼尔海峡，当时的英国迪斯累里政府鼓励奥斯曼土耳其用一切残酷手段把起义镇压下去，以免引起国际武装干涉的行为。

俄国一开始企图以"欧洲受委托人"身份对奥斯曼土耳其进行干

涉。为此目的，它希望由在巴尔干没有直接利害的德国出面召开一次欧洲大国会议，但遭到德国拒绝。俾斯麦为了把水搅浑，一面反对召开国际会议照顾俄国利益，一面又鼓励俄国同奥斯曼土耳其作战。为了取得对土作战的自由，1877年1月15日，俄国与奥匈帝国签订《布达佩斯协定》，以满足奥匈帝国的要求换取了奥匈帝国在俄土战争中保持中立。至于英国，如果在欧洲大陆没有一个同盟国家，它是无法单独阻止俄国的行动的。完成这些外交准备之后，俄国于1877年4月24日以奥斯曼土耳其政府拒绝采用有利于境内东正教臣民的改革纲领为由，对奥斯曼土耳其宣战。战争进展神速，俄军节节胜利。6月23日，俄军渡过多瑙河。7月19日，俄军占领巴尔干山脉的希普卡隘口。7月27日，俄军逼近亚得里亚堡。这时，英国授意奥斯曼土耳其大使劝告苏丹"邀请"驻泊贝西加湾的英国舰队驶入伊斯坦布尔。但这一消息尚未传到奥斯曼土耳其首都，俄军便在普利佛那要塞失利，战争的脚步缓慢下来。12月，当战事变得再次有利于俄军时，奥斯曼土耳其开始呼吁英国调停。沙皇拒绝别国干涉，他坚持与奥斯曼土耳其单方面商谈议和条件。1878年1月31日，在俄军前锋仅距伊斯坦布尔十多千米的压力下，奥斯曼土耳其被迫与俄军议和。3月3日，双方在圣斯特法诺签订和约。依据和约，塞尔维亚、门的内哥罗、罗马尼亚脱离奥斯曼土耳其完全独立，塞门两国领土略有扩展；波黑两省实施改革；俄国获得比萨拉比亚、卡尔斯、阿尔达汉、巴统和巴亚泽特，并获得了对扩大的保加利亚的控制权。

《圣斯特法诺和约》大大扩展了俄国在巴尔干的势力，大保加利亚的出现也堵塞了奥匈帝国向巴尔干半岛扩张的道路。因此，奥英两国竭力谴责这个和约，并提出在柏林召开国际会议，重新审阅和约的全部条文。俾斯麦声称，他在东方问题上愿做一名"诚实的掮客"，现在他一改过去对俄国的纵容支持，成为一个和事佬，力图利用东方问题，保持列强之间的摩擦，以巩固和扩大德国在中欧的利益。

1878年6月13日，有关东方问题的柏林会议正式开幕。经过英、俄、奥、法、意、德和奥斯曼土耳其与会代表的激烈争议，在俾斯麦的周旋下，与会各方最后缔结了《柏林协定》。该协定大大缩小了受俄国控制的保加利亚的版图，使之处于一个享有自治权，但仍向奥斯曼土耳其纳贡的侯国地位；原属大保加利亚的马其顿和东鲁美利亚与保加利亚分离，仍划归奥斯曼土耳其治下；奥匈获得占领波斯尼亚和黑塞哥维那的权利；英国取得地中海的战略要地塞浦路斯岛。该协定使英奥达到了预期目的，但使俄国出让了战时所得的部分胜利果实。沙皇将此归罪于俾斯麦，抱怨德国牺牲了俄国利益。柏林会议后，三帝同盟名存实亡，德俄、俄奥关系发生深刻变化。

《柏林协定》签订18个月后，俾斯麦的外交战略发生了前所未有的变化。这一变化决定了此后30年的外交格局。为了摆脱外交上的孤立状态，俾斯麦未放弃恢复暧昧的三帝同盟的努力，但德俄关系的恶化已经开始动摇他几十年来的外交构想。莫斯科的报刊对他连篇累牍的攻击，以及德俄之间围绕农产品进出口的经济战，都使他深感不安。俄国不可靠，德国就应当向英国和奥匈帝国靠拢，尤其要加强中欧的团结，这样才有助于应付来自东西两面的威胁。1878年8月，俾斯麦决定利用一年一度对加施泰因的访问，同奥匈帝国进行一次关于俄国问题的会谈。此外，有消息报道说，他的老朋友奥匈帝国外交大臣安德拉希不久将辞职，因此要争取主动，不应再丧失时机。8月27日，抵达加施泰因的俾斯麦立即同安德拉希举行会晤，双方都希望通过突出德奥友谊来促使俄国改变态度。对缔结反俄同盟，奥匈帝国皇帝欣然表示同意，但德国皇帝威廉一世的态度成为俾斯麦的最大难题。威廉一世是沙皇亚历山大二世的舅父，两国的传统友谊，以及漫长的共同边界，都使联奥反俄的政策既无必要，又十分危险。82岁的德国皇帝固执己见，毫不让步。就在9月初，德国皇帝还同他的外甥在俄属波兰边境的亚历山大罗夫举行了友好会见。舅甥二人含着悔恨与和解的眼泪彼此衷心问候，威廉一世深为感动。现在，他刚一回来，就让他接受一个反俄性质的盟约，这对他在良知、性格、荣誉等方面都是难以接受的，他毫不妥协地说"不"。

柏林会议

接下来便出现了皇帝与宰相之间的惯常争吵，虽然彼此已不像早年那样暴跳如雷，但双方都在诉苦。他们都不愿让步，斗争持续了4个星期。俾斯麦得到了皇储、老毛奇和普鲁士内阁的支持。最后，威廉一世担心他不仅会失去宰相，而且会引起内阁全体辞职的后果，他被迫屈服了。10月5日，皇帝违心地同意接受同盟条约，但他仍然在签字旁写道，迫使他签字的人将来要对此协定负责。俾斯麦已习惯皇帝这种表达怨愤的方式，他知道他又一次左右了君主。

1879年10月7日，德奥同盟条约由安德拉希和德国大使赖斯在维也纳正式签署生效。依照条约规定：缔约一方若遭受俄国进攻，另一方应以全部军事力量给予援助；若一方与俄国之外的另一国交战，另一方则保持善意中立，如交战国得到俄国支持，上述规定则自行生效。条约的内容是秘密的，有效期初定为5年，实际上此后不断续订，直到德意志帝国与奥匈帝国共同灭亡。这个条约成为此后德国外交政策的基石，也是欧洲国际关系的枢纽。后来的三国同盟没有替代它，而是扩充了它。

德奥同盟关系形成后，俾斯麦开始向英国靠拢，他想把英国拉进德奥同盟，替他分担助奥抗俄的责任。英国对德奥接近感到兴奋，但它不愿分担在欧洲大陆上对俄作战的责任。不久，英国保守党内阁垮台，英德之间的结盟谈判宣告中断。俄国的主要对手是英国，而不是德国，英德之间的接触引起沙皇警觉。为了在东方问题上牵制英国，并对奥匈帝国施加压力，使之追随俄国，沙皇试图恢复与德国的正常关系。

1880年1月，亲德的萨布罗夫出任驻德大使，他正式向俾斯麦提出恢复三帝同盟的建议。俄国的新姿态使俾斯麦彻底放弃了对英国进一步试探。他深信，经过前一段时间的外交努力，彼此都愿做出让步，只要三国取得妥协，确保各方多年的合作还是有希望的。但是他过分低估了各君主专制国的差异和弱点，以致谈判拖延了一年半的时间，才使俄奥在东方利益上达成妥协。1881年6月18日，新的三帝同盟条约在柏林签订。这时,俄国的新沙皇亚历山大三世刚登上皇位三个月,而奥匈帝国的外交大臣也换为海默尔。新的三帝同盟与1873年的三帝同盟有所不同,它不是一个空泛的新神圣同盟,而是有具体条约内容限制的中立协定。当缔约国之一和第四国(奥斯曼土耳其除外)爆发战争时,另外两个缔约国应保持中立;缔约国承认禁止各国军舰通过黑海海峡的原则,并要求奥斯曼土耳其遵守这一原则;俄国接受奥匈帝国合并波黑两省的权利,奥匈帝国不再反对保加利亚的合并与扩大。三帝同盟协定使德国暂时达到了孤立法国的目的,并协调了俄奥关系,稳定了东邻的局势,也促成俄英之间对立。这是俾斯麦外交的一个意外胜利。但是同盟的基础是脆弱的,俄奥在巴尔干的矛盾不可能从根本上消除,沙皇也不会长久容忍德国在中欧霸权的确立。在国际范围内各种不确定因素的冲击下,三帝同盟是一个不巩固的同盟。

正当三帝同盟还在谈判之际,意大利因与法国争夺突尼斯失败,也开始向德奥集团靠拢。意法之间的矛盾在一定程度上是俾斯麦造成的。柏林会议期间,英法曾达成一项协议,法国承认埃及为英国的势力范围,而英国则同意法国占领突尼斯作为补偿。俾斯麦支持这个协议,他希望把法国的兴趣部分地从阿尔萨斯-洛林转移到非洲。但是法国占领突尼斯就同意大利发生了冲突。突尼斯与意大利的西西里岛隔海相望,互为犄角,具有重要的战略和经济地位。早在1880年,就有一万名意大利移民居住在突尼斯。法国占领突尼斯后,迫使意大利调整对外政策,向德奥发出结盟的呼吁。自1881年秋天起,意大利就积极同两国进行秘密谈判。这种努力于1882年5月20日导致了德奥意三国同盟建立。这个同盟的目标直指法俄两国,一旦与之爆发战争,三国届时将相互援助。

继意大利之后，罗马尼亚也要求加入德奥联盟体系。罗马尼亚在柏林会议上被迫把肥沃的比萨拉比亚割让给俄国，心怀怨愤。为了阻止俄国在巴尔干进一步扩张，它积极要求与德奥结盟。1883年10月30日，罗马尼亚与奥匈帝国在维也纳签订同盟条约。同一天，德国声明加入，又形成德奥罗三国同盟。

到19世纪80年代前期，俾斯麦已完成为孤立法国所需要的联盟体系。这个体系由三个三国同盟构成，即德奥俄三帝同盟、德奥意三国同盟和德奥罗三国同盟。这三个同盟构成的联盟体系标志着俾斯麦欧洲结盟体系的高峰。这个体系使德奥形成坚固的合作轴心，也保留了通往圣彼得堡的合作道路，同时在地中海和爱琴海争取到新的盟友，俾斯麦已真正成为欧洲列强音乐会的指挥者。但是，这个同盟体系又是充满矛盾的。两个三国同盟的基调是反俄的，而三帝同盟既不能从根本上调节俄奥在巴尔干半岛的矛盾，也没有给德国放手对法国行动的自由。从某种意义上讲，俾斯麦没有从根本上达到自身的外交目的。

1885年，保加利亚危机爆发。保加利亚人民通过革命推翻了奥斯曼土耳其总督，实现了南北领土合并，并在英奥的支持下，驱逐了沙俄势力，俄国由此丧失了自柏林会议以来的政治地位，俄奥矛盾再度激化，三帝同盟名存实亡。此外，俄国的反德情绪也日益高涨。1887年6月，三帝同盟协定期满，沙皇拒绝延续，并在国内开始限制德国工业品输入。与此同时，法德矛盾也进一步激化。1886年7月14日，法国新任国防部长布朗热利用国庆日举行盛大的阅兵式对德发出战争挑衅。此后，新的军备建设进一步加强。面对这一形势，俾斯麦决定放弃三帝同盟,与俄国单独缔结所谓的《再保险条约》。1887年6月18日,德俄经过一番"谅解",签订了新的双边条约,相互保证以中立态度对待缔约国同第三国的战争。但是这个条约同德奥同盟条约是相互矛盾的。俄国想利用这一条约来打击奥匈帝国,德国则想利用它来进攻法国。圣彼得堡从一开始就不打算受制于这一条约。1888年12月,俄国从法国银行家手中获得第一笔借款5亿法郎,第二年又成功取得7亿法郎和12亿法郎两笔借款。从此,法国资本家成为沙皇政府的债权人,这种财政关系为法俄结盟打下经济基础。俾斯麦也曾通过公布1879年德奥同盟条约,并加强与英国的联系,向俄国施压。1889年年初,德俄关系已下降至历史最低点,德国军界已在考虑同两大强邻(法国和俄国)同时作战。法俄结盟阴影的再度出现,以及英德结盟的前景渺茫,都标志着俾斯麦的大陆政策已走到尽头,他在国内的政治地位也开始发生动摇。

俾斯麦执政初期,德国对海外殖民一直持谨慎态度。这是因为在他的外交战略中,大陆政策处于中心地位,他不愿在德国处于两面受敌的威胁下,为了殖民地冒同英国发生冲突的风险。但是,自19世纪80年代起,随着工业化的飞速发展,德国急需为工业品寻求原料和销售市场。没有殖民地的德国资产阶级开始向宰相施加压力,要求国家保护海外殖民事业。到19世纪80年代中期,俾斯麦不得不改变看法,接受德国商人海外殖民的请求。

1883年,不来梅大商人弗朗茨阿道夫·吕德里茨在西南非洲的安格拉-贝奎那地区,从当地的霍屯督部落酋长手中"购置"了一块商业殖民地。据推测,这一地区蕴藏着丰富的金刚石矿,而英国殖民者也正从南非向这一地区扩张。于是,吕德里茨就向俾斯麦请求庇护,并要求建立一个德国的保护国。俾斯麦立即向外交部发问：英国对这一地区是否有领土要求？英国外交大臣对此迟迟不予回复，声称要先征求南非殖民政府的意见。直至9个月后，俾斯麦才从伦敦得到回音，说从安格拉至好望角之间约1000千米长的地带，均为大英帝国合法的领地范围。俾斯麦对此极为恼怒，他在答复中要求英国解释上述要求的理由。在仍然迟迟得不到英国答复的情况下，他于1884年4月24日电令德国驻开普敦总领事通知英国殖民当局该地区已处于德国占领之下。这是德国第一块殖民地——西南非洲，包括库内内与奥兰治之间约5万平方千米的土地。

此后，在俾斯麦的授意下，德国驻突尼斯总领事古斯塔夫·纳赫蒂加尔又于同年7月在西非海岸做了一次旅行，用欺骗手法与沿海的一些土著部落酋长签订了几份条约，把多哥、喀麦隆地区变为德国的保护地。1885年，一个名叫卡尔·彼得斯的"非洲探险家"，以一个较大的德国公司私人代表的身份，通过与土著居民血战占领了东非地区，建立了德属东非殖民地。这块殖民地从海岸一直向内延伸到坦葛尼喀，但邻近的桑给巴尔岛因土著首领和英国的反对未能纳入德国保护区。英国占领该岛后，英德协议将北海东部靠近德国的黑尔戈兰岛划归德国作为补偿。

同年，德国殖民扩张的触角还伸向南太平洋，取得了对马绍尔群岛和新几内亚东北部地区的控制权。后者于同年年底改名为"俾斯麦群岛"，它们与德国之间的贸易曾引起巨大轰动。德国贴现银行经理阿道夫·汉斯曼授权下的新几内亚公司是这些地区殖民事业最早的经营者。俾斯麦对殖民地扩张的"反常"热情，除了国内资产阶级的压力之外，也有调节外交关系的目的。他知道，英国是最大的海外殖民国。几次同英国的结盟谈判都无果而终，他力图通过有限的殖民扩张让英国政府知道，德国已有实力把外交的目标伸向海外，英国必须重视它的存在，特别是在英俄关系上保持一定距离，并照顾奥匈帝国在巴尔干地区的特殊利益；否则，德国在海外将会给它制造更多麻烦。此外，他也想给即将上台的皇储设置障碍，使一贯亲英的皇储从一开始就因英德的殖民地冲突，与英国处于对抗之中。尽管如此，俾斯麦的殖民政策仍然是他对外政策的插曲，因为他知道，德国在欧洲所处的居中地位，使它暂时无法推行世界政策。他心目中的非洲地图是从欧洲画起的，他的殖民扩张政策是服务于他的全部外交格局谋划的。

五、俾斯麦时代的终结

执政以来，俾斯麦在外交上纵横捭阖，在内政上权倾朝野，是德国统一和政治重建过程中产生的极富传奇色彩的铁腕人物。但是，自19世纪80年代后期以来，他对内未能有效镇压工人运动，对外未能从根本上阻止法俄接近，他的政治影响和权臣地位开始下降。1888年3月9日，老皇帝威廉一世逝世，成为他政治生涯的转折点。

威廉一世自1861年继任普鲁士国王，1871年接受帝国皇冠以来，在位27年，享年91岁，是德国历史转折时期的著名君主。威廉一世生前对俾斯麦十分信任，也十分钦佩俾斯麦的胆略和政治才干。君臣之间在内外政策许多方面多有抵牾，但君主总能迁就宰相，而结局也往往证明宰相是正确的，这就更增添了他对宰相的信任和依赖。但是，这位高龄君主谢世后，俾斯麦的地位就发生了危机。俾斯麦是最早获知皇帝逝世消息的人之一。走进国会向议员们宣布这一不幸信息时，他泣不成声，两脚颤动，极度哀伤蕴含着不祥预感。他知道他左右风云的时代行将告终。但是，继位的皇储弗里德里希三世病入膏肓。这位多年来一直在政治上与俾斯麦对抗的王位继承人被视为自由主义政府的代表，他继位必将危及俾斯麦的宰相地位。然而，新君病危，延缓了可能发生的冲突。弗里德里希三世在位仅99天，宫廷为一片悲哀所笼罩，这使许多批评俾斯麦的人不得不有所收敛。新君去世前两天还最后一次召见俾斯麦，要他做出保证，与同样是宰相政敌的皇后善意和解。俾斯麦富有同情地妥协了。

新登基的是弗里德里希三世的儿子威廉二世（1888—1918）。他是一个29岁的年轻人，是4个月内德国的第三位皇帝。威廉二世和俾斯麦的孩子们年纪相仿，俾斯麦是看着他长大成人的。在宰相眼里，皇帝尚是一个半大不小的波茨坦孩童。但是，俾斯麦犯了过分低估威廉二世才智的错误。威廉二世早年在英国接受教育，1877年在波恩上大学，后又在普鲁士近卫军服役。他与双亲关系紧张，特别是因左臂残废，对母亲对他缺少关心积怨甚深。他在青年时代就十分钦佩俾斯麦。俾斯麦的长子，也就是威廉二世的朋友赫伯特（人称第二代俾斯麦）在弗里德里希三世去世前不久曾说，他们的时代就要开始了。但是，威廉二世不同于他的祖父威廉一世，他生性狂傲，喜好发号施令，夸夸其谈。一登上皇位，他便发现他过去所崇拜的宰相已经成为妨碍自己成为一个最高统治者的累赘和麻烦。他不能容忍权力过大的宰相的存在，他声称宰相的职能今后应当分开负担，君主本人应当更多地承担这种职责。他继位不久就在圣谕中透露他会给俾斯麦6个月的喘息时间，然后他就亲自执政。

实际上，俾斯麦的任期仍延续了两年之久。这是一个年轻皇帝与年老宰相不断发生磨合冲突的时期。威廉二世登基不久，反俾斯麦集团中的保守派对宰相采取了新的攻击战略，他们决定不在皇帝面前直接进攻宰相，而是采取一种使俾斯麦生气的政策，以此逼他自动提出辞职。1889年3月中旬，他们初次使用这一策略，但导火线既不是军事问题，也不是外交问题，而是社会问题。俾斯麦是1881年提出那些涉及面甚广的社会立法议案的创议人。他本来希望这些社会立法能先发制人地平息社会民主党人的活动，但这一希望未能实现，社会民主党人仍在加强自身对国内工人群众的控制。这使俾斯麦深信，社会立法就此却步，不宜进一步扩大。

然而，威廉二世另有想法。他在青年时代多次参观鲁尔区的厂矿，并深受他早年家庭教师威斯特伐利亚人格奥尔格·欣茨佩特的影响，对社会问题十分重视，主张继续用怀柔手段来平息工人运动的发展。他希望扩大过去的社会立法项目，实行规定星期日休息、控制或限制妇女儿童劳动时间和条件的新法令。俾斯麦对劳动保险等社会立法发表了一些开明观点，但拒绝在劳动条件和劳动时间上进一步做出让步。他认为，只要厂主硬顶到底，饥饿和贫困就会迫使罢工工人屈服。然而，1889年5月14日，威廉二世以国王身份出席普鲁士内阁会议，指示大臣迫使矿主满足工人要求以平息当时在鲁尔矿区的大罢工，并提出了扩大社会立法的改革计划。结果，这种无视旧有宪法规定的行为使俾斯麦极为恼火。不过，他虽愤愤不平，却没有提出辞职。

影响双方关系的另一问题是，是否延续反社会主义的"非常法"。俾斯麦对以和平方式争取工人已不存幻想，他主张以比过去更加严厉的方式镇压社会民主党人。在新的反社会民主党人法提案中,他甚至提出授权市政当局随时可把所有社会民主党人的领袖驱逐到乡村。他希望以此激起他们的过激行为,以便获得残酷镇压的借口,但威廉二世不同意这项议案。这并非因为皇帝对社会民主党人抱宽容态度,而是要满足他认为可以用和平手段把工人争取到自己一边的虚荣心。他向大臣们表示,他要当"乞丐们的国王",而不打算用血腥镇压和猛烈攻击工人来开始自己的统治。结果,俾斯麦主张的反社会民主党人法遭到否决,该党恢复了12年前的合法地位。

皇帝和宰相在外交方面也有分歧,特别是在对待俄奥两国关系上,分歧十分明显。俾斯麦在三帝同盟解体后,一直没有放弃联俄的努力,他认为联奥不应以拒俄为代价。尽管德俄之间的矛盾日益尖锐,但只要有一线机会,俾斯麦都不愿得罪俄国。威廉二世受军界的影响,密切关注着俄军的调动情况,认为对俄采取友好政策是不现实的。新任总参谋长瓦德西不断向威廉二世灌输仇俄的思想,竭力主张对俄国发动一场先发制人的战争。1890年3月的一天,皇帝在宰相的写字桌上发现了几份文件,其中一份是来自圣彼得堡的机密报告,内容是沙皇关于威廉二世的评论,题目是《他是一个缺乏教养的恶少》("他"指威廉二世)。年轻的君主被激怒了,他开始接受瓦德西的看法:不罢宰相的官是没有道理的。

导致皇帝直接向宰相摊牌的是一件小事。为了使除自己之外的任何人不对皇帝产生影响,俾斯麦从档案中找出1852年9月8日由弗里德里希·威廉四世签发的一道诏令。该诏令要求除国防大臣之外,所有大臣与国王商讨大事之前都必须首先请示首相。目空一切的威廉二世表示不能接受这种限制他自由接近大臣的做法,他一再示意俾斯麦废除这一诏令。3月17日，他派副官去通知俾斯麦：或废除这一诏令，或提出辞呈。为了维护自身的权威，俾斯麦表示不愿做出让步。于是，他于3月18日向皇帝提出辞呈，威廉二世立即予以批准。

关于俾斯麦免职的原因迄今仍有种种不同说法，但实际上它反映了不同时代德国政治家难以平息的矛盾冲突。冲突的一方是一位执政28年、早已习惯自行其是的老权臣；另一方则是一位刚愎自用、雄心勃勃的年轻君主，他不容权势过大的宰相牵制自己。威廉二世的近臣曾这样奉劝皇帝：弗里德里希大王登位时，如果有一个像俾斯麦这样位高权重的首相，他还能成为"大王"吗？这无疑给年轻好胜的君主留下深刻印象。对俾斯麦而言，他在职的时间的确太长了，他早已衰老僵化，无法适应新君主的新作风和新要求。

此后9天是宰相职位的空位时期。俾斯麦在执掌相权28年即将离去之际，还有几项细小的义务需要履行。他首先怀着极为复杂的心情最后一次到夏洛滕堡，在那里向长眠的威廉一世献上三束玫瑰花。接着，他又对皇太后做了礼节性拜访，以取得她的同情。最后，他威严地进宫参加了他的继任者卡普里维将军的就职仪式。威廉二世授予他劳恩堡公爵的头衔和陆军元帅的军衔。俾斯麦自我解嘲地对长子赫伯特说，皇帝把他最优秀的将军任命为首相，把他最优秀的首相任命为将军。俾斯麦被解职曾引起一些震动，虽然没有一个人呼吁俾斯麦继续留任，但源源不断的慰问电、名片、花束像雪片一样涌向宰相府。俾斯麦戏谑地把这一情景喻为一级国葬。在国外，他的离职也引起强烈反应。伦敦著名的报纸《笨拙》精辟地以漫画《老船长离舰啦！》反映了俾斯麦在近30年中在德国和国际舞台上的重要作用。人们认为，俾斯麦治国艺术的精华在于不要使政策在执行时超越危险的界限，要为体面退却和改组，留有选择余地，这始终是重要的。思想上有这种适应能力的政治家在德国或其他国家都是寥寥无几的。

1890年3月29日，俾斯麦终于深情地同他的官邸告别，列车在仪仗队和警卫团军乐队的奏乐声中穿过欢呼的人群，向弗里德里希斯鲁方向缓缓驶去，站在车厢窗口的宰相默默地注视着远处的原野、大地，回味着已经逝去的俾斯麦时代。1898年7月30日，俾斯麦在他的弗里德里希斯鲁庄园病逝。依照俾斯麦的遗愿，他的长子赫伯特说服皇帝放弃了为父亲举行国葬的建议。他那十分简朴的墓碑上写道：冯·俾斯麦侯爵……威廉一世皇帝忠实的德国仆人。

第六章
威廉二世的帝国

俾斯麦解职后,德国历史进入威廉二世时期。这一时期的基本特点是光辉灿烂的物质繁荣和恶性膨胀的军国主义极不协调地发展;宰相的职位不再占据国家政治生活的中心,君主从形式上开始成为内外政策的唯一决策者。这一变化深刻影响了这一时期的德国历史。人们慨叹,自中世纪以来,德国已上升为雄踞欧洲的强国,但在这位"德意志民族轻率而妄动的恺撒"的领导下,他们的国家正在一步步走向世界战争的深渊。理解这些变化的深层原因,我们至少需要追溯至1890年以来德意志帝国的经济及其对德国内外政策的改变所产生的巨大影响。

一、帝国的新发展

威廉二世时期,帝国在工业、商业、海外贸易等方面的新发展预示着德国作为世界一流强国的崛起。这一发展态势改写了帝国早期的发展纪录,也冲击着毗邻国家的利益,改变着当时欧洲各大国之间的相对地位,是这一时期德国内外政策形成的重要前提。

帝国人口快速增长，由1890年的4900万猛增至1913年的6700万。其中，城镇人口已从1890年的47%增至1910年的60%。这一人口规模和增长速度在欧洲仅次于俄国，远大于幅员稍大的法国。如果考虑到德国人的受教育水平、人均收入和社会供给远高于俄国，以及比法国更大的密度，这样的人口规模在数量和质量上都是强大的。

高素质的人口结构使军队受益。据统计，1905年，德国招募的新兵有2/3以上的兵源来自城市，在军队，特别是海军的技术化程度日益增长的情况下，受过教育、熟悉机器的城市青年，正在成为提高军队现代化水平最重要的成分。此外，同强大的英国皇家海军相比，德国海军在海战技术、舰船设备、夜间训练等方面更为优秀。威慑英国海上力量的不只是德国制造舰船的规模和速度，还有德国海军在一系列技术和训练上所表现出来的素质。

人力资源的增长也回应了工厂、企业、大公司、实验室，以及管理部门对熟练的技术工人、受过良好训练的工程师、优秀的管理人员和推销员的需求。自1890年教育会议以来，科学技术教育已得到人们的普遍赞同，多种科技学院，以及成人职业教育、实科学校和女子教育体系，都在为适应工业和商业的发展培养上述各类人才。就连农业这一传统的产业部门，也因知识和科技人才的运用，在这一时期创造出它的高效率。德国农民通过使用化肥和农用机械，大幅度提高了粮食产量，使每公顷的产量比其他任何一个大国都高得多。到1913年，德国农业总产值已达117亿马克，比19世纪中期高出近5倍。机械技术领域的许多发明创造，让德国农业无可争辩地跻身于世界所有文明国家前列。

然而，最能体现德国发展速度和程度的仍然是工业。在这里，德国才真正显示出这些年它的发展特色。其中,煤和铁的生产一直到19世纪末都是德国经济的基础。集中在鲁尔区、洛林、上西里西亚的煤矿开采和钢铁生产所具有的规模和速度,超过欧洲大陆上任何其他国家,并使第一工业国英国开始受到威胁。1890年至1914年,德国的煤产量从8930万吨增至2.79亿吨,仅落后于英国的2.92亿吨,但远远领先于奥匈帝国的4700万吨、法国的4000万吨和俄国的3600万吨。钢铁的增长速度更为惊人。到1914年,德国高达1760万吨的钢产量,已超过英法俄三国产量的总和。铁路建设自1879年实行国有化①后一直发展很快,到1895年已形成相对密集的统一铁路网。20世纪初,随着建设军事铁路和对旧有铁路进行电气化改造的需要,铁路建设持续发展。1890年至1913年,德国铁路长度从41 818千米增至63 700千米。德国成为欧洲铁路线最为密集、使用铁路最有效率的国家,有力推动了钢铁工业的发展。

  煤、铁和铁路建设的快速发展也引起了企业生产组织的深刻变化。其中,1893年出现的莱茵-威斯特伐利亚煤矿辛迪加,1898年至1903年通过兼并、联合100多家大型煤矿、冶炼厂和股份公司,到1913年已成为控制德国煤炭生产一半的巨型垄断经济组织。而1904年建立的"钢铁工厂联盟"则垄断了全国大部分钢铁生产,把钢铁生产的大型化推向新的高峰。大型垄断组织被视为一种有组织的力量体系,它源于生产规模的扩大,又促进了生产的进一步发展。它与银行之间联系密切,并得到政府的支持保护,大大提升了企业的生产能力和市场竞争力,是这一时期德国工业生产能够跳跃式发展,迅速赶上

---

① 德意志帝国的铁路时期始于1875年。由于个别邦反对,直到1879年,普鲁士实行铁路国有化,铁路建设才在全德全面展开。

并超过老牌资本主义国家英法的重要条件。

如果重工业的大发展是这一时期德国经济文化的基础，电力、化学、光学工业等20世纪新兴工业领域取得的进展就更加引人注目。在电力工业领域，西门子和通用电气公司这样的大公司的工人人数已增至14.2万，生产出占世界50%的同类产品。到1910年，德国已有195家电气公司，资本总额达12亿马克。1891年至1913年，德国电气工业总产值增加了28倍，电站的装机容量亦从1894年的3.9万千瓦增至1913年的360万千瓦。随着电气化的发展，在车辆、照明等领域，电力能源已得到广泛应用。在化学工业领域，以拜尔和霍奇斯特为首的化学公司早在1907年雇佣工人便达27万，生产了当时世界工业染料的90%。德国的染料工业不仅生产效率高，而且产品质量好，价格合理，已超越英国获得这一领域的世界领先地位。光学工业的产量和产值也大幅度增长，出口总值1912年已达6000万马克，在工业总产值中占据着重要份额。德国在新兴工业领域的快速发展，得益于最新科技成果的运用。正是这种偏爱，使19世纪下半期德国的工业生产比英国，甚至比美国进展更快。

这段快速发展历史的成就也反映在德国对外贸易增长的数据中。1890年至1913年，德国出口贸易额增长了两倍，由33.27亿马克增至100.97亿马克；贸易总额占世界贸易总额的13%，已接近占15%的世界头号出口国英国。与此相适应，德国的商船也有了巨幅增长。汉堡美洲邮船公司和北德轮船公司垄断了全国的航运业，组成第一支有竞争力的德国商船队。1888年，这支商船队还主要由帆船组成，注册吨位为120万吨；1913年，它已全部改为轮船，注册吨位为310万吨，船只的数目从3811艘增至4850艘，只增加了1/4，但吨位增至原来的2.5

倍，船员增加了两倍。在25年里，德国港口的海运吞吐量增加三倍，运入量由980万吨增至2960万吨，运出量由790万吨增加到2100万吨。其中，汉堡已超过伦敦和马赛，成为仅次于纽约和安特卫普的世界第三大货物转运港。到第一次世界大战前夕，德国已成为仅次于英国的世界第二大商船拥有国。与此同时，德国在世界制造业所占的份额已达14.8%，高于英国所占的13.6%，超出法国所占6.1%的近1.5倍。此外，国民财富也以每年增加30亿至40亿马克的速度增长。1914年，德国国民总收入已达120亿美元，高于英国的110亿美元，是法国60亿美元的两倍。1890年前后全部人口的30%，1913年的全部人口的60%，达到应纳税的最低收入。自1880年起，储蓄银行存款增长9倍，同人口变动相比约增长4倍，远超过欧洲可比国家的水平。这些都表明，经过20余年的发展，德国不仅成为驱动欧洲经济高速增长的动力之源和欧洲第一工业强国，而且已步入世界上最富有的国家行列。

这些不同凡响的发展成就对德国世界地位变化具有的含义，很快就通过国内民族主义组织表达的对海外领土的热情和帝国内外政策的相应改变表现出来。早在1891年，新成立的"泛德意志协会"就在其宣言中宣称，德国缺乏幅员足够大的殖民地，没有在任何条件下都可以使德国工业得到保障的市场。该协会要求在非洲和南美洲建立辽阔的殖民帝国，并号召德国政府重新瓜分英法两国，以及各殖民小国的殖民地。同时，一些泛日耳曼主义者也要求重新划分欧洲领土，要求把斯堪的纳维亚、荷兰、丹麦和瑞士的一部分并入德意志帝国版图，并打算使比利时、法国东部和波罗的海沿岸地区也遭到同样的命运。从战略和经济上考虑，他们特别想夺取加来海峡（多佛尔海峡）沿岸地区，以及布律埃和隆维铁矿区。他们声称，法国的三色旗在敦刻尔克、里尔、阿尔特赖特（位于下日耳曼），以及南锡、吕内维尔、图尔和凡尔登（古洛林公国）尚未落到日耳曼鹰的脚下之前，德意志帝国是不会感到满足的。这些露骨的呼吁和敦促德国增强在欧洲和海外影响的宣传，不久就在帝国政府那里得到回应。自1895年以来，德国统治者上层就坚信，德国的工业化和海外征服像自然法则一样不可抗拒，希望在欧洲大陆狭窄的边界之外完成重要任务。更有甚者，德意志帝国领导者已经开始实施海洋战略，发展海上力量，同商业和殖民地一样视为帝国一项不可动摇的国策。他们宣称：在海洋问题上，在任何遥远的地方，如果没有德国，没有德国皇帝参加，绝不允许做出任何重大决定。这种扩张主义腔调，相对于俾斯麦谨慎有限的强国目标，是一种彻底转变。作为一个正在崛起的大国，它意味着对旧有既定的国际秩序的挑战。这种挑战能否成功，并不完全取决于经济实力，甚至军事实力、地缘因素、外交技巧和国内秩序一并发挥着重要作用。其中，地缘因素是影响德国实现新目标的重要障碍。

德国地处欧洲大陆中心，东南西三面分别与陆上大国俄奥法三国为邻，西北与海上强国英国隔海相望。这种"天生被包围"的环境，使它的发展似乎同时威胁到这些大国的利益。它历史上的扩张主义传统，军队优良的战斗素质，凭借众多人口和庞大的工业基础实际动员起来的参战人数，再加上泛德意志重组欧洲边界的号召，使法国和俄国感到恐慌，迫使它们彼此之间更为接近。德国海上力量迅速发展，就像它对低地国家和法国北部的潜在威胁一样，使英国感到极度不安。即使德国扩张的矛头是指向海外的，但不侵入其他大国的势力范围就无法实现目标。很显然，当拉丁美洲被视为美国的势力范围，俄国和英国向西亚、东亚渗透，日本侵入中国东北，法国和英国打算修补、连接在非洲的殖民区域时，几乎两手空空的德国已很难插手对殖民地的分割，就连把葡萄牙在非洲的殖民地搞到手的努力也遭到英国人阻拦。这种在欧洲被四面包围、在海外无从插足的现实，使德国对既定有利于老牌资本主义大国的国际秩序强烈不满。同时，它的工业潜力和陆海军快速发展，它也最有实力要求对现状做出改变。但是，改变旧秩序的要求往往会受到维持现状力量的限制，并且只有在要求改变旧秩序的力量大于维持旧秩序的力量时，旧秩序相对稳定的局面才会被打破。这样，如何在不招致太多反对的情况下改变现有国际秩序，就需要高超的外交技巧。此外，随着工业化深入，容克上层担忧农业利益相对减少，担心有组织的工人运动的兴起和工业繁荣时期社会民主党影响的扩大，也希望通过对强权政治目标的追求，转移国内政治分歧的注意力。能否在传统的容克权力精英和实力不断壮大的新兴资产阶级与充满变革要求的大众构成的多元社会维持平衡，实现国家利益，同样需要非常成熟的治国理政之道。然而，自俾斯麦去职后，德意志帝国似乎已成为一艘"失去舵手的航船"，隐藏在帝国重要目的表象后面的是决策的混乱和不稳定。这固然与帝国宪法中制度的缺陷有关，但更多应归咎于威廉二世个人的性格弱点。急于表明自身气概的德国皇帝及其顾问们，与前代政治家相比，缺少的不只是政治经验，包括追求目标的灵活策略、量力而行的现实主义态度，还有成熟稳健的精神气质和素养。对一个年仅29岁就继承了"世界上最重的皇冠"的人来说，他的个人品质和惊人个性不应一笔带过，因为它构成帝国兴衰史的重要内容。

二、年轻的君主

威廉二世于1859年降生在普鲁士宫廷。皇储特殊地位，他从小养成狂傲的性格，惯于发号施令，夸夸其谈。1888年6月15日，他接替父亲弗里德里希三世登上皇位。弗里德里希三世的统治仅维持约100天，他实际上是继承了祖父威廉一世的皇位。继位两年后，他迫使俾斯麦辞职。自此，他大权独揽，影响德国历史达28年，成为德意志帝国的末代皇帝。

如前所述，威廉二世继位时已经29岁，但无论在心理上还是政治上，他都是一个尚不成熟的人。受左臂先天性残疾影响，他的心理发

威廉二世

育一直不健全。一方面，他将此归罪于他的母亲对他早年缺少照料，对母亲终生抱有敌意；另一方面，他一直通过扮演强健而又敏捷的军人角色，来掩饰自己的生理缺陷。这两个方面都助长了他心理上的弱点，即：因缺少母爱和惯于掩盖内在弱点而表现出极为敏感的自我意识。人们普遍认为，这是这位年轻王子形成犹疑动摇气质的重要心理因素。他经常用一种虚张声势的傲慢态度来掩盖内心的犹疑动摇。在虚假的高傲外表下，他实质上是一个敏感、胆怯和神经质的人物。一位观察家曾这样评价威廉二世：他几乎没有一个时刻不意识到他自己，只是没有意识到他在自我挣扎。这是一种无意识地跟自我作对的性格，他对自我的全神贯注始终没有得到克服。

这种性格缺陷，还在于他从霍亨索伦家族祖先那里继承的对炫耀与官场虚饰的喜好得到进一步发展。他既继承了军人国王弗里德里希·威廉一世对高个子军官的偏爱，也像弗里德里希一世那样热衷于宫廷的豪华排场。他每天都想过生日。正如菲利普·欧伦堡伯爵所说：对这位君主来说，每天都是一场化装舞会。他爱好虚饰，在他统治的前16年，他命令自己的卫队更换制服达37次。他本人几乎每天都要更换衣服，最多时每天更换6次，并且总是身着海军上将制服去观看歌剧，包括他最喜欢的歌剧《漂泊的荷兰人》。在他最高兴的时候，他周围总有一群狂热的谄媚之徒，向他高唱赞歌，大献阿谀逢迎之词。他们知道：他只需要阳光，于是只让他知道好事喜事，而把其他一切坏事对他隐瞒起来。

威廉二世沉浸在阿谀奉承之中达25年之久。这群谄媚之徒，除了宫廷贵族和容克贵族，还有德意志北部诸城市的富绅和大西洋彼岸的美国阔佬。驻华盛顿大使施佩克·施特恩伯格在一次公开的讲话中，将皇帝描绘成世界上最伟大的万能圣人,是一位在工业和科学、艺术和音乐各方面都具有同样水平的大师。学界巨子多伊森教授曾说,皇帝领导着我们从歌德到荷马和索福克勒斯[①],从康德到柏拉图。

在一片颂扬声中,威廉二世变得飘飘然,如堕五里雾中,更加不可一世。他深信自己是神之所选,负有神命,坚信上帝给自己的使命就是领导人民建立伟大功业。统治20年之后,他骄傲地声称,他从没有读过宪法,也不了解宪法。在他看来,把德意志帝国锤炼出来的是士兵和军队,而不是议会决议。因此,他继位之初颁布的第一道圣谕不是《致我的人民》(像他的前辈那样),而是《致我的军队》。他声称,他和军队是一体的。他们天生互相帮助,他们将站在一起,永不分离。

威廉二世个性和心理上的弱点,因许多拍马奉承者的鼓动而急剧膨胀,也因他智能上一些有益的天赋而获得危险性发展。除了浮躁虚荣的一面,威廉二世个性深处还有色彩丰富、富有魅力并使所有见到他的人都着迷的一面。他是一个为人称道的健谈家。在私人交往中,他给人们留下的印象是富有魅力,充满善意,而又和蔼可亲。他对新知识具有罕见的理解力和广泛的吸收能力,对艺术、音乐和科学技术领域的最新发现有浓厚的兴趣和一定的文化修养。尤其为人称道的是他那滔滔不绝的演说才能。他是一位优秀的即兴演说家,发表演讲通常不用讲稿。只要演说开了头,话语通常顺口倾泻而出,犹如火山爆发,穿山出峡,奔腾咆哮,大有一泻千里之势。这种出众的演说才能和智能结构上的多样化天赋,原本可以把他塑造成一个有作为的

---

① 索福克勒斯(公元前496年—前406年),古希腊悲剧作家。

政治家，但由于心理素质的缺陷和环境的误导，他成为当时德国政治舞台上最具矛盾性的人物，成为当时德国弱点的典型代表。结果，罕见的感悟能力变成了狂妄自负，雄辩的演说才能变成了夸夸其谈、信口开河。研究者认为，他的性格特征是他所面临的各种矛盾的反映：有母亲与儿子的矛盾、普鲁士与英国的矛盾、专制主义与自由主义的矛盾、传统与现代化的矛盾。威廉二世最鲜明的特征体现了封建浪漫主义同最先进的科学技术思想的混合。他曾像他的叔祖父弗里德里希·威廉四世一样迷信神秘的招魂术，但又是霍亨索伦王朝统治者中第一个愿与大工业家交朋友并积极支持技术进步的人。这种矛盾性支配着威廉二世的整个政策，也是他的统治能够维持28年的基本原因。俾斯麦是较早认识到新皇帝弱点的政治家之一。他于1890年曾抱怨说，威廉二世总是胡思乱想。他从不冷静地深思熟虑，而是灵机一动就信口开河，毫不考虑自己身居高位，应该小心谨慎。

威廉二世是在父亲暴卒的情况下，突然接管了这个由俾斯麦缔造的帝国，从缺少治国训练意义上讲，他也是不成熟的。两年前，他父亲就曾指出，鉴于皇储不成熟，又有傲慢自负、自高自大的倾向，让他接触外交政策问题，实属危险之事。弗里德里希三世的担心被不幸言中，但当时只有少数人才能对年轻的皇帝做出确切判断。

德国皇帝就是这样一个在心理上、政治上迟迟不能走向成熟的人物。他性情多变，反复无常，易受外界影响，他亲政不免给德国的内外政策带来许多不确定因素，并使君主这一职位，因宪法制度上的缺陷，开始对德国的未来产生潜在危险。他不只继承了普鲁士王国，继承了德意志帝国，甚至在两年后接替了铁血宰相俾斯麦的无上权力。如同俾斯麦一样，威廉二世的统治也维持了28年。但威廉二世时期与俾斯麦时期是两个虽有密切联系，但又截然不同的时代。除了自由资本主义向帝国主义过渡这一总的时代特征之外，威廉二世时期的显著特点是决策的混乱和不稳定。此外，在统治技巧上，已没有一个人能像俾斯麦那样"同时玩5个球"。从这个意义上讲，威廉二世时期的确是德国一个新的历史时期的开端。

三、新路线

威廉二世的统治实际是从更换帝国宰相开始的，但是俾斯麦的继承人没有一个能填补俾斯麦去职后留下的权力真空。1890年至1917年，俾斯麦留下的职位先后由4个人担任。他们是利奥·冯·卡普里维（1890—1894）、克洛德维希·霍恩洛厄-希灵斯菲斯特亲王（1894—1900）、伯恩哈特·冯·比洛亲王（1900—1909）和特奥巴尔德·冯·贝特曼-霍尔韦格（1909—1917）。其中，前两位执政时期，帝国处在一个对内对外政策的过渡时期，即新路线时期。

直接接替俾斯麦的卡普里维，原为普鲁士陆军军官，曾担任海军大臣，是一位具有高度责任感和进步观念并惯于听命的优秀军人。他是被俾斯麦推荐作为自己接班人的。俾斯麦认为，卡普里维是处理矛盾重重的国内政策最适合的坚强人物。威廉二世接受老宰相的推荐，是期望惯于听命的士兵会成为他亲政的得心应手的工具。尽管如此，俾斯麦下台被安慰性地任命为陆军大元帅时，仍然不无讥讽地叹道，皇帝把他最优秀的将军任命为首相，把他最优秀的首相任命为将军。实际上，卡普里维既不是俾斯麦政策的继承人，也不是威廉二世的好

卡普里维

帮手，而是一位具有民主思想和改革意识的优秀官员。在担任宰相的4年中，他废除了《反社会党人法》，将三年军役期缩减为两年，对波兰人采取了安抚政策，降低了关税，并在普鲁士实行了累进所得税制和三级选举制的改革。卡普里维的另一项重要成就是通过与奥地利、意大利、比利时、瑞士、罗马尼亚、俄国等一系列欧洲国家的谈判，签订了商务条约，通过降低德国关税，放宽农产品进口限制，为刺激德国工业品出口到农业国家创造了条件。这些都使卡普里维在自由派资产阶级中获得较大声望，但也使他成为普鲁士容克统治集团攻击的目标。威廉二世原指望通过卡普里维改革，否定俾斯麦的镇压政策，以缓和阶级矛盾，但是社会民主党和工人阶级所持的斗争立场，使威廉二世大感失望。他决定恢复俾斯麦的镇压政策，通过制定一项新的特别法令来打击社会民主党的活动。但卡普里维反对皇帝采取这一政策。他力图使德意志民族经历过伟大人物和丰功伟绩的时代之后回归日常生活，并为建立这种日常生活所需要的社会平衡创造条件。他的理想和实践在施政初期曾取得了一些引人注目的成就，但在保守势力的反对和皇帝自相矛盾态度的干预下，最终归于失败。1894年10月，他被威廉二世免职，接替他的是克洛德维希·霍恩洛厄-希灵斯菲斯特侯爵。

霍恩洛厄侯爵是巴伐利亚人，时年75岁。他曾任巴伐利亚内阁首相兼外交大臣。帝国成立时，他出任驻巴黎大使。自1885年起，他任阿尔萨斯-洛林最高行政长官。皇帝任命一位老迈之人为宰相令人惊讶，因为在皇帝动摇不定的态度和日益繁杂的国内局势面前，年迈宰相已没有足够的精力胜任这一职务。显然，他是皇帝过渡性人选，只行使有名无实的权力。尽管这位年迈的宰相从一开始就打定主意，只穿一身整齐的职员外衣，同时永远不开口，但他仍然同变化无常的皇帝发生了冲突。1897年，威廉二世开始辞退霍恩洛厄周围最亲密的工作人员，宰相陷入日益孤立的境地。老宰相后来提出辞职的理由对了解威廉二世的治国风格是十分耐人寻味的。他写道，所有一切有关外交政策的事情都是由陛下和比洛（未来的宰相）商议决定的。国内政策问题由主管部门的主管人员处理，用不着他参与，因为他们知道，陛下是不听他的意见的。在报刊上，他必须承担责任，不得不在国会进行答辩，他自己并不知情。所有人事问题都不需要他的建议，甚至连情况都不知道就做出了决定。实际上，霍恩洛厄的宰相任期是一个"没有宰相的宰相任期"。

适应威廉二世变化无常、自相矛盾的思想并协调皇帝与国会的矛盾，是新首相伯恩哈特·冯·比洛的任务。比洛于1900年10月霍

比洛

恩洛厄去职以前曾负责外交部的工作。这是一位比前几任更富有文化素养、温文尔雅、圆熟机敏、熟谙政治技巧的人。他巧于辞令，善于随机应变，有着取悦于人的高超本领。对阿谀皇帝，他被认为最有办法的人。威廉二世亲政10年，自以为慧眼独具，终于发现了一个勤奋聪明而又能毫无异议地执行他的命令的工具。实际上，这是一位思想肤浅、毫无内政经验、只会玩弄政治花招的政治家。比洛出身于外交界，担任宰相后，他把主要精力集中在对外政策方面，而国内政策主要是通过帝国内政部国务秘书波萨多夫斯基伯爵来协助其制定和实施。比洛国内政策的主要目标是警惕国内危机，通过推行避免与国会发生冲突的政策，取得国会多数的支持，以使人们感到德国正在发展某种议会制政府，来掩盖威廉二世统治的专制主义和军国主义性质。波萨多夫斯基受命从两个方面争取同议会多数派的妥协。第一，他放弃了过去镇压社会民主党的政策，利用并恢复了许多陷入停顿的社会立法，来争取工人群众逐渐与君主国和睦相处。在波萨多夫斯基主持下，《疾病保险法》《工伤事故保险法》有了新的改善，通过国家补助推动工人住宅建设的计划，自1901年起由政府每年拨款400万至500万马克开始启动。禁止社团之间互相联系的条文遭到废除，对国会议员的开会补贴金也于1906年批准实施。这些都部分地争取到工会和社会民主党的赞同。第二，延长卡普里维时期的协定并适当提高关税税率，这既迎合了农场主的农业要求，又保证了工业品出口不受大的影响。这种妥协得到天主教中央党、民族自由党和保守党中温和派的支持，维持了比洛政府在帝国议会多数派中的威望。但是比洛政府同国会多数派之间的"蜜月"是短暂的。1904年，德属西南非洲爆发赫里罗人和霍屯督人反抗德国殖民统治的起义，政府为维持守卫部队要求国会追加2900万马克，天主教中央党和社会民主党一起反对追加殖民预算，使之没有通过。两党共同取消追加预算损伤了帝国作为殖民大国的荣誉心，而天主教中央党要求缩减守卫的殖民军队是对皇帝军事指挥权的干涉。比洛决心同天主教中央党决裂，不久就解散了国会（1906年12月13日），并号召为了帝国利益同天主教中央党和社会民主党进行斗争，从此宣告了波萨多夫斯基辅政时期的终结。

比洛为了挽回残局，在1907年大选之后与保守党人、民族自由党人和进步党人联合，组成"比洛集团"与天主教中央党和社会民主党对抗，结果又构成国会的多数派，并维持到1909年。比洛的集团政策没有从根本上挽救他的政治命运。以"《每日电讯》事件"著称的皇帝失职行为牵连了比洛，导致了他引咎辞职。

《每日电讯》是英国伦敦一家著名报刊。1908年10月28日，该报记者斯图亚特·沃特利发表了一篇威廉二世访问记,文中报道说,威廉二世声称他本人是英国的朋友,但在国内持这种态度的人属于少数,德国舆论是与英国敌对的。他还承认在英国同南非布尔人战争期间,曾送给维多利亚女王一份作战计划,英国人战胜布尔人就是利用了这一计划。威廉二世笨拙鲁钝而又毫不掩饰的轻率谈话,暴露了德英关系恶化的真实原因,他所谓给女王提供反布尔人计划的说法,被视为傲慢自负,在英国引起了极大愤慨。在德国国内,几乎所有党派都对皇帝的独断和不负责任表示震惊和抗议,甚至最保守的派别也发表声明,要求皇帝今后更多克制自己。

这篇访问记在发表以前,沃特利曾把它寄给威廉二世征求是否可以发表。皇帝把原稿送给外交部,问发表它有没有问题。外交部又把原稿呈送比洛审定。比洛只字未看,只让一位下属官员审查。这位官员没有提出或不敢提出异议,原稿又送返皇帝。这时,威廉二世随手便加上自己的批语:发表,没有问题。访问记经过这一番周折,回到编辑部,最终发表出来,震惊了两国朝野。面对各党派暴风雨般的批评,比洛不敢承担责任,反而私下也指责威廉二世,声称如果皇帝今后不更多地自我克制,宰相就不能对帝国的政策负责。威廉二世把宰相的指责视为背叛,从此他决定伺机让比洛下台。"《每日电讯》事件"严重损伤了皇帝的威望,也暴露了比洛在处理政务时的马虎态度。几个月后,因选举法改革在普鲁士引起分歧,比洛失去国会多数派的支持。在相继失去皇帝和国会多数派的信任后,比洛被迫于1909年7月14日辞去宰相职务,接替他的是贝特曼－霍尔韦格。

贝特曼－霍尔韦格曾是比洛政府的内政大臣,和精明能干、处事圆滑的前任相比,他是一个严肃认真、责任心强却"迟钝缓慢"的人。他缺乏政治上贯彻自己主张的能力，也缺乏勇于决断的精神，是一个普鲁士官僚与教师的风格相结合的人。人们讥讽他手里总是拿着粉笔。他缺少外交事务经验，虽继承了比洛的遗产，并得到皇帝信任，他却没有足够的本领处理1914年前后德国所面临的各种复杂形势。

贝特曼-霍尔韦格承担了他的前任未能实现的普鲁士选举法改革的任务。他知道把帝国选举法搬用到普鲁士会阻力重重，但他仍想在普鲁士选举法方面进行一些改良。1910年2月10日，贝特曼-霍尔韦格把新的选举改革草案提交国会审议。提案主张在普鲁士实行直接公开的选举，区分选民等级时将不再考虑原规定选民须年纳税5000马克的限制。为了照顾自由派和保守派的利益，提案把"有文化的人"，以及担任公职为国家做出贡献的人，按其纳税额所定等级提高一级。这一规定既包括大学毕业生，也包括退伍士官。然而，这一微小的改革尝试仍遭到保守党的抗拒，结果改革的许诺无果而终。此后，贝特曼-霍尔韦格又将改革的意图转移到阿尔萨斯-洛林方面，希望在这块帝国的新征服地区发展具有帝国内部性质的"个性"，而使当地居民不再想成为法国的一个省。由于阿尔萨斯-洛林地区的特殊性，改革的阻力较弱，结果两院制（第一院议员一半由皇帝任命，一半由教会、城市和同业公会委派；第二院由直接或秘密分等级投票产生议员）的宪政体制，终于在这块帝国的土地上建立起来。但是这一体制不能从根本上改变阿尔萨斯-洛林的状况，德国驻军与当地居民时常发生摩擦冲突，如何维持这一地区的稳定，仍是德国皇帝和他的宰相的一块心病。

1913年，适逢威廉二世即位25周年。由于政治统一的巩固和工业发展的成就，不少德国人沉浸在一片乐观和自豪的情绪之中。许多历史学家、社会学家、哲学家、经济学家、技术专家和新闻记者在为威廉二世的统治高唱赞歌，大献谀辞，以表庆贺，其规模和程度超过对德国历代帝王的颂扬。但是，也有相当多的进步人士没有为表面上的物质繁荣和军事威力所蒙蔽。他们透过表面的繁荣和强大，为德国内外环境的恶化而担忧。事实上，自威廉二世即位以来，表面上灿烂辉煌的物质繁荣与军国主义的恶性膨胀都在不协调地发展，德意志帝国正居于世界战争的火山口。了解这一趋势，我们需要回顾威廉二世时期帝国对外政策的发展。

四、世界政策

把俾斯麦时期同威廉二世时期截然分开的因素之一是对外政策。如果俾斯麦时期德国外交政策的重点在欧洲，威廉二世时期已明显转向世界。从"大陆政策"到"世界政策"，是德国国家实力、地位发展变化的产物，也同决策者的个人素质与外交风格密切相关。透过繁芜丛杂的外交文献，那些构成一国人民及其领袖的思想和愿望，也对外交事务及其结局产生重要影响。因为时代发展留下的印记和一个民族在政治上、心理上根深蒂固的历史传统，总要通过一定时期居于领导地位、有权采取行动的人物所发挥的影响表现出来，构成一个国家在不同时期对外交事务处理的重要差异，特别是程度上的区别。

俾斯麦统治时期，德国外交政策和威廉二世时期外交政策的基本区别在于，前者的外交政策是有限制、有约束的，基本具有和平性质。1870年德国统一后,俾斯麦意识到新帝国需要一个长久的和平发展时期,因此他致力于把德国的精力限制在欧洲大陆,并通过精心建立一个制约性同盟体系来维护帝国的安全。这样,他的外交政策就具有明显的防御性质,他称之为"大陆政策"。"大陆政策"的核心是德国、奥匈帝国、意大利三国同盟,并通过"三皇同盟"和《再保险条约》,保持同俄国的友好关系,最后达到最大限度地孤立法国的目的。在欧洲大陆之外,俾斯麦也设法与英国和平相处,支持英国和其他列强在亚非两洲的扩张,以便把它们的注意力从欧洲引开或加剧它们之间的不和,最终使德国成为欧洲的仲裁人。这种对奥、意、俄、法、英等国不同外交方针,构成俾斯麦外交的基本特点,其中阻止法俄两国接近,避免东西两线作战,是俾斯麦"大陆政策"的核心内容。尽管同俄国的关系多有反复,但维持德俄友好一直是俾斯麦始终致力贯彻的目标。俾斯麦为维持德俄关系所做的努力给圣彼得堡留下了深刻印象,但只有在这位大外交家引退后,俄国宫廷才感受到威廉二世在维持俄德关系方面形成的空白。

俄国人的惋惜和担心不是多余的。俾斯麦下台不久,威廉二世和他的新宰相便离开德国维持近30年的小心翼翼的欧洲安全政策航道,向"世界政策"的新路线全速前进。从一个大陆强国进而成为一个世界强国的渴望,以及伴随而来的殖民主义和海军扩张,标志着德国与俾斯麦时代的外交政策分道扬镳。打破俾斯麦外交坚冰的第一个举措是中止德俄《再保险条约》。《再保险条约》缔结于1887年6月18日,是德俄之间的一项秘密协定。条约规定:遇到大规模战争时,德俄双方保证相互保持中立,除非俄国主动进攻奥匈帝国或德国主动进攻法国。条约最初有效期为三年。该条约限制了俾斯麦对法行动的自由,但在保证德奥联盟体系的基础上，把德俄关系稳定了三年。作为一种权宜之计，它使德国有时间寻求新的保证，以防止来自俄法两线作战的危险。

1890年，《再保险条约》期满，新上任的德国卡普里维政府认为这个条约已不能阻止法俄联盟的形成，决定不再续订条约并积极寻求新的结盟方式以打破法俄接近。至此，俾斯麦长期致力维系的德俄关系开始公开走向恶化。在德国国内，老毛奇及其助手军需总长瓦德西伯爵已积极筹划打一场对俄的先发制人的战争，以摆脱难以避免的两线作战局面。后来，俄国曾第二次、第三次试图在做出重大让步的情况下争取与它的西部邻国达成新的协议并续订条约，但都遭到卡普里维及其外交班子的拒绝。他们认为俄法两国结盟从长远看是不可能的，同时俄国与英国也绝不会达成谅解。英法在北非，英俄在中亚激烈争夺，它们都会被迫向德国靠拢，因此德国享有选择自由的种种好处。正是在这种错误判断的支配下，德国开始超越俾斯麦的亲俄战略，把俄国这个军事巨人逐步推向法国一边。

德国在背弃《再保险条约》后，通过签订《黑尔戈兰-桑给巴尔条约》在圣彼得堡造成了亲英反俄的深刻印象。黑尔戈兰岛是英国于1815年从丹麦手中取得的旨在对付未来的大陆封锁体系的一块潜在走私基地。该岛地处易北河口并能作为正在开凿的北海至波罗的海运河西口前一道不可缺少的屏障，德国决定出让东非索马里海岸的德属殖民地，并把桑给巴尔岛及其附属岛屿的保护权交给英国，以换取黑尔戈兰。这笔交易加深了沙皇对德国亲英反俄立场的认识，消除了法俄接近的最后障碍，法国开始被视为对付相互结盟的中欧大国的天然盟友，一步步走向俄国的怀抱。

1891年7月，一支法国海军舰队驶抵喀琅施塔得要塞对俄国进行访问，这是自1812年拿破仑侵俄战争以来法国军事代表团首次造访俄国。为了欢迎法国使团的到来，沙皇亚历山大三世破天荒地在微风中脱帽聆听一向在俄国禁止演奏的《马赛曲》。这一前所未闻的举动给了法国舰队最高礼遇，也引起欧洲舆论界的普遍关注，它表明法俄两国已从传统的敌对关系发展到友好合作的新阶段。1892年8月，法国总参谋部副总参谋长再次访问俄国。在圣彼得堡，两国经过磋商，最终达成关于缔结军事专约的协议。依照这一协议，俄国受到奥匈帝国和德国的进攻，或者法国受到意大利或德国，以及两国的联合进攻，法俄两国将相互提供军事援助，届时俄国将提供兵力130万，法国则出兵80万。1893年12月27日和1894年1月4日，协议先后经俄法两国政府批准，法俄军事同盟正式形成。至此，欧洲大陆的军事强国已分为相互威胁的两大军事阵营：一方是俄国和法国，另一方是德国和奥匈帝国。由于双方结盟基础的稳固性，在欧洲大陆国家中已形成若干固定的结盟体系。这一体系结束了俾斯麦十分重视的法国孤立状态，也使德国处于受结盟的两翼国家夹攻的地位。

由于两翼威胁的加强，现在德国特别注意同英国保持良好关系。自《黑尔戈兰－桑给巴尔条约》签订以来，英德关系并未获得突破性进展。起初，德国一直希望英国能够加入三国同盟，但惯于奉行"光荣孤立"的英国迟迟不愿对德国的呼吁做出反应，因为它不愿过早卷入大陆体系而失去自由选择的权利。1893年夏，英法两国在印度支那的湄公河谷发生的冲突似乎为德国带来新的希望，但自1892年开始执政的自由党格莱斯顿内阁一直对德国的结盟鼓励持十分克制的态度。除了传统影响，德国经济和军事实力的急剧膨胀，是英国在结盟关系上裹足不前的真正原因。进入19世纪90年代以来，德国由于新的科技革命和垄断组织的发展，工业生产和对外贸易均有长足发展，不仅增长速度超过了英国，而且其产品已在欧洲市场上排挤英国商品。19世纪80年代，英国在对德竞争关系方面已感受到强大压力，而它在19世纪90年代面对德国的发展成就，已从惊讶转变为深深忧虑。与此同时，德国开始加紧殖民扩张。争取建立一个幅员辽阔的殖民帝国并在一些经济落后的国家夺取"势力范围"，已成为德国对外政策的一项战略任务。到19世纪90年代中期，夺取殖民地几乎已成为德国对外政策的最重要目标，英德两国的关系开始由冷淡转向决裂。德国的强大力量，使英国政治家对德国更加怀疑和警惕，德国向英国表示的好感和结盟要求，由于英国不信任感的增强，已失去价值和意义。

从谋求与英国结盟到英德对抗，是德国外交战略由大陆政策向世界政策演变的重要转折。如果放弃与俄国的结盟是对俾斯麦大陆体系的重要修正，同英国展开激烈的竞争则是推行世界政策的重要体现。卡普里维因预料到了法俄两线作战的强大压力，曾竭力避免同英国发生政治冲突。但他下台后，不顾两翼威胁，致力于殖民扩张并与英国展开竞争的政策开始占据上风。人们普遍认为，1897年7月比洛出任外交国务秘书，海军上将阿尔弗雷德·冯·蒂尔皮茨（1849—1930）出任海军大臣，总参谋长阿尔弗雷德·冯·瓦德西（1832—1904），外交部官员霍尔斯坦因相继受到重用，是德国推行世界政策的显著标志。自这一时期起，德国统治集团的野心已冲破俾斯麦设下的各种限制，狂热地要求实行一项能体现德国实力的毫无保留的世界政策。

比洛，这位健谈机智的外交家，自1897年主持外交部工作，1900年升任宰相，连续12年都是世界政策的象征。他的演说技巧、应变才能和潇洒风度，曾引起国际外交界的一片赞誉，连俄国老牌外交家戈尔查科夫也称颂他是一位卓越的策略家。事实上，比洛是一位能力薄弱、思想肤浅的政客。他不善于考虑比较远大的目标和对外政策的前景。过分聪明的头脑，使他往往只在表面现象上做文章，而缺乏对国际形势和外交决策深入细致的分析和全面谋划。有人说，他可以一连几个小时面对镜子练习将在国会发表的演说，不仅能反复推敲需要讲的词句，而且十分注意琢磨语调和面部表情，但在重大的外交决策方面，他往往漫不经心，轻下判断，缺乏深沉的思索和耐心。他的这些个性素质得到同他一样肤浅的威廉二世的赏识，也成为后者外交决策和外交风格的一面镜子。

比洛主持外交部后，德国外交战略的目标主要集中在两个方面：一是争夺殖民地，二是大力扩充海军。德国的殖民扩张始于俾斯麦执政后期。1884年4月24日，俾斯麦宣布不来梅商人吕德里茨开拓的西南非洲地区受德国保护，通常被视为德国殖民政策的"诞生日"。同年7月，纳赫蒂加尔宣布，喀麦隆海岸地区为德国占有。第二年，东非和桑给巴尔岛，以及南太平洋上的若干岛屿也沦为帝国的保护地。这样，德国在俾斯麦执政时期就开始建立其殖民帝国了。但是，俾斯麦坚持他的殖民政策的商业性质，表示只有在商人已经开始经营的基础上才开拓殖民地。他反对建立拥有卫戍和殖民官员的殖民行政机构，主张学习和效法早先东印度公司的榜样，由商业界负责开拓事宜。俾斯麦对殖民地有自己独特的看法。他认为，殖民地绝不会增强一个国家的实力，只会使国家的力量单单从一个方面伸向外部世界，这可能暂时给国家的实力增添光辉，但不可能保持久远。所以，在俾斯麦时期，德国的殖民扩张尚处于"史前时代"，在整个对外政策中不占重要地位。

然而，自威廉二世即位以来，特别是比洛进入外交部后，受经济实力迅速膨胀的驱动，争夺殖民地开始演变为一项基本国策。要求实行殖民主义的动机各不相同，但都在为一个殖民帝国进行鼓动。比洛这位身负外交重任的圆滑政客自然不能置身舆论之外，他于1897年12月6日在帝国议会的雄辩演说中，为德国的殖民政策做了全面辩护，这成为大力推行殖民扩张的宣言。比洛指出，各民族在争夺统治大有发展前途的地区的竞争中，从一开始就不应当把德意志排斥在外。德意志过去曾有那样的时期，把土地让给一个邻国，把海洋让给另一个邻国，而自身只剩下纯粹在理论上主宰着的天空，可是这种时期已经一去不复返了。……

非洲是德国殖民扩张的起点，但是它全面推行世界政策时，非洲大陆已接近被瓜分完毕。为了把自己的非洲领地连成一片，进而参与对非洲的再瓜分，德国制订了一个从大西洋（西南非洲）到印度洋（东非）的斜断中南非洲的计划。这个计划囊括德属西南非洲、葡属安哥拉、比属刚果的一部分、德属东非和葡属莫桑比克。这个计划一旦成功，不仅能为德国提供丰富的矿业资源、农业资源和新的投资场所，还将拦腰截断英国纵贯非洲的开罗－开普敦殖民体系，并以此为基地南北延伸，进一步蚕食非洲大陆。为了排除竞争对手，德国不断通过对南非布尔人的支持来打击英国殖民势力，并积极向南非渗透资本，甚至准备宣布德兰士瓦为德国的保护国，不惜与英国开战，同英国展开激烈争夺。

近东和西亚是亚非欧三洲的交通枢纽和战略要地，也是德国殖民扩张的重要目标。在"向东方推进"的口号下，德国急欲插足中近东地区，控制奥斯曼土耳其帝国，把小亚细亚变为德国的工业品市场、投资场所和粮食产地，并排除英俄法等国在这一地区的传统势力。为了控制奥斯曼土耳其，德国采取最有可能达到这一目的的手段，就是修建具有战略意义的巴格达铁路。铁路，是德国向小亚细亚进行渗透的最强有力的工具。自1893年起，在德意志银行的支持下，一条从博斯普鲁斯海峡到安卡拉的铁路正式通车以来，德国人已正式进入西亚政治舞台。其后，从德国向奥斯曼土耳其输出的产品总值增加了350%，而从奥斯曼土耳其输出至德国的产品总值飞跃至700%以上。到处是德国的推销员，德意志东方航运公司在汉堡、不来梅和伊斯坦布尔之间建立了直接航线，东方研究也在德国变成一门流行学科。但是，最诱人的计划是修建一条从博斯普鲁斯海峡通往波斯湾的铁路。这条铁路从伊斯坦布尔穿过小亚细亚、美索不达米亚直达波斯湾海岸。这条铁路将与已经通车的汉堡经柏林、布拉格、维也纳、布达佩斯、贝尔格莱德、索菲亚到伊斯坦布尔的铁路连成一线，成为德国"向东方推进"最强有力的工具。它将拦腰切断英国从陆上通往印度的道路，把整个近东地区和西亚都囊括进德国的势力范围，从而严重威胁英国在北非、西亚和印度的殖民利益，也将妨碍英国对波斯湾地区丰富的石油资源的独占。这条铁路被德国殖民者恰当地称作"架在英属印度上面的一把利剑"，它不仅刺中英国的要害部位，而且严重损害了俄国在黑海海峡和小亚细亚的利益，对奥斯曼土耳其最大的债权国法国的利益也构成严重威胁。因此，英俄法三国都竭力阻挠德国这一计划的实现，并通过对奥斯曼土耳其施加压力和加强对波斯湾的控制与德国对抗。为了争取对这条铁路的租借权，1898年10月，威廉二世在比洛的陪同下，以朝觐圣地为名，亲访奥斯曼土耳其，赢得了奥斯曼土耳其苏丹的好感，为德意志银行在优惠条件下取得了渴望得到的铁路租让权。1903年，当德国最终获得巴格达铁路修建权的时候，惊慌的英国已在酝酿与法俄两国合作，以阻止德国的东进愿望。从这个意义上讲，巴格达铁路是形成英德对抗并最终导致第一次世界大战的重要成因。

远东也是西方列强激烈争夺的前沿阵地，德国急切要求在那里占有一席之地。为了在远东水域获得海军基地，继而在中国扩张殖民势力，德国远东舰队前任司令海军上将蒂尔皮茨（现任海军大臣）选中了山东半岛南岸的胶州湾。1897年11月，两名德国传教士在山东曹州巨野县被杀，德国以此为借口，以武力强占中国胶州湾，接着于1898年3月胁迫中国签订《中德胶澳租借条约》，取得包括青岛在内周围半径约50千米的胶州湾领土的租让权，并攫取了修筑胶济铁路和在山东开采矿山的权利，将山东纳入德国的势力范围。德国侵占胶州湾后，列强纷纷效仿，掀起瓜分中国的狂潮，旅顺、大连、九龙、威海、广州湾、福建相继被划为俄、英、法、日等国的势力范围。深重的民族危机和灾难在中国触发了一场波澜壮阔的反帝爱国运动。领导这一运动的是义和团。1900年6月，义和团进入北京，包围各国使馆并杀死德国公使冯·克林德。西方列强决定联合出兵镇压义和团，英、法、德、日、俄、美、意、奥组成八国联军，以德国将领瓦德西伯爵为统帅，发动了空前规模的侵华战争。在联军的野蛮镇压下，轰轰烈烈的义和团运动陷入失败。1901年9月7日，随着丧权辱国的《辛丑条约》的签订，中国的半殖民地危机进一步加深。德国在瓜分中国、镇压中国革命的活动中扮演了急先锋的角色。同时，它与其他列强的矛盾也变得更加尖锐了。

在太平洋地区，特别是在辽阔的太平洋水域，德国长期以来一直渴望得到一块海军基地。自1889年以来，一直由英美德三国共同管辖的萨摩亚群岛，成为德国试图完全独占的目标。1898年7月，德国利用美西战争之机，向美国提出结束共管萨摩亚群岛并移交德国单独占领的要求。遭拒绝后，它又利用次年英布战争爆发的机会向英国敲诈。德国既在该群岛制造内讧，以损害共管的声誉，又在外交上不断恫吓英国。结果，英国被迫让步，将群岛中的两座岛屿划归德国，结束了这场纠纷。德国得到了英国施舍，但也加深了英德之间的对抗。

德国世界政策的另一重要目标是大力扩充海军。海洋是建立世界性扩张体制的保障，英国正是借助其海上霸主地位成为世界性殖民帝国的。德国要想争夺世界霸权，必然要打破英国的海洋垄断地位，并且只有扩充相当的海军力量，才能迫使英国在殖民地方面做出让步。威廉二世宣称，德国的殖民目的，只有在德国已经成为海上霸主的时候方能达到，帝国的力量意味着海上力量。惯于领会威廉二世意图的比洛也在国会演说中为大力发展海军进行鼓动。他认为，与德国历史上任何时候相比，海洋已成为国家生活中一个重要因素……它已成为一条生死攸关的神经。如果德国不想让一个蒸蒸日上、充满青春活力的民族变成一个老气横秋的衰朽民族，就不能允许这条神经被切断。德国必须成为一个海上强国。这代表从威廉二世到各种民族沙文主义宣传机构的共同意愿。正是在一片民族沙文主义的鼓噪声中，德国的海军军备建设步步升级，成为对外扩张争霸的重要工具。

1897年6月17日，冯·蒂尔皮茨出任海军大臣是德国大力扩充海军的重要信号。蒂尔皮茨原为德国远东舰队司令，上台伊始，不仅制订了庞大的海军扩充计划和技术方案，而且通过创办商业参谋部、海军协会，出版《航海年鉴》，在全德迅速掀起一股建设强大海军的狂热浪潮。在新闻界、知识界、工商界，他系统运用一切宣传技巧，甚至引用汉萨同盟古老的航海传统来唤起人们对海洋的浪漫情怀。威廉二世发现，他已恰当任用了一位足以把位居世界第七的德国"婴儿舰队"提升为可向不列颠海军挑战的合适人选。

1898年3月17日，德国帝国议会以压倒性多数票通过蒂尔皮茨提交的第一个海军扩建法案。该法案规定了7年海军预算，计划到1904年德国海军舰队应配有主力舰19艘、海防装甲舰8艘、巡洋舰42艘，拟耗资4.8亿马克。1900年6月12日，鉴于两年前的法案已不能适应海军发展的要求，国会又通过第二个海军法案。新法案几乎把海军舰只装备数目扩大了一倍，规定到1915年德国海军将拥有34艘战列舰、11艘重型巡洋舰、34艘轻型巡洋舰和100艘驱逐舰，加上其他预备役军舰，总耗资18.6亿马克。英国为保持海上优势，加紧舰队升级。1906年，英国第一艘体积和航速都超越旧式军舰的巨型无畏舰下水。英国海军部估计，无论技术水平还是基尔运河的深度，都制约着德国建造此类军舰，德国海军将无法超越英国海军。但是英国估计错了：德国很快着手建造无畏舰，并挖深了基尔运河。1906年，德国国会通过第三个海军法案，无畏舰开始在德国港口下水，并且今后一切新式战列舰都必须是无畏舰级的军舰。到1908年，德英无畏舰的比例已达3：4。此时，蒂尔皮茨又向国会提出第四个海军法案，计划1908年至1911年每年建造4艘无畏舰。英国决心保持"双强标准"（英国海军吨位不少于两个大国海军吨位的总和），德国每建造一艘无畏舰，英国就建造两艘。双方的海军军备竞赛进入白热化阶段。

德国海军力量的迅速增长和咄咄逼人的扩张态势，不禁令列强，特别是英帝国倍感威胁。为了摆脱困境，应付挑战，英国被迫放弃传统的"光荣孤立"政策，着手调整对外关系。1902年1月，英国与日本签订同盟条约，正式迈出与大国结盟的第一步。此后，英国又争取与法国接近，以图联法抗德。英国国王爱德华七世（1901年至1910年在位）是18世纪以来英国国王中唯一一位有远见的政治家。他对欧洲局势的发展，以及德国的强大对英国的威胁早有认识，而法国当局渴望收复阿尔萨斯－洛林的要求也推动英法走向和解。经过一段时间谈判，英法在殖民地问题上最终达成谅解，并于1904年4月签订了《英法协约》。《英法协约》标志着英国正式与法俄集团联合起来，成为准备对德战争的重大步骤。

《英法协约》签订后，英俄关系也开始走向缓和。英俄关系原比英法关系更为紧张，因为两国在西亚、中亚和远东都是竞争对手。但是，俄国在日俄战争中失败，英俄在远东的矛盾已经减弱。此外，德国加紧在近东和西亚扩张，也使两国感受到合作的必要。1907年8月，英俄签订协定，调整了它们在波斯和阿富汗的势力范围，最终由对抗走向合作。《英俄协定》的签订标志着英法俄"三国协约"的最终形成。"三国协约"的出现，及其与德奥意"三国同盟"的对峙，意味着欧洲已裂变为尖锐对立的两大军事集团。然而，两大军事集团的出现对各国外交的意义是不同的。英法两国参与"三国协约"后最终摆脱了德国威胁下的孤立；在东亚扩张受挫的俄国通过限制自己在中亚的行动，开始借助协约的力量重新追求其在东南欧的目标；意大利虽加入同盟国集团，却因谋求地中海的利益，日益向协约国靠拢。德意志帝国除了与日渐衰落的奥匈帝国结盟之外，事实上已陷入完全孤立。它所谋求的世界政策，由于一连串的外交失误和对自身力量的过高估计，已经走向失败。日益迫近的世界大战从一开始就隐含着德国悲剧性失败的结局。但是，正如德国社会民主党领导人倍倍尔指出的："整个国家仍然陶醉在军事荣耀之中，在一场大灾难使我们清醒之前，人们对这种情况毫无办法。"

三心二意的同盟伙伴

五、走向世界大战

英法俄三国关系由疏远对抗演变为友好协作，是对德意志帝国的严峻挑战。自1904年以来，由于法俄同盟和《英法协约》的存在，德国东西两面受敌的形势已经形成。此外，英国加入法俄集团后，德国对手的力量大大增强，国际体系的天平已向协约国一方倾斜。为了摆脱孤立，德国积极改善同俄国的关系，重续德俄友好，从而拆散法俄联盟或是通过俄国拉拢法国，组成一个反英的大陆同盟。此外，它还决定在英法协定涉及的敏感地区，即摩洛哥，给法国以打击，迫使法国让步，削弱英法合作的前景。

联俄的尝试因俄国对法国资本的依赖无果而终，德国便把注意力全部集中到摩洛哥问题上。围绕摩洛哥问题发生的国际危机和局部冲突，加剧了两大军事集团的矛盾，成为走向全面战争的序幕。

摩洛哥地处非洲西北端，北临地中海，西濒大西洋，交通便利，商业发达，矿藏丰富，加上它的重要港口丹吉尔扼守着进入地中海的门户直布罗陀海峡，它早已成为西方列强激烈争夺的对象。法、德、英、意、西等国都想扩大在摩洛哥的势力，彼此争斗排挤，相持不下。在摩洛哥人民长期反抗斗争下，直到20世纪初，这块战略要地仍保持着独立地位。法国长期以来把北非视为自身的势力范围，在占领突尼斯和阿尔及利亚之后，加紧对摩洛哥渗透扩张，成为在摩洛哥影响最大的势力。1900年，法国与意大利签订协约，允许意大利在利比亚自由行动，换取了其对自身在摩洛哥扩张的默认。1904年4月，《英法协约》签订，法国以放弃它在埃及的权利换取了英国对法国在摩洛哥权益的承认。同年10月，法国又与西班牙缔约，划分了两国在摩洛哥的势力范围。自此，法国已初步实现了对摩洛哥大部分领土的控制。1905年1月，法国提出了一个对摩洛哥全面改革的计划，企图完全控制摩洛哥的内政和经济，通过"和平渗透"使之成为自身的殖民地。德国原来对法国在摩洛哥和北非的扩张持容忍态度，目的是让它的西部邻国转移对欧洲的注意力，放弃收复阿尔萨斯-洛林的念头。但是《英法协约》的签订，以及法国在地中海势力不断扩张，已危及德国的称霸计划。为了试探《英法协约》的牢靠性，并遏制法国的扩张势头，德国决定插手摩洛哥事务，给法国施加压力，以削弱英法关系。

1905年3月31日，威廉二世在首相比洛的陪同下，示威性地访问了丹吉尔港。在前来欢迎的摩洛哥国王代表和各国公使面前，威廉二世发表了针对法国的挑衅性演说。如同数年前在西亚朝圣一样，他在丹吉尔以摩洛哥人民的保护人自居，在维护摩洛哥主权的招牌下，要求各国在摩洛哥的地位完全平等，实际上否认了法国的特殊权益。他警告摩洛哥苏丹必须慎重对待法国的改革建议，事后又通过德国驻摩洛哥公使，要求苏丹拒绝法国的改革计划。

对德国在摩洛哥问题上的挑衅，法国一开始一直持坚决对抗的态度，以致德法关系一时十分紧张，战争大有一触即发之势。德国外交部称，如果法国军队越过摩洛哥边界，德军就立刻越过法国边界。在德国的战争威胁下，法国内阁考虑到《英法协约》尚不稳固，俄军尚在远东与日本作战，无法在东线全力支持法国，法军本身也未做好战争准备，故而决定缓和与德国的关系。经过磋商，法国表示接受德国的建议，召开国际会议来讨论摩洛哥问题。

1906年1月16日，有13个国家参加的国际会议在西班牙的阿尔赫西拉斯举行。会议在形式上对德国做出让步，承认摩洛哥独立，并建立一个由西班牙银行监督、西方各大国提供贷款的国家银行，对摩洛哥财政实行国际管理，各国在摩洛哥享有平等经济权利。但是在摩洛哥的警察管理权方面，会议出现尖锐分歧。法国要控制这一特权，但遭到德国反对。英俄两国积极支持法国，美国也站在法国一边。意大利、西班牙因与法国订有协议，也与法国立场一致。奥匈帝国因在摩洛哥没有特殊利益，虽支持德国，但态度并不积极。所以，除了奥匈帝国无精打采的支持外，德国在会上实际处于孤立地位。最后德国被迫让步，以法国和西班牙分别掌管摩洛哥的警察管理权而告终。

阿尔赫西拉斯会议没有使德国达到打击法国、削弱《英法协约》的目的，反而因自身外交上的孤立做出让步，加强了法国在摩洛哥的地位。此外，英法关系、法俄关系也进一步加强。摩洛哥问题的国际解决消除了一次战争危机，但没有削弱列强之间的矛盾，暂时"缓和"潜伏着新的更大的战争危机。

1908年，巴尔干半岛又爆发了波斯尼亚危机。巴尔干半岛是欧洲的"下腹部"（英国首相丘吉尔），也是进入东方世界的门户和桥头堡。在历史上，这里曾是多重文化的交会之地，古希腊文化、拉丁文化、拜占庭文化、斯拉夫文化和穆斯林文化，在这里冲突、交会，形成这里奇特多姿、充满活力的文化景观。随着奥斯曼土耳其帝国兴起，这里又成为西方基督教文明与穆斯林文明冲突交会的边缘地区。奥斯曼土耳其帝国衰落，推动了西方列强和正在崛起的俄罗斯加紧填补这一政治真空。掩盖在大日耳曼主义和泛斯拉夫主义旗号下的渗透扩张，其实是俄奥德三国在这一地区激烈争夺的反映。

波斯尼亚和黑塞哥维那原为奥斯曼土耳其在巴尔干的属地。1875年夏，先后在黑波两地爆发的民族起义动摇了奥斯曼土耳其的封建统治，也引发了持续三年的近东外交危机。俄奥两国在巴尔干的争夺冲突成为危机的焦点。为了抑制俄国的扩张气焰，在1878年6月召开的柏林会议上，在俾斯麦的周旋下，波黑两地暂时由奥匈帝国代管。奥斯曼土耳其遭到一次有限瓜分。俄国因没有完全实现扩张目标，迁怒于德国，从此与德奥关系不断恶化。1908年7月，奥斯曼土耳其发生

第六章　威廉二世的帝国

青年土耳其党人领导的资产阶级革命，推翻了苏丹哈米德二世的独裁统治，宣布恢复宪法，实行君主立宪。奥匈帝国认为这是正式吞并波黑两省的绝好机会，俄国也想趁机分割奥斯曼土耳其领土并控制黑海海峡。9月16日，奥俄经过密商达成协议，俄国同意奥匈帝国兼并波

法国报纸描绘的波斯尼亚危机

（中间的保加利亚亲王宣布独立于奥斯曼帝国，左边的奥地利皇帝吞并了波黑两省，右边的奥斯曼苏丹则看着这一切发生。）

黑，奥匈帝国则同意黑海海峡对俄国军舰开放。10月，奥匈帝国正式宣布吞并波黑，但俄国争取自由通过黑海海峡的权利因英法反对未获成功。奥匈帝国的兼并行为开始遭到俄国反对。波黑两地居民大部分为塞尔维亚人和克罗地亚人，他们长期坚持反对奥斯曼土耳其的统治和奥匈帝国的控制，渴望与塞尔维亚国家联合，组成统一的民族国家，塞尔维亚也一直把这两个地区视为未来建立统一的南斯拉夫国家的组成部分。当奥匈帝国正式宣布吞并波黑两省时，塞尔维亚也向奥方提出强烈抗议。俄国出于反奥目的，打着"支持南部斯拉夫兄弟"的旗号，竭力煽动塞尔维亚对奥战争。奥匈帝国力图用武力压服塞尔维亚，并得到德国支持。这样，巴尔干地区的冲突一下子变得具有两大集团对抗的性质。1909年2月，在德国的影响下，奥斯曼土耳其政府与奥匈帝国签订协定，以获得奥方250万英镑为补偿，放弃了对波黑两省的主权。俄国面对奥匈帝国吞并波黑的既定事实和德国的战争威胁，在未能得到英法两国有力支持的前提下，被迫劝说塞尔维亚放弃一切反奥宣传和战争准备，波斯尼亚危机遂告平息。但是，此后德奥与俄国的矛盾更加尖锐。

波斯尼亚危机刚过两年，德法在摩洛哥的冲突又趋尖锐，因而出现了第二次摩洛哥危机。1911年4月，摩洛哥首都非斯爆发人民起义，法国以保护侨民为借口于5月出兵占领非斯，并很快控制摩洛哥全境。7月1日，德国因不甘心法国独占摩洛哥，派炮舰"豹号"开抵阿加迪尔海面，对法国进行军事威胁。这一事件被称为"豹的跳跃"，德法关系顿时紧张起来。两国舆论相互指责，战争迫在眉睫。危急关头，英国出面干预，反对德国军舰在摩洛哥西海岸停驻，支持法国对德采取强硬态度。英国不能容忍德国在直布罗陀附近建立海军基地，以威胁其南下好望角航道的安全，声称：在摩洛哥问题上，如无英国参与，结果英国绝不承认。7月21日，英国财政大臣劳合·乔治在当晚举行的伦敦市长宴会上进一步表明了英国的态度。他指出，如果强迫英国处于这样的境地——只有以放弃英国经过几个世纪用英勇精神和胜利业绩争得的重要的优越地位作为代价才能维护和平的话，如果在涉及英国切身利益问题上无视英国存在，仿佛它在世界人民的大家庭中已不再起任何作用的话，以这样的代价换来的和平将是一种屈辱，对这样一个伟大的国家来说是不能容忍的。

在英国的强硬态度面前，德国再次感受到了《英法协约》的力量，它不得不降低要求，与法国磋商妥协条件。经过一番讨价还价，德国以法国割让部分法属刚果领土为条件，承认了法国在摩洛哥的特权。随后，德国军舰悄然撤离阿加迪尔港，但留下了对英国干预难以抹去的嫉恨，英德矛盾已无可挽回地恶化了。

第二次摩洛哥危机对德国政局产生了重要影响。民族沙文主义者指责政府懦弱犹豫，招致受屈辱，同时仇英情绪迅速高涨。德国军界大声疾呼扩充军备，誓与盎格鲁－撒克逊民族决一死战。在这样的背景下，德国不仅海军军备步步升级，大力扩充陆军的计划也发展到新的阶段。

早在1893年，德国国会就通过扩军法案，把陆军平时编制扩充至58.9万，6年后又增至61.9万。1896年，德军首先采用新式77毫米速射重炮装备陆军，实战能力大为增强。自1905年起，在总参谋长施里芬伯爵（1833—1913）主持下，德国开始制订在东西两线同时对法俄作战的计划，史称施里芬计划。依照这一计划，德军将集中优势兵力于西线，绕道比利时、卢森堡和荷兰，从侧翼包抄法国，以闪击战、歼灭战迅速击败法国，然后掉头东进，迎击俄军，迫其缔结和约。施里芬计划是对原总参谋长老毛奇出奇制胜战略原则的继承和发挥，它不仅强调在战略上先发制人，集中优势兵力打歼灭战，而且主张尽可能进攻敌军的侧翼和后方，迫其在两面作战。施里芬计划形成后，成为德国第一次世界大战前夕基本的作战方针，此后的新计划只是补充它，而不是取代它。施里芬计划把决战的重点放在西线，为集中优势兵力，它要求"陆军尽可能强大"。1911年摩洛哥危机以来，德国一面疯狂扩充海军，一面又加速扩充陆军。1912年，德国再次拟订扩编陆军13.6万和加强重炮部队的计划。到1913年，德国拥有先进技术装备的现役军人已达76万。1914年第一次世界大战爆发前夕，德国常备军人数已增至89.1万。此外，德国增设了一支拥有50只飞艇、6个兵站的飞艇部队。

对某些观察家来说，德国陆军扩展的规模和作战能力给人留下的印象并不怎么深刻。因为德国不仅与法国军队的规模不相上下，而且要与拥有130万前线部队和号称500万后备军的俄国武装力量相比，不免在数量上有些相形见绌。然而，德国的军事力量是潜在的。1890年至1914年，德国人口从4900万增至6700万，净增1800万；而同期法国人口仅增加100万多一点儿。依靠从普鲁士时期就形成的后备役军事制度，德国总参谋部不仅能组建100多个师，而且拥有可征召1000万适龄青年入伍的潜在兵力。相比之下，法国只有500万。除了高效并以最先进战术思想武装的总参谋部外，德军拥有数十万训练有素、接受过高水平教育的优秀军官。在德国军队的构成中，军官所占比例庞大，这是在战时能够迅速扩充军队的关键因素。此外，在德国的学校体制培养下，德军士兵的文化素质位居欧洲各国军队之首。根据相关资料，俄国的兵员中每1000人约有1/3是文盲（约330名），奥匈帝国是220人，法国是68人，而德国只有一个人是文盲。高水平的文化素质保证德军能够迅速接受最先进的技术装备，并通过发达的国内交通、快速的动员体制，在战斗前沿集结优势兵力，给对手以沉重打击。当然，德国的军事优势主要来源于它的经济实力。1914年，德国的钢产量已达1760万吨，这个数量已超过英法俄三国产量的总和；在电力、光学、化学等新兴工业领域，德国引人瞩目的发展成就更使它的对手相形见绌。第一次世界大战前夕，德国在世界制造业中所占的份额已达14.8%，高于英国的13.6%，而法国为6.1%。当1911年和1912年的国际紧张局势促使柏林决定大规模扩充陆军时，德军军事装备上的投资幅度是十分惊人的。1910年至1914年，德国陆军的预算从2.04亿美元猛增至4.42亿美元，而法国仅从1.88亿美元增至1.97亿美元。法国维持着与德国近似的军队数量，但它几乎征召了89%的适龄青年，而德国只需招募53%的适龄青年就达到了这种军事集结。同样是后备役军人，德国人受到良好的教育和训练，可把他们部署在前线行动，而法国和俄国只能把他们留在后方使用。德国的军事优势表现在素质、技术等不能完全用数量来表达的因素上。

1905年至1914年，德国的经济发展和军事实力已达到一个空前的高峰。德国能否保持这种相对优势，取决于德国自身的发展和邻国力量的消长。但是，两大军事集团的存在，俄国所承担的结盟义务，以及它与德奥两国的尖锐矛盾，决定了俄国不可能得到斯托雷平所期望的20年和平时间。如同克里木战争、日俄战争一样，它将不得不再度通过战争考验来确定在欧洲强权政治中所拥有的某种地位。俄国如此，英法也是如此，德奥集团更是如此。随着英法两国对德国的疑惧不断加深，随着比洛宰相与威廉二世不断宣称"德国世纪"正在到来，以及德奥在巴尔干持续扩张引起圣彼得堡恐慌，欧洲各大国正在一步步走向世界战争的深渊。1911年至1913年，发生在地中海东部的三场战争最终把列强之间的矛盾推向沸点。它们是1911年至1912年的意土战争、1912年的第一次巴尔干战争和1913年的第二次巴尔干战争。

的黎波里（利比亚）位于地中海南岸，具有重要的战略地位。为了吞并的黎波里和昔兰尼加这两块奥斯曼土耳其帝国属地，意大利发动了对奥斯曼土耳其的战争。战争持续到1912年，奥斯曼土耳其被迫把两地割让给意大利。意土战争在一定程度上削弱了意大利与德奥集团的联系，并使奥斯曼土耳其帝国陷入困境。受此鼓舞的巴尔干各民族，包括保加利亚、罗马尼亚、塞尔维亚、希腊等国乘机联合起来发动了对奥斯曼土耳其的新战争，是为第一次巴尔干战争。1913年5月，巴尔干同盟各国最终战胜奥斯曼土耳其，奥斯曼土耳其帝国几乎被赶出欧洲。但是，紧接着胜利的巴尔干各国之间又发生了激烈争吵，以保加利亚为一方，以塞尔维亚、希腊和罗马尼亚为另一方，又爆发了新的战争。奥斯曼土耳其为收复部分失地也参加到反保一方作战。势单力孤的保加利亚于1913年7月战败，被迫先后与塞希等国和奥斯曼土耳其签订和约，出让大部分领土。巴尔干国家新的力量组合为欧洲各大国控制巴尔干事务提供了可乘之机。从此，塞尔维亚、希腊和罗马尼亚得到俄国支持，加强了同协约国的联系，保加利亚则转向德奥集团一边；奥斯曼土耳其亲德政府上台，加紧向德国靠拢。于是，巴尔干地区性的矛盾冲突便带上了两大军事集团尖锐对抗的性质。巴尔干成为列强矛盾的聚合点，也成为最敏感、最易爆发战争的地区。

1914年6月28日，发生在波斯尼亚首府萨拉热窝的谋刺奥匈帝国皇储的事件，成为引发第一次世界大战的导火线。

经过两次巴尔干战争，奥斯曼土耳其帝国在东南欧的统治基本瓦解，这一形势大大鼓舞和推动了仍在奥匈帝国统治下的各被压迫民族争取独立的斗争。其中，1908年为奥匈所兼并的波斯尼亚和黑塞哥维那两地的斯拉夫人，要求摆脱异族统治，与塞尔维亚合并，建立统一的民族国家的愿望日益强烈。塞尔维亚，在两次战争中获胜，也成为南部斯拉夫人所瞩目的反抗异族压迫、争取民族统一的强固核心。这一形势引起多瑙河哈布斯堡帝国的极度不安，为了摧毁，甚至兼并塞尔维亚，奥匈帝国统治集团积极策划对塞战争。皇储弗朗茨·斐迪南大公和奥军总参谋长弗朗茨·康拉德·冯·赫岑多夫男爵是这一战争的主要策划人。他们决定在毗邻塞尔维亚的波斯尼亚边境举行一次军事演习，以塞尔维亚人为假想敌，蓄意挑衅，以打击斯拉夫人的反奥情绪。

1914年6月28日，天气晴朗，阳光灿烂，斐迪南偕同夫人出巡波斯尼亚。在观看三天的军事演习并检阅军队之后，奥匈帝国皇储希望在波斯尼亚首府萨拉热窝度过一个轻松愉快的周日，因为这一天正是皇储夫妇结婚14周年纪念日。为了保持访问的平和气氛，应大公请求，演习部队一律不准进入市区，当皇室车队缓慢驶过拥挤的大街时，只有稀疏的宪兵分布在路旁担任警戒任务。这个原本掩饰皇储出巡目的的天真想法没有改变当地人把斐迪南大公视为奥地利民族压迫象征的看法。在有礼貌的欢呼声掩护下，松弛的警戒为一场早已策划好的暗杀行动提供了条件。当天下午，当例行的欢迎仪式结束，大公夫妇驱车驶至距市政厅不远的一个街道转弯处时，遭到一个塞尔维亚爱国青年刺杀，当场身亡。

奥匈帝国皇储遇刺震动了整个世界，表示同情的电讯来自欧美各地。伍德罗·威尔逊发来慰唁，代表美国政府和人民表示深切同情。英国国王乔治五世宣告他的宫廷将致哀7日。为了不被人超越，沙皇尼古拉二世宣布致哀12天。但事发当天的萨拉热窝，气氛极其平静，只是到了第二天，一帮克罗地亚人和穆斯林通过劫掠和破坏塞尔维亚人聚集地区，对谋杀进行了报复，除50多人受伤外，波蒂奥雷克将军调集的部队进入市区，很快恢复了秩序。看来，这一切都意味着一个突发的地方性事件的结束。甚至在事发后一个星期，奥地利外交部仍保持沉默。当遇刺的皇储夫妇被埋葬两天后，年迈的奥匈帝国皇帝弗朗茨·约瑟夫没有参加葬礼就回到他的夏季别墅去了。皇帝的侍从官帕尔伯爵解释说这不过是另一次悲惨事件而已，它在皇帝的一生中是经常发生的，他可能会以任何别的见地来考虑这个事件。

斐迪南大公夫妇遇刺

第六章　威廉二世的帝国

然而，帕尔伯爵显然没有意识到的是，这件谋杀案与历史上的宫廷悲剧在性质和背景上是多么不同！在维也纳，事情正在发生新的变化，因为对斐迪南大公之死十分高兴的大有人在。外交大臣莱奥波尔德·冯·贝尔希多尔德伯爵，以及总参谋长赫岑多夫将军，他们数年前就怂恿皇帝对塞尔维亚开战，现在他们终于有了一个很好的借口和机会。

贝尔希多尔德于7月4日鼓励弗朗茨·约瑟夫皇帝向威廉二世写了一封私人信件并发出政府备忘录，探询德国意见。威廉二世在事发当天晚些时候已获悉事件的真相，当时他正在参加基尔运河竣工19周年纪念活动。作为朋友和猎伴，威廉二世对斐迪南遇刺十分震惊，同时隐约意识到了这件事在列强关系方面可能产生的爆炸性影响。几天后，当奥匈帝国皇帝的信件送达柏林时，威廉二世已从最初的震惊中恢复过来。他建议维也纳抓住这次机会，通过一场小规模战争来表明自身的大国地位。考虑到奥塞冲突可能局限于局部地区，为了打消盟友的顾虑，威廉二世向来使做出了一旦战争升级，德国将作为可靠的盟友站在奥匈帝国一边的承诺。当弗朗茨·约瑟夫收到德国皇帝的"担保支票"时，他以往谨慎的和平感觉顿时化为乌有。

7月23日，奥匈帝国向塞尔维亚发出最后通牒，如同维也纳惯常的作风，他们的行动过于迟缓，可望获得国际舆论支持的机会，因全欧洲对斐迪南大公被刺的愤恨情绪的逐渐消失而大大减弱。最后通牒的要求是十分强硬的，除了惩办凶手，禁止一切反奥宣传，取缔一切反奥组织，还包括由奥方政府提供名单从军队和政府中肃清一切反奥官员，由奥方参与调查、追捕和审判凶手。后一项内容是一个主权国家难以接受的。通牒限48小时答复。与俄国磋商后，塞尔维亚于7月

25日，即指定的时间以内，将措辞十分克制而又非常委婉的复照呈递奥匈帝国驻塞使馆。复照接受了通牒中提出的9项要求，仅对奥方派代表参与在塞方领土范围内调查暗杀大公事件的要求持有异议，他们认为，这将破坏宪法和刑事诉讼程序法。奥匈帝国原本不希望与塞尔维亚和解，便借口没有得到满意答复，当即宣布断绝奥塞之间的外交关系。7月28日中午，奥匈正式对塞尔维亚宣战。28日午夜，奥军的炮火响彻贝尔格莱德上空。这不是局部战争的信号，而是第一次世界大战的开端。俄国原想以牺牲塞尔维亚的利益暂时避免与德奥开战，但奥匈帝国对塞尔维亚宣战迫使俄国不再后退。7月30日，俄国宣布总动员。31日，德国要求俄国取消总动员。俄国既未答复，也没有停止动员。8月1日，德国下令总动员，并于当晚7时向俄国宣战。7月31日，向俄国发出强硬照会的同时，德国也向法国送交一份照会，要求知道法国在德俄开战后的态度，但法国只做了"保持行动自由"的含糊答复，并于8月1日也宣布总动员。为了争取速度，摆脱不可避免的两线作战，德国于8月3日对法宣战。8月2日，为实施对法作战计划，德国对比利时发出最后通牒，要求借道进攻法国。遭拒绝后，8月4日，德军开始强攻比利时。当天，英国以德国破坏比利时中立为由，对德宣战。这样，自"萨拉热窝事件"发生以来，在一个多月的时间里，欧洲各大国相继卷入这场旷古未有的世界大战。犹如一组多米诺骨牌，一牌掀倒，牌牌相逐，全部应声倒下。从柏林、巴黎、维也纳、圣彼得堡到伦敦，人们沉浸在战争的呼啸声中，超越一代人之久的俾斯麦式和平终结了。谁是这场战争的失败者？或许是古老的帝国结构和贵族制度，以及延续约4个世纪的欧洲文明的中心地位。

第七章
战时帝国

第一次世界大战爆发，标志着德国一个新的历史时期的开端。战时超常的社会动员和国家对工业生产及人民生活的强制干预和控制，使这个时期的帝国已完全被纳入战时轨道。对外持续作战，对内加速国民经济和社会生活军事化，成为战时德国的显著特点。此外，帝国的上层权力结构也因战时军队对政权影响的加深而发生显著变化。皇帝的权威虽依然存在①，但军事统帅日益成为左右内外政策的决定性力量，以至于到战争后期，总参谋部已获得指派或解除首相职位的权力，德国已俨然进入军事专政时期。战争旷日持久，破坏巨大，资源消耗殆尽的帝国最终因战败和一场革命风潮的冲击而走向崩溃。帝国时代曾经繁荣发展的上升态势和相应的生活节奏被打断。第一次世界大战结束后，和约使德国的工业和军事力量受到遏制，部分领土遭到剥夺，殖民地被瓜分，并被迫接受惩罚性巨额战争赔款。一个对帝国灭亡毫无责任的共和国，承担起帝国灭亡所留下的沉重负担，并开始了前途未卜的民主试验。

---

① 包括英国人约翰·洛克、法国人里昂耐尔·理查尔等一些学者认为，第一次世界大战期间威廉二世无非是个"影子皇帝"，对军事战略和国内事务已经没有或几乎没有任何发言权。

一、德军速决战战略的失败

自8月4日英国对德宣战以后，随着其自治领地和殖民地相继加入战争，战火迅速蔓延至西亚、非洲和远东，战争开始真正具有世界战争的规模，但欧洲的战略中心地位没有改变。在欧洲，意大利一直动摇于两大集团之间，战争一开始主要在德奥与三大协约国之间进行。从双方力量对比来看，德奥备战较早，装备先进，在战初占有一定的军事优势。其中，德国不仅军队训练有素，装备精良，而且与军事工业密切相关的重化工业的生产能力已超过英法俄三国的总和。这些要素与日益膨胀的人口相结合，不免使德国军队成为一支令人望而生畏的力量。但是，这些优势因它所处的地理环境和外交上的孤立被部分地削弱了。德奥在欧洲地理上的中心地位，决定了它们从战争一开始就面临着同时在西东南三线作战的不利形势。此外，天然易受包围的地缘与外交上的孤立，切断了它们与外部世界的联系，资源的有限性使之难以支持长期战争的消耗。协约国方面地域辽阔，资源丰富，有助于维持长期战争。因此，集中优势兵力，先发制人，发动一场速战速决的战争是中欧两强的战略选择。

如前所述，德国的作战方案，即"施里芬计划"形成于1905年，其出发点是避免在东西两线同时对法俄作战，力争在俄国军队集结之前，集中兵力于西线，通过奇袭合围的闪电战术，争取在三四周内击败法国，迫其投降，然后挥师东进，以全力打击俄国，增援南线的奥匈帝国，在三四个月内取得胜利，结束战争。

战争打响后，德国按预定计划，出动150万军队，在西线大举向法国发动进攻。在一个月的时间里，德军先后突破比利时中立防线，击败英法军队，占领法国北部，并于9月5日抵达距巴黎50千米的地方，法国政府被迫南迁波尔多。但是德国预期的胜利，因俄军出人意料地及早行动受到损害。出击东普鲁士的俄军已危及容克贵族的产业和利益，德国军方被迫从西线抽调两个军团回援，结果削弱了德军右翼突击包抄部队的进攻能力。重新调配兵力部署的法军在英比两国军队的配合下对德军进行了顽强抵抗，最终使德军包围敌人的计划失败，并使其中的一翼反而陷入法军的包围。在这种情况下，两军的对抗逐渐发展成第一次世界大战中规模最大的战役之一——马恩河战役。马恩河是流经巴黎的塞纳河的一条支流。9月5日，德国第一集团

马恩河战役

军孤军南下追击法军，驻守在马恩河北岸的德军成为法军分割合围的目标。战斗打响后，德国第一集团军被迫回援，来自巴黎的法军和行动迟缓的英军也向马恩河集结。原被德军追击的法国第五集团军、福煦指挥的第九集团军也回师马恩河，使德国两个集团军处于孤立无援的境地。9月5日至9月9日，在长达200千米的马恩河战线上，硝烟滚滚，炮声隆隆。双方投入兵力共达152万，经过反复冲杀，德军撤退至艾讷河，占领巴黎的目的没有达到；英法联军也没有力量把德军逐出法国和比利时。尽管双方都因伤亡人数不多说自身获得了胜利，但真正遭受打击的是德国。因为它宣告了施里芬计划的破产，德军已陷入可怕的两线作战境地。到1914年年底，西线已发展成持久性阵地战，德国速胜的希望化为泡影。

不过，德国虽遭受战略上的失败，但其经济资源得以加强。初战的结果，法国有近1/10的国土为德国所占领，其中包括法国工业生产最关键的地区。遭受这一损失，法国在未来的岁月里，失去了80%的煤，几乎全部的铁矿资源，以及东北部的大工厂。这些资源，加上德军在法比边境快速推进所夺取的有利地形[①]，大大强化了德国应对协约国军队发动大规模进攻的能力。尽管英法联军凭借人数优势曾发动多次进攻，但因条件不利，一直未能突破德军防线。直到1918年3月，双方在西部的战线变动，从未超出16千米。

在东线，战争初期德国仅布防一个集团军（第八集团军），连同东普鲁士各要塞警备部队共30万人，防御俄军进攻。俄军较早出击曾打乱了德军在西线的部署，但因军队素质太差，指挥无能，虽数量

[①] 1914年8月至9月，德军占据了法比边境以南高地的山脊线，能从那里俯瞰整个西方战线。

上两倍于德军，最终仍被新任集团军司令保罗·冯·兴登堡（1847—1934）和参谋长鲁登道夫（1865—1937）指挥的德军所败。兴登堡士官生出身，青年时期曾参加普奥战争和普法战争，两次获得穿越柏林凯旋门的殊荣。1873年，他进入柏林军事学院学习，此后长期在陆军参谋总部供职，深得上司小毛奇和施里芬的赏识。1903年，他被擢升为中将，出任陆军第四军军长。1911年，他退伍返乡。第一次世界大战爆发后，他重返总参谋部担任军职。1914年8月23日，他被任命为第八集团军司令，同新任的该军参谋长一道担负起抗击东线俄军的任务。埃里希·鲁登道夫早年就读于陆军士官学校，1890年进入陆军大学学习，1893年毕业后任战术教官，1908年任总参谋部第二处处长。第一次世界大战爆发后，在斯特拉斯堡担任旅长的鲁登道夫被调往西线参战，任第二集团军参谋处长。在德军攻打比利时列日要塞的关键战役中，鲁登道夫指挥炮兵猛攻炮台，并身先士卒，冲入敌阵，为拿下列日要塞建立了头功。自此，他才略显露，官运亨通，不断得到晋升的嘉奖。8月末，东线俄军大兵压境，来势凶猛，紧要关头，他被任命为第八集团军参谋长，同兴登堡一道抵马林堡驻地赴任。8月24日，到达前线的兴登堡和鲁登道夫在参谋人员霍夫曼等人的建议下，研究部署了一个聚歼俄军的计划。他们决定以小部兵力迷惑阻击俄第一集团军，集中德军主力于战线右翼，力图全歼俄第二集团军，然后全力围歼俄第一集团军。为了改变德军主力与俄第二集团军相比在数量上的劣势，计划决定以德军之一部诱敌深入，而将大部兵力分为左右两路，分别进攻俄军两翼，在运动中围歼敌人。

8月26日，战斗在坦能堡和马祖里湖之间打响。一支德军佯败，不知是计的俄军穷追不舍，逐渐陷入通过高效率的铁路重新集结的德军两翼的包围。经过三个昼夜激战，疲劳、饥饿、迷乱的俄军，像受惊的羊群一样，四散奔逃，延伸约64千米的德军只需要把俘虏圈指给他们就行了，因为这些本来十分勇敢的士兵已经因体力消耗和突如其来的打击，丧失了任何抵抗能力。俄国第二集团军全部消失了。此役是德军的胜利，俄军的灾难。俄军伤亡、被俘人数约达12万，有500门大炮被毁或被缴获，大批的辎重、武器落入德军之手。眼见大势已去的俄第二集团军司令萨松诺夫，于8月29日晚独自闯进一座森林，举起手枪对准太阳穴，扣动扳机，为战役画上了句号。

为了纪念这次胜利，德国人选择了500多年前——1410年7月15日条顿骑士团为波兰-立陶宛和俄罗斯联军所败的地点坦能堡，作为这次战役的名称。坦能堡之战是到第一次世界大战结束为止，有史以来规模最大的一次围歼战。兴登堡和鲁登道夫从此声威大震。德国国内兴起一股"兴登堡热"，不仅"兴登堡"这个名字被认为富有音乐旋律，他那巨人般威风凛凛的外形，沉稳坚定的司令官风度，一副如同雕刻出来的军人面部表情，都对这个尚武民族具有极大的感染力。然而，兴登堡最能取悦于人还在于他本人谈到这次战役时的态度。他把它看得很轻松，说他好像进行了一次温泉疗法。这句看似漫不经意的话，增添了他那随和性格的感染力，也道出了事实的真相。因为了解内情的下属都知道，无论在战前还是战后，甚至在战役期间，隆隆的枪炮声从未影响这位新任元帅的生活节奏，他照常吃饭、睡觉、活动，而真正为战役殚精竭虑的是参谋长鲁登道夫。后者既没有前者的贵族出身，也没有前者的个性魅力，但作为副手，他在战时始终发挥着至关重要的作用。兴登堡曾坦率地讲过，他的主要任务之一就是使参谋长的聪明才智、过人精力和不懈干劲得到充分发挥，必要时为之创造条件。因此,在一些德国人的心目中,鲁登道夫是将军,而兴登堡则是爱国者。

坦能堡战役之后两周,随着西线援军到来,德军在马祖里湖战役中再奏凯歌。9月11日,随着德军攻下俄军第一集团军司令部所在地因斯特尔堡,入侵的俄军全部被逐出东普鲁士。为了扩大战果,德军乘胜追击。到9月下旬,俄军已退回涅曼河对岸。在东普鲁士战役中,俄军总计损失25万,入侵计划以俄国的全面失败告终。德军在沉重打击俄军之后,也因兵力所限,暂时集结在波兰国境线一带,等待新的战机。

决定东线德军下一步行动的,主要是俄奥战场的形势。为了牵制俄军,应德国要求,奥匈帝国在战争打响后即在加利西亚部署4个集团军,准备在卢布林和赫尔姆一带粉碎俄军先头部队后,实现与德军合围波兰地区俄军主力的计划。但是与德军一触即溃的俄军却是奥军的强硬对手,除了初战时在克拉希尼克以南和托马舒夫取得阻击俄军南下的局部小胜之外,在加利西亚南部的战役中,奥军连续遭到俄军的沉重打击。俄军兵力强大、行动迅速,8月下旬在德涅斯特河上游重创奥军,先后占领军事重镇莱姆堡和加利奇。9月初,俄军三路大军在哥罗多克一带包抄奥军主力,形势危急,奥军被迫全线向桑河以西撤退。撤退中,奥军毁坏了沿途交通,并开始向德军求援。在追击中,俄军包围了奥匈帝国最大的要塞普热米什尔,15万奥军成为俄军俘虏。9月下旬,俄军已抵达喀尔巴阡山麓。此役,奥匈损失兵员40余万,并被迫退守喀尔巴阡山一线。奥匈帝国失败暴露了这个多民族帝国的固有弱点:经济落后,资源分散,民族构成复杂,仅大战来临时军事动员令要以15种不同的民族语言下达这一项,就影响了其部队有效实力的正常发挥。因此，德国的援助是必需的。9月28日，一支主要由西线增援部队组成的德国第九集团军已在冯·马肯森将军的率领下开赴前线，德奥两国东线的力量进一步增强了。

德军在东普鲁士的胜利进军和奥匈在加利西亚的溃败，从不同角度使中欧盟国体会到东线战场对整个战略的影响。西线受挫和东线俄军压力加大，德奥已处于腹背受敌的境地。为了集中兵力，在一线突破，德军把注意力逐渐转向战线辽阔、敌军力量分散、便于展开运动战的东线。在兴登堡、鲁登道夫等人的坚持下，德军决定于1915年实现战略重心东移，以全力打垮俄军，迫其单独媾和，然后调兵西线，打败英法联军。

二、德军在东线和西线的进攻

1915年新年刚过，德奥的作战方案已经拟就，基本方针是，西线实行积极防御；东线兵分两路，分别从南北两面对俄军发动进攻。北面由德军从东普鲁士向布列斯特方向出击，南面由德奥联军沿喀尔巴阡山一线向莱姆堡方向进攻，最后两军逐渐合拢，以钳形攻势力争在波兰境内聚歼俄军。战役开始后，德军领导对战略重心东移仍存在分歧，东线战场的力量对比，俄军仍在数量上占据优势。当时，俄军在前线部署的兵力多达175万，德奥两国军队约为130万。除了军事素质，德军取胜的条件在于强大的经济潜力和灵活机动的战略战术原则。

东线战役于1915年年初打响。德军选择了俄军防守薄弱的马祖里湖东部地区，并在极度寒冷的严冬季节出其不意地发动了进攻。时值降雪，天气奇寒，行军困难，戒备松懈的俄军不知在平静的雪原上会有大兵袭来。2月8日，突然出现的德军向俄国第十集团军两翼发起强攻，仓促应战的俄军顿时乱作一团。在德军的猛烈打击下，俄军夺路而走，四散奔逃，溃不成军，沿途丢弃的辎重粮秣无数。2月15日，溃逃的俄军在奥古斯托夫森林被德军团团围住，经过6天激战，俄军全部为德军所歼。这次战役彻底肃清了再次入侵东普鲁士的俄军。直至第一次世界大战结束，俄军再未涉足德国领土。

在喀尔巴阡山一线，从1月至4月初，俄奥之间一直进行着激烈的争夺战，但双方都没有取得重大进展。5月，德奥协议决定集中兵力于俄军防卫较弱的西部加利西亚发动一次突袭，以分散进攻喀尔巴阡山的俄军，并牵制俄军的西进计划。为了实现这次突袭，德国从西线调来大量精锐部队，连同奥军，组成强大的集团军，由德军将领马肯森统一指挥。德军调配极为迅速严密，并通过对波罗的海地区的佯攻转移了敌人的视线，俄国对德奥新的军事意图毫无所知。5月2日，在夜幕掩护下，德军以强大的炮火开路，集中优势兵力，向平静的俄军阵地发起猛烈冲锋。面对猛烈突袭，俄军一片混乱，军事指挥失控，军需供应匮乏。在三个人一杆枪、每门炮每天分摊两枚炮弹的装备下，俄军的抵抗变成无谓的牺牲。德军乘胜猛攻，在20多天里先后拿下雅罗斯瓦夫、莱姆堡，占领了加利西亚大部分地区。6月末，德奥开始实施南北夹攻波兰地区俄军的计划。7月初，马肯森指挥的德奥联军已拿下克拉希尼克，直驱卢布林、赫尔姆地区。8月，兴登堡和鲁登道夫率领的德军挺进波兰和立陶宛，前锋抵达维尔诺。为了保存实力，俄军被迫撤离华沙，并让出了维斯瓦河两岸地区。1915年5月至9月，俄国先后丧失波兰、立陶宛、波罗的海沿岸部分地区，俄军战线大幅度东移，军队伤亡85万，被俘90万，这是俄国在第一次世界大战中最惨重的失败。气急败坏的沙皇尼古拉二世为推卸战争责任，撤销了尼古拉耶维奇大公的最高统帅职务，自任最高统帅。德奥于9月末占领维尔诺城以后，东部战线从里加湾到德涅斯特河基本形成一条直线。由于战线漫长，难以深入俄国腹地，德军迫使俄国投降和单独媾和的战略目标没有达到。此后，东线也进入阵地战。

同年4月，在奥斯曼土耳其战线，德国协助奥斯曼土耳其挫败了英法联军远征达达尼尔海峡的图谋。奥斯曼土耳其于1914年1月14日参加德奥一方对协约国宣战。奥斯曼土耳其的参战切断了协约国对俄国的军事援助，这是德奥在东线获胜的重要条件之一。同时，它将威胁到英属印度、埃及，以及英国在地中海航运的安全。为了排除上述威胁，并阻挠德国势力在奥斯曼土耳其的扩张，1915年4月，一支由英国、法国、澳大利亚和新西兰人组成的联军对达达尼尔海峡欧洲海岸的加里波利半岛发起猛攻。这支8万人的队伍，在海军和空军的协同下，很快在达达尼尔海峡南端登陆，占领了加里波利半岛南部的沿海滩头。但是，当入侵者试图攀上达达尼尔海峡高地向加里波利半岛深处挺进时，奥斯曼土耳其坚固的防御阵地和顽强的抵抗，使他们的登陆计划很快失败。此外，动用舰队从达达尼尔海峡水域展开进攻，也因对方炮火的轰击和水雷的威胁而损失惨重。英国战列舰"不可抗号""不屈号""大洋号"，先后因触雷倾斜或沉没，幸存的舰只奉命返航爱琴海。德国将军利曼·冯·赞德尔指挥的拥有8.4万人的新建奥斯曼土耳其第五集团军训练有素，攻守兼备，他们以隐蔽在悬崖后面的防御阵地为依托，多次成功地挫败协约国军队登上海滩、夺取高地的企图。8月,英国又派遣10万军队登陆,占领17千米长的狭长地带后,进一步的行动被奥斯曼土耳其军队所阻。至此,协约国军队的伤亡已达4万以上。其中,一些艰苦的战役是在加里波利海滩和悬崖上进行的。土军居高临下,防守严密,英军每前进一步,通常死伤枕藉。此后,随着秋冬季来临,战场环境因暴雨、风雪、疾病和缺水而日益恶化,协约国伤亡人数持续攀升。同年年底,其伤亡人数已升至25.2万,但主要目标远未达到。英国最终被迫放弃这一计划,悄然将部队撤走。

英法联军远征达达尼尔海峡失败,德军在东线节节胜利,对巴尔干局势产生了重要影响。其中,同塞尔维亚矛盾较深的保加利亚,在德奥的拉拢下,于1915年10月加入同盟国方面作战。保加利亚拥有一支大约30万人的陆军,加上它占有十分重要的地理位置,它的参战不免使塞尔维亚处于腹背受敌的境地。10月5日,马肯森将军指挥的35万德奥联军率先从北面对塞尔维亚发起进攻。联军以凌厉攻势,迅速占领贝尔格莱德,并把20万塞军压向南方。12日,早已集结在边境的30万保加利亚军队从东面攻入塞境,切断了塞军退往希腊的道路。在德奥保三国的联合进攻下,兵力薄弱的塞军被击败后全部撤离塞尔维亚全境。约12万幸存的塞军没有屈服和投降,他们摆脱了敌人的跟踪追击,冒着风雪严寒,克服重重困难,经过阿尔巴尼亚和门的内哥罗之间的山间小道退往亚得里亚海滨,后又转移至希腊的罗德岛,在那里组建了流亡政府,继续组织抗战。塞尔维亚被占领,不仅解除了奥匈帝国侧翼面临的威胁,也使德国与奥斯曼土耳其之间建立了直接联系。德军不仅能从奥斯曼土耳其获得粮食和战略物资,也可以从波罗的海经中欧和东南欧深入近东开展军事行动。同盟国之间也连成一片，从丹麦海峡到黑海海峡之间的广袤空间，开始有可能协调一致，配合行动。然而，意大利于1915年5月加入协约国一方作战，以及英法在西亚、俄国在高加索一带对奥斯曼土耳其围攻，同盟国在战略上仍没有摆脱被包围封锁的形势。争取在一线突破仍然是德国的不变选择。

进入1916年，德国被迫再次对作战方针做出调整。鉴于俄国幅员广大，气候寒冷，难以继续深入，而英法不仅在西线构成重大威胁，而且不断以财政和军火支持使俄军恢复元气，只有速胜英法，才能赢得整个战争的主动权。1916年年初，德军总参谋长法尔根汉开始在西线集结重兵，并秘密选择突击目标，准备倾其全力，一举获胜。法尔根汉是德军在马恩河战役失利后接替小毛奇出任总长的，他历来把西线视为战略重点，并同兴登堡和鲁登道夫存在一定分歧。在东线无望速胜的形势下，法尔根汉的西线打击计划开始受到重视。在西线，德国一直把英国视为主要敌人，但因大海阻隔，以及对方海军力量强大，德国没有直接打击英国的手段，唯一的选择是重创它的盟友法国，然后使其孤立起来。在德方看来，法国战时的兵力消耗严重，已十分衰弱，如果在它的要害部位给予猛烈一击，它必然会走向崩溃，从而使英国手中最好的武器被打落在地。法尔根汉不打算对法国实施大规模的围攻计划，而是要选择一个战略要地和情感上被视为圣地的地区，重点突破，使法国为保卫这一地区被迫投入全部力量，达到使之在军事上、心理上走向全面崩溃的目的。这个打击部位最终被确定为法国的东北门户凡尔登要塞。

凡尔登是法国历史名城，也是通向巴黎的一个强固据点，地处马斯河畔的高地，地理位置十分重要，自罗马帝国时期起就成为兵家必争的战略要地。843年,查理大帝的孙子通过《凡尔登条约》三分查理曼帝国,构成现代法德意三国政治疆界的雏形。三十年战争结束后,依据《威斯特伐利亚和约》,凡尔登、梅斯和图尔三城正式并入法兰西版图。第一次世界大战爆发后,凡尔登成为协约国西线伸向德国防线最突出的部分,接近德军铁路运输线不足20千米。无论从历史沿革还是战略地位而论,凡尔登都是法国人视为神圣的地区。法尔根汉深信,占领凡尔登将会成为从军事上、心理上碾碎法军的磨盘。

1916年2月21日清晨,在1400门大炮的轰击声中,德国以17个师27万兵力向凡尔登发起攻击。震耳欲聋的炮声延续了12个小时,200万发炮弹倾泻在凡尔登周围不足22千米的三角地带,密集的炮火夷平了壕沟,摧毁了碉堡,并把森林撕成碎片。被击中的人群、马匹和装备像稻壳一样飞散在天空,爆炸的热浪融化了周围的积雪,把许多双目失明的伤兵淹没在浸水的弹穴之中。但是,法军不惜一切代价死守阵地。两军火力交叉对射,步兵冲锋,最后发展到白刃战。在法军的殊死抵抗下,德军进展缓慢,直到23日才突破第一道防线。25日,德军占领都蒙炮台,并用炮火把法军阵地切为数段。在这千钧一发的时刻,法国政府迅速调集19万生力军和2.5万吨军火,用全力阻挡德军占领凡尔登。双方反复冲杀,形成拉锯战,彼此伤亡惨重。到6月中旬,德军已进抵距凡尔登6千米的地方,法军不惜伤亡,拼死抵抗,德军竭尽全力,但未能实现自身的战略计划。除了法国人顽强抵抗,协约国在其他战线的进攻也减轻了法军的压力。特别是俄军于6月初由布鲁西洛夫将军指挥、在加利西亚所发动的新攻势,不仅阻止了奥匈对意大利的进攻,而且牵制了德军在凡尔登的力量。俄军的进攻最终被德军阻止,但凡尔登战役已经变成一场消耗战,资源、人力有限的德国无法赢得一场消耗战。这次战役一直延续到10月，德军曾发动多次进攻高峰，中间也有一些间歇，但始终未能攻下凡尔登要塞。此役双方伤亡兵员约达70余万，法军伤亡略多于德军，但德军未能拿下要塞，宣告了自身在战略上的失败。法尔根汉也因此次失利失去德国皇帝的信任，他于同年8月28日被迫辞职，兴登堡继任总参谋长，鲁登道夫任军需总监，为总参谋长的副手。

凡尔登战役期间，英法在索姆河一线策划了一次对德军的进攻。经过7天旨在摧毁德军防线的猛烈炮击之后，战役于7月1日在索姆河畔打响。英军担任主攻，法军配合。但是，德军阵地没有被摧毁，从地下掩体冒出来的德国机枪手，不断向奉命成排挺进的英国士兵连续开火。在德军机枪的疯狂扫射下，成千上万的英军在到达正面堑壕线之前倒地。被密集的火力封锁的开阔地带，已成为根本无法通过的"无人区"。在第一天进攻的11万人中，有近6万英国官兵死伤，成为第一次世界大战中任何一国军队在一天之内所遭受的最大伤亡。在这次战役中，英国初次使用了新发明的坦克，但由于技术不完善，虽使德军大为惊恐，最终没有帮助英军突破德军防线。这次战役是一场巨大的消耗战，截至11月战役结束，双方伤亡达120万人，协约国仅攻占了德方微不足道的一片土地，但也减轻了凡尔登战役的压力。

凡尔登战役和索姆河战役结束后，德军的进攻能力大大削弱，企图在一线突破赢得战争的希望已成泡影。协约国方面依靠兵力和资源优势，曾发动一系列新的进攻，试图突破德军防线，但都因对方的有效反击和坚固防守而失败。直到1917年4月，法军新任总司令尼韦尔指挥的进攻失败引起部队哗变；英军于7月至11月在帕琛达尔的轻率进攻遭受挫折之后，西线又恢复了僵持对峙的局面。协约国实行海上封锁，德军物资供应日益匮乏。为了冲破封锁，德国已筹划与英国争夺制海权。双方在海上的争斗开始进入高潮。

三、大海战

早在第一次世界大战爆发初期，英德两国海军就在海上展开激烈角逐。鉴于英国海军强大，德国主要通过在公海游弋的几艘巡洋舰，袭击和骚扰协约国海上贸易和交通线。其中，先后由中国青岛出发的两支德国海军分舰队，避开英日舰队的锋芒，曾在南太平洋、南美洲、南大西洋和印度洋，多次击沉协约国战舰和商船，一度对英法等国的海上运输构成严重威胁，使伦敦海军部大为震惊。然而，德国在海外没有能向本国舰队提供支持的可靠基地，这些一时获得成功的袭击舰，最终成为追击和拦截它们的英国海上力量的牺牲品。只有地中海分舰队是个例外，两艘最先进的战斗巡洋舰——"戈本号"和"布勒斯劳号"，多次成功拦截协约国商船之后，逃脱英法舰只追击，驶向黑海，加入奥斯曼土耳其舰队，成为后来联合阻击英法联军占领达达尼尔海峡的一支重要力量。

远洋上发生的孤立分散的突袭虽然在短期内威胁到协约国的海上交通线，但不能从根本上削弱对方的海上力量；相反，英国海军有效反击并逐步控制了海上航道，德国逐渐失去与海外的联系。协约国趁此机会夺取了德国的海外殖民地。包括太平洋上的德属全部岛屿，以及德国在非洲的大片殖民地，先后被英国在日本、澳大利亚和新西兰的协助下夺取；日本也独占了德国在中国胶东半岛的海军基地。与此同时，英国主力舰队也开始封锁北海，德国本土及其军舰和商船都处于被围困状态。英国的下一个目标是控制黑尔戈兰海域，攻占基尔海军基地，解除德国在波罗的海对俄国的封锁，联合俄国海军，从北面近距离进攻柏林。德国则通过在重要海道上布雷，运用潜水艇，配合以水面舰只小规模进攻来削弱英国的海上优势，尽可能在北海获得充分的海上均势，以解除英国的封锁。因此，英德海战中较重要的战役主要是在北海海域进行的。

双方主力舰队的首次海战发生于1914年8月28日。是日，英国海军组织了一次对在黑尔戈兰岛附近巡逻的德国战舰袭击。这座戒备森严的设防岛屿拱卫着约64千米以东的德国海军基地，是出入基尔运河的海上门户。英国海军中将戴维·贝蒂率领的由几艘轻巡洋舰和驱逐舰支援的快速战斗巡洋舰，利用大雾，向大胆出击的德国分舰队发起猛攻。在守备在威廉港的德国主力舰队能够起航前，这支英国海军中队连续击沉了三艘德国巡洋舰和一艘驱逐舰，并安全撤离。这次出击证实了英国中小型海军舰队的优势，德国舰队遭受了一次重创。

英德主力海军在北海的第二次海战发生于1915年1月24日。由德国海军中将弗朗茨·冯·希佩尔率领的拥有8艘巡洋舰和19艘驱逐舰的海军中队，前一天夜晚由威廉港出发，把攻击目标指向北海中部多格尔沙洲的英国海军巡逻艇和渔船。英国海军依靠截获的无线电报得知这次袭击。他们派出了仍以贝蒂为指挥，拥有5艘战斗巡洋舰、7艘轻巡洋舰和30艘驱逐舰的联合海军中队，迎击德国的袭击舰。另有海军上将约翰·杰利科率领的庞大主力舰，随时驰援贝蒂。这是一次英方有充分准备，而出乎德方意料的较量。急速返航的德国舰队，在与追击中的英国舰只长达5小时的激战中，先后有一艘战斗巡洋舰被击沉，两艘受创，954名海员丧生。英国有两艘舰船受损和15人阵亡。海战以英国的胜利告终，但德国主力舰队实力和海岸炮火威胁并未受到根本性削弱，两国在北海仍孕育着新的大战。

一年多后，凡尔登战役仍在激烈进行的时候，英德海军于1916年5月31日至6月1日进行了自开战以来规模最大的海战。海战的地点位于北欧日德兰半岛的斯卡格拉克海峡附近，常称作日德兰海战。海战爆发前三个月，刚被任命为德国公海舰队总司令的莱茵哈特·舍尔海军上将求战心切，急于打破英国的封锁。为了寻求战机，他派出小批巡洋舰，沿着英国沿海地区开始了一系列"打了就跑"的游击战，意在吸引英舰追击，以便将其引入德国主力舰队射程范围，加以聚歼。5月31日，希佩尔率领的沿着丹麦海岸驶向斯卡格拉克海峡的德国海军中队，终于引来了英国海军拦截。英国海军司令约翰·杰利科和海军中将戴维·贝蒂分别率领主力舰队和分舰队，从基地出发，向东驶去。当日午后2时前后，英国分舰队与德国海军中队前锋相遇，海战即刻爆发。全速前进的英国分舰队有6艘战斗巡洋舰走在最前面，急于截断对方后路，以便让己方的后续舰队，包括4艘速度稍慢但战斗力更强的战列舰，以及杰利科率领的27艘主力舰，能够合围聚歼德舰。这样不免拉大了自身与后续舰只和主力舰队的距离，越来越靠近对方舰只的射程范围。掉头后转的德国海军中队乘势发起进攻，使孤军深入、暂时失去数量优势的英舰很快处于德方的首尾夹击之中。在激烈的战斗中，英国战斗巡洋舰"玛丽王后号""不屈号"先后被击沉，除"新西兰号"外，其余各舰也被击中受伤。英德海军战斗前沿实力发生变化。不久，4艘英国战列舰，德国公海舰队司令舍尔的主力,以及英国主力舰队的前锋相继赶到,战斗规模进一步扩大。在1000多平方千米的洋面上,数以百计的战舰横冲直撞,疯狂地相互对射,昔日平静的日德兰海滨,炮声轰鸣,巨浪翻滚,火光冲天。目力所及,人们看到的是漂浮在水面的死鱼,上下颠簸挣扎的落水人群,血肉模糊的尸体和被炸舰船的散落碎片。激战导致英舰"防卫号""无敌号""黑太子号"等重型舰只相继中弹沉没。德国的"威斯巴登号"轻巡洋舰、"吕措夫号"战斗巡洋舰和"波默恩号"主力舰,也先后被击中或遭受重创后沉没。战斗持续至黄昏,天色变暗,薄雾变浓,双方用驱逐舰发射鱼雷相互攻击,德国有5艘驱逐舰被击沉,英方则有8艘驱逐舰被摧毁。但英国主力舰队陆续投入战斗,德舰司令舍尔已察觉到对方实力在增强,持续战斗于己不利,乘夜色降临施放烟幕,掉转航向,撤向本国港口。英国主力舰队不愿冒险夜战,次日拂晓获知德舰已安全离去时,也将舰队撤回基地。至此,日德兰海战正式结束。

  日德兰海战,对英德双方的海军战略和技术都是一场严峻考验。战时,德国出动军舰101艘,英国出动151艘,经过激烈交锋,德国有1艘大舰、10艘小舰被击沉,11艘其他舰只受到重创,约2500名海军官兵葬身海底;英国有11艘小舰和3艘大舰被击沉,6艘其他舰只受损,约6900人被大海吞没。在实际吨位上,英国损失的吨位数几乎是德国的两倍。造成这种差别的原因在于,德国海军在防护设备、射击技术、信号技术、测距、夜战设备等方面的优势,反映了在第二次科技与工业革命条件下,后起新兴工业国超越老牌资本主义工业国的客观现实。但是,英国海军在总体上仍然实力雄厚,并控制着制海权,德国仍不能打破海上的被动局面。日德兰海战后,北海依然被封锁,直到第一次世界大战结束，德国舰队也不敢贸然出海作战。但是德国并未放弃打破封锁的努力，而是将海战的重点从远洋航队转向大规模的无限制潜艇战。

早在1915年2月，德国已开始实行无限制潜艇战。德国是第一个认识到潜艇具有反敌对国商船航运作战潜力的交战国家。潜艇的威力在于事先无须调查是敌对国家还是中立国商船，不发出警告就在水下发起攻击，而根据现行的《海上战利品法》是应当首先区分清楚的；否则，不仅物质财富，交战国或中立国的平民生命也会遭受损失。但是，当人们试图遵守国际法的规定，让潜艇在商船附近浮出水面，检查商船，让船上人员安全撤离时，常常会被伪装的备有火炮的"商船"击沉。因此，德国的潜艇战经常处于进退两难的境地：为了迎合中立国对不人道的潜艇战的抗议，一再缓和其方法；而为了有效损害敌国的贸易，特别是军需品交易，又被迫不受限制地使用这一武器。直到1915年2月4日，针对三个月前英国宣布北海为作战区，德国才相应宣布：英伦三岛周围水域为作战地区，活动在这一区域的协约国商船将受到鱼雷攻击，事先不予以警告；中立国的船只也不例外。

德国实行无限制潜艇战以后，对协约国，乃至中立国的海运和贸易构成重大威胁。仅过了三个月，英国定期海轮"卢西塔尼亚号"在离开爱尔兰海岸后便遭到鱼雷攻击。在将近1200名遇难者中，约有120名美国公民。尽管这艘客轮运载着美国制造而供协约国使用的军需物资[①]，但生命损失引起震动，美国仍在一系列照会中对这种作战方式提出最强烈的抗议。威尔逊总统警告德国人，如果再次发生类似

---

① 这艘船装载着4200箱弹药穿越交战区。

的行为将被认为不友好的蓄意制造的事件，美国将不会省略任何言论或行动。为了避免引起新的国际纠纷，德国颁布了一系列限制潜艇战的命令，不再充分使用这一武器，到1915年9月，甚至完全停止了在不列颠周围水域的潜艇战。美国也抗议英国和法国违背国际法对敌对国实行封锁的做法，要求它们在战争法范围内重视遵守海洋自由的原则，但这一抗议没有取得什么结果。英国不仅通过歧视性措施阻止中立国贸易，而且阻挠粮食途经北海运往德国。结果是，1916年年初短短几个月内，斯堪的纳维亚半岛输往德国的食品就减少了一半，而协约国在海上的航行只是部分地受到妨碍。英国不放弃饥饿封锁方法。1916年2月，德国重新恢复了潜艇战，攻击的目标和范围有所限制，但力度进一步加大：潜艇可在所有海洋不加警告就攻击敌国的武装商船，可以在作战地区攻击非武装敌国商船。1916年3月24日，法国客轮"萨塞克斯号"被鱼雷击沉于英吉利海峡，成为德国恢复潜艇战后的一个重大牺牲品。数名搭乘该船的美国人丧生，此举招致美国向德国发出最后通牒，美德关系处于破裂的边缘。迫于美国的压力，德国不得不在一段时间内减少，甚至再次停止了无限制潜艇战。

这种无奈的政策变化，间接造成了日德兰海战爆发。但海战结束后，英国的海上封锁并未解除。在大型舰队无法在水面取得决定性胜利的条件下，处境日益困难的德国决定恢复无限制潜艇战。自1917年2月1日起，德国的潜艇威力已使英国的海上物资供应受到沉重打击。同年2月，德国已击沉总吨位达54万吨的船只；3月上升至57.8万吨；4月，白昼变长，击沉的船只已达87.4万吨。第一次世界大战期间，英国商船被德国潜艇击沉的，估计在1300万吨至1900万吨之间。在实行无限制潜艇战的高峰期，德国潜艇平均每月击沉英国和其他协约国大约50万吨的商船。到1917年初夏，英国的海上运输已趋于瘫痪，战争所需物资严重不足，城市食品供应也发生危机。但是潜艇战的扩大也助长了协约国反潜艇能力的增强，除了猎潜艇等新式舰艇的出现，水听器和深水炸弹的使用，以及飞机侦察、在航道密布电网和有效的护航措施，也在不断弱化潜艇的威胁。而潜艇战引发的国际纠纷和道义上的谴责，也最终成为改变协约国与德奥集团力量对比的一个重要条件。潜艇战本身所具有的矛盾性，使潜艇的使用无法从根本上改变德国在战时的处境。事实上，到1917年年底，潜艇对协约国的威胁已基本解除，德国开始承受潜艇战所带来的一系列不良后果。与此同时，德国国内经济和政治的形势也变得十分严峻，成为影响战争进程的重要因素。

四、战时经济和国内政治危机

第一次世界大战爆发以来，德国相继实施了各种各样的战略计划，包括1914年的施里芬计划、1915年击败俄国的计划、1916年在西线决定战局的计划、1915年至1917年的潜艇战和海战计划。但所有这些计划都未能帮助德国实现速胜战略。随着军事力量的耗竭，各种物资和战略资源匮乏，德国国内的经济形势在不断恶化，民众的反战情绪日益高涨，高层内部的矛盾冲突和斗争危机步步加深。这些都对战争进程和结局产生了十分重要的影响。

战争旷日持久，到1917年，德国经济已严重衰退。其中，农业生产因劳动力不足，人员、马匹和燃料被征用以满足军队和军火工业的需求，其产量、产值已大幅度下降。谷物、饲料、肉类产量，1917年只有1914年的一半，加上海上封锁，食品奇缺已成为严重的社会问题。1916年冬，马铃薯歉收，面包、肉类匮乏，人们用蔓青充饥，因而被称作"蔓青的冬天"。工业生产因转入战时轨道，资本和劳动力大幅度投向军事工业部门，军火生产急剧上升与民用消费品的显著下降形成鲜明对比。依据1916年12月发布的"兴登堡计划"，凡17岁至60岁的男子，一律被征调入伍；留在工厂中生产的劳动者，不得随意离岗；一切工厂、企业都必须服从军工生产的需要。兴登堡计划破坏了工业发展的内在平衡和节奏，加速了国民经济军事化，在农业长期受到忽视的情况下，把国家带到了饥饿边缘。到1917年冬天，德国居民的食物供应较之战前已缩减2/3；至第一次世界大战结束，除去贫困、疾病，仅因饥饿而死亡的人数已达75万。在这样的条件下，德国人民的反战情绪日益高涨。

第一次世界大战爆发不久，德国社会民主党左派就以不同的形式展开反战宣传，号召抵制军事拨款，揭露战争的掠夺性质，呼吁加强各民族的国际团结。其中，以卡尔·李卜克内西（1871—1919）、卢森堡、蔡特金、梅林等人为代表的左派领袖对反战运动的高涨产生了十分重要的影响。李卜克内西，为德国社会民主党创始人之一威廉·李卜克内西之子，早年参加社会主义运动，曾参与1907年社会主义青年组织国际联合会的创建。1912年，他当选为国会议员。第一次世界大战爆发后，他不顾社会民主党议会党团支持帝国主义战争的决定，在国会以一票的少数反对政府的战争预算。1916年1月1日，他与其他左派领袖组织斯巴达克团，开始有组织地领导群众性的反战运动。罗莎·卢森堡为波兰籍女革命家。1893年，她参加创建波兰社会民主党。1897年，她移居德国，积极参加德国工人运动。第一次世界大战期间，她站在国际主义立场上，团结各国左派，反对帝国主义和沙文主义，并参与创建左派组织斯巴达克团，与李卜克内西一道成为该团的主要领导人。在主要由年轻人组成的斯巴达克团中，卢森堡是思想上更敏锐，政治上更成熟，个人品质更完善感人的杰出革命家。对当时德国政局具有重大影响的斯巴达克团的政策和基本路线都是她制定的，并带有她个人独立的品格和思想印记。她与李卜克内西，以及国际社会主义妇女运动领导人克拉拉·蔡特金、德国社会民主党左翼理论家弗朗茨·梅林一起，通过各种宣传和组织活动，把反战革命运动不断推向高潮。

在左派领导下，德国人民的反战斗争持续高涨。1915年5月23日，柏林议会大厦前最先出现了有工人、妇女组成的约1500人的抗议示威活动。10月30日，柏林又有数百名妇女到社会民主党中央委员会楼前示威，要求纠正该党的政策，坚决反对帝国主义战争。1916年年初，随着斯巴达克团的建立和卢森堡于同年2月以"尤利乌斯"为笔名发表的反映左派理论观点和反战内容的著名小册子的出版，德国国内的反战运动空前高涨。1916年5月，柏林、德累斯顿、耶拿等城市先后爆发大规模的反战示威游行，游行群众公开高呼"反对饥饿""反对战争""和平万岁"等口号，要求结束战争，缔结和约，改善生活状况。在这次反战运动的高潮中，李卜克内西因参加游行示威，遭到逮捕，但群众斗争继续向前发展。6月末，围绕对李卜克内西的审讯，群众性抗议、罢工和游行活动再度高涨。柏林、不来梅、不伦瑞克、斯图加特等地都爆发了群众性罢工示威、游行活动。与此同时，以卢森堡和李卜克内西为首的德国左派联合俄国布尔什维克党和各国党左派，通过参加诸如国际社会主义妇女代表会议（1915年3月）、国际社会主义青年代表会议（1915年4月）、国际社会党左派齐美尔瓦尔德会议（1915年9月）、昆塔尔会议（1916年4月）等国际会议，号召反对"社会爱国主义者"，为建立一个团结各国左派的新的国际组织而斗争。

1917年，随着德国人民物质生活状况进一步恶化，各大城市的反战运动再起高潮。同年1月至4月，柏林、莱比锡、不伦瑞克、汉诺威、马格德堡、哈勒出现了强大的罢工浪潮，提出了废除书报检查制度，实行言论、出版、结社自由，废除义务兵役法，实现不兼并别国领土的和平，争取充分民主等一系列政治经济要求。其中，柏林的"四月罢工"规模最大，来自300家工厂的30万工人，在斯巴达克团的宣传鼓动下，提出了各项政治经济要求，要求缔结和约，结束战争。6月，反战运动开始波及军队，出现了离开舰队、不愿服役的水兵运动高潮。8月，停驻在基尔和威廉港一带的水兵，有400多人参与了一场哗变。他们仿效俄国，秘密建立"水兵苏维埃"，举行集会，发表反战演说，号召士兵为反对战争和帝国主义而斗争。这次范围有限的哗变，是1917年反战运动的高潮，成为1918年基尔水兵起义的前奏曲，是德国政治危机的重要标志。

国内经济形势恶化和反战运动兴起，加剧了统治集团内部的权力斗争和派别分化。围绕战争问题，统治阶层内部，特别是宰相和军队领导人之间的矛盾不断激化。第一次世界大战爆发时，被称作德国政坛上"迟钝而缓慢的农夫"的贝特曼－霍尔韦格正身居相位。他在战前的任期内（1909—1914）已给人留下一个"怯于行动、犹豫不决、毫无影响能力"的印象。但有人认为，他是一个"掌管权力却不沉湎于权力"的政治家。他性格忧郁严肃,遇事喜好仔细权衡,厌恶追逐效果和大肆张扬,但一旦经过长期等待和深思熟虑选定目标,他会坚韧不拔地坚持和维护他个人负责并具有深远影响的决定。在变化无常的内政外交格局中,为了谋求可能实现的任务,他也能手段灵活,不抱成见。他谋求内外政策的目标,既靠深谋远虑,也靠诡计多端、难以识破的策略。至今,他仍被认为德国近代史上最令人捉摸不透的宰相。贝特曼-霍尔韦格继承了他的前任比洛遗留的外交格局:德国"受包围"的局面,而他把冲破这种包围视为他毕生的使命,办法是力图使英国脱离三国协约,但直到1914年他都未能做到。萨拉热窝事件发生后,德国军人的胜利信念促使他相信,有必要通过一场局部战争来实现德国的外交目标。因此,他对德国投入战争负有重要责任。当马恩河战役失利证明他预料中的"短期战争"是一种幻想时,他开始与军界发生分歧。与军人不同,他提出"保障加安全"的公式,淡化领土兼并,以期为仅仅赞成卫国战争的社会民主党人所接受,并在外国面前起掩饰作用。战争初期,他提出"把俄罗斯的暴政统治击退到莫斯科"的口号,后又在蒂尔皮茨的影响下,主张立即同俄国单独媾和。在同俄国围绕波兰问题的谈判中,他同军人和普鲁士大臣发生了长达数年的争吵,终因军人的强硬扩张要求占据上风导致了德俄谈判的破裂。

在潜艇战问题上,贝特曼-霍尔韦格既怀疑潜艇的巨大威力,又害怕招致美国参战。宰相的否定态度曾引起蒂尔皮茨的猛烈抨击,但得到总参谋长法尔根汉的支持。然而,凡尔登战役爆发后,法尔根汉决定用潜艇战支持德军在西线的攻势时,宰相又被迫向军方妥协。此后,围绕潜艇战问题,他与军人集团多有抵牾。为了避免给美国参战提供口实，他先说服威廉二世将鼓动打无限制潜艇战的蒂尔皮茨解职，又向皇帝进言撤换了法尔根汉。贝特曼－霍尔韦格寄希望于兴登堡和鲁登道夫。他相信，只有"坦能堡胜利者"的神话才能使德国人度过这场危机。但是宰相的期望很快被证明只是一种幻想，因为这两位神话人物也是军人主战派的典型代表，他们晋升到最高统帅的领导地位必然会加强军界对抗宰相的力量。1916年秋，随着外交大臣冯·雅戈夫的职务为最高统帅部的代理人齐默尔曼所取代，贝特曼－霍尔韦格的活动空间大为缩小。11月，在兴登堡和鲁登道夫的示意下，右翼各政党在帝国议会正式提出潜艇战问题，并表示宰相应当根据最高司令部的决定行事。贝特曼－霍尔韦格面对两种选择：接受这种最后通牒式要求，或因拒绝批准而引退。宰相选择了留任，理由是他的离职将会引起内政困难，因为他至今仍把自己视为民族团结的保证。这样一来，兴登堡和鲁登道夫就不再是他的温和政策的挡箭牌，而他则成为他们极度冒险政策的挡箭牌。

尽管如此，宰相没有缓和他与军部领导人之间的矛盾冲突。1917年4月5日，他在普鲁士内务部建议，皇帝下诏宣布在普鲁士实行普遍、平等、无记名的直接选举改革，但普鲁士有半数大臣不接受宰相富有远见的建议，他还遭到军方非难。他们谴责宰相的改革意图，认为他是在涣散战争。贝特曼－霍尔韦格坚持自己的看法，并积极争取威廉二世支持他的改革计划。1917年7月11日，皇帝终于被说服答应草拟一部曾允诺过的选举改革草案，但贝特曼－霍尔韦格遭到保守党人和莱茵－威斯特伐利亚工业界的一致反对。选举法草案是贝特曼－霍尔韦格的最后一次胜利，但也是他政治上的死刑宣判书。两天后，在兴登堡和鲁登道夫的坚持下，贝特曼－霍尔韦格被迫辞去宰相职务。

不知名的普鲁士官吏乔治·米夏埃利斯（1857—1936）接替了这一职位[①]，但在兴登堡、鲁登道夫军事专政日益严重的情况下，不仅宰相一职已无足轻重，皇帝也变得徒有其名。总参谋部是帝国最起作用的机构，它填补了权力真空，它决定了德国对待战争的态度，也决定了帝国的最后命运。

五、大战的转折

1917年，德国之外发生的两件大事注定成为影响战争进程和结局的重要因素。其一，俄国因先后发生两场革命退出了战争；其二，美国加入协约国一方对德宣战。这两大事件以不同的方式冲击着战乱的欧洲，为战争前景带来了新的转机，也预示着延续数百年的欧洲文明中心地位开始衰落。随着俄美两个欧洲文明边缘地区的崛起和影响的扩大，它们分别成为决定20世纪发展进程的重要力量。然而，只有追溯第一次世界大战期间两国对战争的重要影响，才能真正理解俄美崛起作为新时代到来标志的深刻含义。

俄国是第一次世界大战中人力资源损失和经济遭受破坏最大的国家。俄国农业生产落后，工业经济发育不够成熟，军队素质低劣、装备陈旧，特别是腐朽的沙皇专制制度，缺乏应付长期现代化战争的基本条件。战时，俄国为前线输送了1600万青壮年，其中大多数是没有接受过军事训练的农民。开战以来，俄国数百千米长的国境线一直暴

[①] 米夏埃利斯于1917年7月14日出任德国宰相，同年11月1日被解职，任期仅三个半月。

露在战斗力强大得多的德国军队猛烈打击之下，俄军伤亡人数和战略物资消耗很快达到极限。1916年年底，俄军伤亡和被俘人数已达570万。从那时起，俄国不得不从家庭的唯一男性劳动力中征召新兵。巨大的人力资源消耗，以及德军对俄国西部领土的占领，冲击了原本落后的农业，也破坏了脆弱的工业，俄国国民经济陷入一片混乱。随着工农业生产萎缩、锐减，国内生活必需品供应匮乏，物价飞涨，货币贬值，俄国劳动群众在战时经受了极大苦难。1917年，俄国各地连续发生反战示威和政治罢工。3月12日（俄历2月27日），在布尔什维克党的号召下，彼得格勒（圣比得堡）的工人和士兵举行武装起义，推翻了统治俄国达300年之久的罗曼诺夫王朝。武装工人和士兵建立了工兵代表苏维埃。但是，窃取政权的资产阶级临时政府继承了沙皇政府的衣钵，对内镇压人民反抗，对外继续参与战争。这些都加剧了俄国国内矛盾，孕育着新的革命，俄国已处于新的政治变革的前夜。

7月1日，为了转移国内视线，并配合协约国的军事行动①，克伦斯基政府对德奥发动了最后一次大规模进攻。这次攻势，和先前的军事遭遇一样，初期对奥匈帝国军队实施了成功打击之后，不久就被马肯森将军的反击打得七零八落。德军的大量野炮在广阔原野上猛烈轰击，俄军有秩序退却很快变为全线溃退。与装备精良、机动性强的德军相比，溃逃的俄军就像由失望和愤怒的人组成的一群疲惫不堪、衣衫褴褛、营养不良的乌合之众。不到一周，俄国就丧失了1916年布鲁西洛夫进攻期间所获的全部领土。1917年9月3日，德军未遇抵抗就轻松攻占里加，打通了通往彼得格勒的道路。10月，德军占领波罗

---

① 俄国临时政府决定继续参战，希望胜利后能根据1915年3月的伦敦密约控制黑海海峡和巴尔干半岛。

的海沿海岛屿,控制了俄军人口最为密集、经济最为发达的地区。至此,抵抗力完全崩溃的俄军在事实上已经退出了大战。

对外战争失败加剧了俄国的国内危机。7月中旬,发生在首都彼得格勒的工人、士兵反临时政府的流血冲突,拉开了俄国新的革命变革的序幕,布尔什维克党把武装夺取政权,推翻资产阶级临时政府,建立工农民主专政的任务提上日程。1917年11月7日(俄历10月25日),在列宁为首的布尔什维克党的领导下,俄国无产阶级和革命士兵成功发动武装起义,推翻资产阶级临时政府,建立了苏维埃政权。苏维埃政权立即提出缔结不割地、不赔款的和平倡议,但遭到协约国拒绝。于是,苏俄转向与德国单独进行和平谈判。1918年3月3日,双方签订《布列斯特-立托夫斯克和约》,苏俄退出帝国主义战争。

《布列斯特-立托夫斯克和约》是一个苛刻的掠夺性条约。依据和约,俄国出让波兰、乌克兰、芬兰和波罗的海沿岸诸省,德国获得俄国26%的人口、27%的耕地、32%的粮食生产、33%的工业企业、73%的钢铁生产、75%的煤矿和26%的铁路系统。苏俄退出战争,德国部分实现了战争初期的某些战争目标:俄国中立化,控制东欧,从乌克兰获得打破海上封锁所需要的粮食。此时,德国至少不再两线作战。对一个在近4年的时间里一直缺乏来自盟国的有效援助,单凭自身力量先后攻入法国、打败俄国,牵动整个世界其余地区的欧洲军事强国来说,这是一个重要转机。然而,1917年4月6日,美国以反对德国实施无限制潜艇战为借口对德宣战,德国的战争前途仍布满阴影。美国参战的重要意义并不完全表现在军事方面,而在于它无可匹敌的工业生产潜力。它不仅弥补了帝俄崩溃后协约国的军力缺失,而且完全改变了当时的力量对比,对战争的结局产生了无可替代的重要影响。

美国参战的原因是逐步形成的。第一次世界大战爆发初期，美国一直标榜外交"中立"，以便向交战双方出售军火，提供物资、贷款，坐收渔利。但随着战争深入，美国与协约国的联系日益密切。在道义上，英法与美国同属民主国家，很早就得到多数美国人的同情。在经济上，双方的相互依赖在不断加深。协约国对美军用物资的需求巨大，欧洲的财富源源不断地流入美国，包括现金支付、公债券股票抵押和大笔借款，从根本上提升了美国的经济地位，迅速改变了美欧之间的债务关系，美国很快由欧洲的债务国变为欧洲债权国[①]。此外，协约国接连不断的加工订货，也使美国的工业获得蓬勃发展。相对于欧洲遭受巨大破坏的工业区，美国的工厂犹如雨后春笋般发展起来。金融实力和世界工业生产潜力方面的领导权，已在战时转移至大西洋彼岸。美欧在战时这种地位变化，是由协约国的需求所塑造的。在中立的名义下，美国早已在经济上与协约国休戚与共，联成一体。参与对德作战，是美国迟早的选择。

美国选择于1917年4月参战，除了同年2月1日德国恢复无限制潜艇战这一因素外，主要在于俄国二月革命可能对战争造成的影响。因为一旦俄国退出战争，德国可能战胜英法，赢得胜利。如果德国获胜，美国提供给协约国的数十亿贷款将化为乌有，它通过军需品交易获取的存放在美国银行的巨额英法货币，将变得一钱不值。此外，获胜的德国在战后有可能称霸欧洲和世界的前景也加深了美国的忧虑。美国未来的全球战略无法容忍德国在全球扩张。同时，它想在战后建

---

① 第一次世界大战前夕，美国曾欠欧洲诸国60亿美元，美国战时不但偿清了债务，反而借给各参战国家103.38亿美元。

立一个和平民主的世界的希望，也会因德国的胜利而破灭。最后，在获悉德国恢复潜艇战之后的第三周，一份由英国密码专家破译的从柏林发给德国驻墨西哥城公使的密电，加剧了美国的反德情绪。这份密电转告墨西哥总统：如果美国参与对德作战，墨西哥可与德国结盟，胜利后可从美国收复历史上"丧失的领土"，包括得克萨斯、新墨西哥、亚利桑那等。这份密电很快在报纸上刊出，震动了美国舆论界，成为美国参战的直接动因。因此，美国完全是为了自身利益、自身安全和未来发展前景而战。

美国参战无疑对战争进程和结局带来了深刻影响。

首先，美国参战壮大了协约国的军事实力和经济实力，使整个战争形势开始明显向着有利于协约国方面转变。美国输往欧洲的兵员，从宣战时的30万，到战争结束已达200万。有34艘驱逐舰从1917年6月开始参与大西洋上的反潜艇战，另有9艘战斗舰参与驻防北海和北爱尔兰海，美国还在直布罗陀、亚速尔群岛等地建立了海军基地，以加强协约国海上联系和海战需要。美国继续通过提供各类军需物资和直接贷款，从经济上增援协约国。到战争结束时，包括给协约国的贷款在内，美国战时支出高达354.13亿美元。这些财富转化为巨大的战争潜力，强化了协约国的优势，加速了德奥集团的军事溃败，为战争早日结束提供了一定物质条件。

其次，美国参战赋予第一次世界大战一定的意识形态色彩，使第一次世界大战具有一定的道德圣战和捍卫自由民主制度的内涵。尽管美国介入战争的主要目的是维护自身利益和安全，但在威尔逊总统的刻意宣传下，第一次世界大战变成了一场"专制"与"民主"的意识冲突。提倡以民族为基础的领土变动，倡导将民主原则应用于国际关系，通过国家间联合组织，在战后建立一个和平民主的世界的理想，似乎成为美国的战争目的。在著名的《十四点和平纲领》中，威尔逊有关美国战争目的的宣传和对世界未来和平的希望的表述，在很大程度上掩饰了协约国的侵略本质，迷惑了许多原来宣布中立的国家和受美国影响的国家。它们相继加入协约国方面对德宣战，不仅壮大了协约国的力量，而且从道义上削弱了同盟国的影响，加速了德奥集团的崩溃和战争的进程。

最后，美国参战意味着一个美洲国家开始以其资源、人力和军事要素影响发生在欧洲的战争。这个对战争结局具有重要作用的非欧洲大国介入后，原本由欧洲问题引起，实质是欧洲战争，第一次世界大战现已演变为全球范围的战争。第一次世界大战真正进入全球阶段。它与俄国爆发的两场革命一道，成为世界大战的转折点。如同美苏（俄）两国在第二次世界大战发挥主导作用一样，两国在第一次世界大战期间发生的变化和行动，不只改变了战争进程，还开始动摇欧洲传统的中心地位。可以说1917年，对延续数年的第一次世界大战而言，是一个新阶段开始的标志。

六、最后的攻势和帝国的覆亡

美国参战壮大了协约国的实力，并在世界范围内具有一定的政治影响。但是，美国长期奉行孤立主义政策，为投入战争的军事准备尚不充足，它庞大的经济实力足以把自身的军队扩充为一支数百万人的生力军，但这需要一定的时间。这就为德国在俄国退出战争后集中力量于西线反击英法提供了一定条件。德国能否实现自身的计划？这要看美国援助是否能以足够数量尽快运抵欧洲。这样，1918年就成为一个激烈竞赛的年头，无论德国还是美国，时间，是他们最需要的战略资源。但是，对疲惫不堪的英法而言，它们更倾向于拖延，因为只有这样才能给美国人的到来提供最需要的时间。这种形势决定了德国人的态度：如果不能迅速在西线取得对英法的胜利，他们就不可能最终赢得战争。

事实上，自1917年11月俄国十月革命爆发以来，德国的军运列车已开始从东线向西线大量调运兵力。到1918年3月初，德国做好发动新的攻势准备时，德军在西线的兵力已达193个师，约380万人，比英法联军多出近30个师。其中，许多部队整个冬季都在参谋军官的指导下，接受"渗透式"的突袭战术训练，冲击力较之几年前的刻板举动大有改进。德军若成功突破协约国防线，并向巴黎或多佛尔海峡挺进，就有可能取得这场战争的最大成就。

但是，在德国仍拥有军事优势的表象背后，它的经济正在走向衰落。同1913年相比，德国1918年的工业生产下降了43%；农业因恶劣气候和战时环境也持续下降，并已造成食品供应紧张而引起普遍不满；军事装备正在日益减少，只有56个被指定为"攻击师"的部队有可能获得装备和弹药贮备的最大份额。对德国而言，这是一次只许成功的赌博。在美国军队源源不断地开进法国的压力下，德国唯一可选择的，就是利用仅有的资源尽快打败英法。

1918年3月21日，德军在西线发动了号称"皇帝战役"的第一次大规模进攻，主攻方向是亚眠，打击的主要对象是英军。鲁登道夫是西线战役的决策人和指挥者。在他看来，英国是协约国的基石，亚眠是英法防线的结合点，在此突破，可以切断英法联系，占领法国海岸，摧毁英军或迫其退至多佛尔海峡，然后全力消灭法军。战役在拂晓前打响，在长达90千米的战线上，德军出动65个师，在3000门大炮轰击的掩护下，率先发起进攻。在密集炮轰和徐进弹幕射击之后，英军的防御工事和交通线成为一片废墟。连续一周推进，德军冲破英军两道防线，深入英军防区60千米，但由于军需供应困难和英军顽强抵抗，前进速度日渐缓慢。4月初，在无效的第二次进攻之后，疲乏的德军被迫停止了攻势。这次战役英军伤亡16.5万，法军伤亡7.7万，德军伤亡23万。德军略有进展，但兵力损耗严重，战略目标没有达到。

5月，德军将主攻方向转向夏托蒂埃里至巴黎一线。鲁登道夫知道，正如英国人誓死保卫多佛尔海峡一样，法国人为保卫巴黎而不惜一切代价。危及巴黎最易打击法军士气，那里也是英法联军大量集结地区，突破一点，将危及协约国全局。战役于5月27日打响，德军迅速突破法军防线，占领苏瓦松，进抵马恩河。6月3日，德军推进到距巴黎不足60千米的地方，开始用远程大炮轰击法国首都。但增援美军抵达前线，他们拦截了德军通向巴黎的道路，并在一场短暂而猛烈的战斗中击溃了德军。此役德军损失13万，鲁登道夫不得不每日以10个师的速度从东线向西线抽调兵力。

7月15日，德军决定在马恩河附近向协约国发动最后一次攻击。战役打响两天后，尽管德军在一个地段前进了约14千米，但在美法两国军队的坚决抵抗面前，他们的进攻失败了。至此，德军连续作战，实力消耗严重，加上后方经济衰退、兵源枯竭、军需匮乏，已丧失了任何进攻能力。相较之下，美军源源不断抵达欧洲，物资供应方面也形成巨大优势，协约国开始掌握主动权。7月18日，协约国联军发动新的马恩河战役，德军被击退40千米，德军对巴黎的威胁解除了。8月8日，协约国又发动亚眠战役，仅过两天，德军就被迫后撤并丧失16万人。9月下旬，协约国联军突破兴登堡防线，德军无力抵挡，战败已成定局。

与此同时，德国的盟国失去陷入困境的德国的支持，也纷纷走向崩溃。9月15日，在萨洛尼卡战线，协约国军队率先对保加利亚发动反攻。保加利亚军队一触即溃。自从第一次巴尔干战争以来，几乎不断卷入战争的保加利亚人民，除了严重的体力消耗之外，对本国同罗马尼亚媾和时没有获得他们渴望的多布罗加地区深感失望。因此，当协约国军队在多勃鲁平原突破保土军队的"巴尔干防线"，包围了10万保军，保加利亚军队被迫从瓦达河以西地区全线撤退。9月25日，保加利亚未经与盟国商议，即向协约国求和。9月29日，保加利亚接受停战条件。数日后，保加利亚沙皇斐迪南一世退位。保加利亚投降在中欧列强南部防线上打开一个缺口，德国和奥斯曼土耳其的联系被切断，而联军通向伊斯坦布尔的道路则畅通无阻。奥斯曼土耳其帝国岌岌可危。

自从成功防御协约国在加里波利登陆的企图之后，奥斯曼土耳其一直在亚美尼亚同俄国、在美索不达米亚同英国和印度交替作战，但决定各方胜负的地区是巴勒斯坦。当地有德国军队协助盟国，但兵力薄弱，无法全面抵挡英军的攻势。早在1917年12月，耶路撒冷便落入英国人手中。1918年9月19日，英军再次发动进攻。10月底，他们占领了整个叙利亚。阿勒颇和亚历山大勒塔被攻占后，奥斯曼土耳其从小亚细亚到美索不达米亚的铁路联系被完全切断。在另一支英军的打击下，那里也停止了抵抗。1918年10月31日，内外交困的奥斯曼土耳其被迫放下武器，在爱琴海利姆诺斯岛附近停泊的一艘巡洋舰上，与英国签订了停战协定。奥斯曼土耳其屈服，也意味着延续600余年的奥斯曼土耳其帝国灭亡。

与保加利亚和奥斯曼土耳其放弃抵抗相对应的是，奥匈帝国前线遭受失败，正在迅速瓦解为多个以民族为基础的独立国家。第一次世界大战期间，被认为企图以二流国家的物力扮演一流强国角色的奥匈帝国，在德国的军事援助下，勉强应战。但是，战争带来的巨大破坏和消耗使帝国经济陷入枯竭。第一次世界大战末期，反战运动、工人运动和民族主义运动交织在一起，猛烈冲击着民族文化凝聚力十分脆弱的奥匈帝国。1918年，捷克斯洛伐克和克罗地亚的民族独立运动持续高涨，要求建立各自独立的民族国家的呼声日益强烈。同年夏秋两季，奥匈帝国军队先后两次发生大规模骚乱。到8月14日，奥匈帝国当局正式告知德国，它已不能继续作战。10月11日，奥属波兰在克拉科夫宣布脱离奥匈帝国。10月4日，奥匈帝国的工业中心捷克在要求建立独立共和国的旗号下举行总罢工。10月24日，匈牙利宣布独立。10月28日，捷克和斯洛伐克宣布合并，并宣布联合成为独立的捷克斯洛伐克共和国。10月29日，塞尔维亚、克罗地亚和斯洛文尼亚联合组成塞尔维亚-克罗地亚-斯洛文尼亚王国（1929年定名南斯拉夫王国）。千疮百孔的奥匈帝国瓦解成一系列民族国家。10月27日，奥匈帝国外交大臣向协约国要求单独媾和。11月3日，奥匈帝国与协约国在帕多瓦签订停战协定，向意大利投降。11月12日，奥地利共和国宣告成立，哈布斯堡王朝延续600余年的统治彻底覆灭。

随着保加利亚、奥斯曼土耳其、奥匈帝国相继退出战争，同盟国中只剩下德国，但它也陷入内外交困的绝境。军事上的失败，已无法挽回；德国国内革命的烈火，也成燎原之势。11月4日，德国北海海军基地基尔港的水兵起义成为全国革命的信号。基尔海军基地的水兵富有光荣的斗争传统。早在1917年夏，那里发生的局部哗变，就把反战争运动引向高潮。1918年10月底，在胜利无望的形势下，顽固坚持战争政策的德国海军部命令德国远洋舰队出海进击英国，并要求舰队不能获胜就"光荣沉没"，希望通过切断英法之间的补给线为前线德军减轻压力。基尔港的8万名水兵不愿做无谓牺牲，他们抗拒命令，拒绝出航。11月初，部分水兵被捕，北海沿岸地区迅速掀起了规模巨大的抗议浪潮。愤怒的水兵走上街头，与数千名基尔工人联合举行了大规模游行，并与海军当局发生流血冲突。11月4日，冲突演变为武装起义。水兵们解除了军官的武装，占领了炮位，控制了车站、船坞，并与一同起义的工人联合起来，组建了工人士兵代表会。当晚，整个基尔已被起义者占领。次日，基尔全城总罢工，所有军舰都升起了红旗。基尔水兵起义获得胜利。

  基尔水兵起义的消息很快传遍全国，并引发积极回应。11月5日至9日，在吕贝克、汉堡、不来梅、布龙斯比特尔科克、库克斯港等城市相继爆发革命。他们举行罢工和示威游行，成立工人士兵代表会，宣布接管当地政权。在此期间，汉诺威、不伦瑞克、马格德堡、奥尔登堡、罗斯托克、德累斯顿、科隆、莱比锡、开姆尼茨、斯图加特等城市也爆发了革命。其中，不伦瑞克、萨克森、维滕贝格等邦的君主制被废除。各地几乎都成立了工人士兵委员会，宣布接管当地政权，或对当地政权机关实行监督。而对基尔水兵起义回应最强烈的是巴伐利亚和首都柏林。

巴伐利亚地处帝国最南端，毗邻奥匈帝国，是德意志帝国境内仅次于普鲁士的第二大邦国。奥匈帝国向协约国投降后，巴伐利亚面临协约国直接进攻的威胁。这种前景使当地人感到现存政权不可信赖，迫切渴望结束战争，实现和平，并摆脱柏林中央政府严厉的经济控制。为了把人民的反战情绪纳入有序轨道，巴伐利亚国王路德维希三世于1918年1月初曾效仿马克巴登的马克西米利安亲王主政的德意志帝国政府的民主改革以免爆发革命，但基尔水兵起义引发的革命风潮，很快就使国王路德维希三世的改革许诺变成空话。11月7日，慕尼黑爆发大规模示威游行，游行者的口号是"面包与和平""废除王朝""德意志皇帝、巴伐利亚国王和王储退位""彻底修改宪法"。示威群众得到多数士兵支持，他们解除了宫廷卫队的武装，占领了邦议会，并释放了政治犯。有一位名叫库尔特·艾斯纳（1867—1919）的独立社会民主党①人，领导组成了"工人农民士兵代表会"，宣布巴伐利亚为"民主社会共和国"。艾斯纳当选为临时政府总理，国王路德维希三世被迫退位，巴伐利亚维特尔斯巴赫王朝统治自此终结。巴伐利亚革命对德国其他地区的革命产生了广泛影响。艾斯纳在慕尼黑的行动直接推动了柏林的政治变革，成为全德与君主政体决裂的信号。

在柏林，革命形势于11月初已经成熟，但在社会民主党人干扰下，直到11月9日革命才在斯巴达克团和独立社会民主党的领导下进入决定性的战斗阶段。当日清晨，数十万列队游行的工人群众与士兵联合起来，掀起武装起义。他们夺取皇宫，攻打市政厅，占领警察

---

① 独立社会民主党，1917年4月从社会民主党中分化出来的持中立场的政治派别组建的新党。斯巴达克团曾作为一个小组加入该党，后因政治分歧，另组德国共产党。

局。到中午时分，起义者已控制了柏林。沸腾的工厂和兵营纷纷成立工人士兵代表会，帝国权力中枢迅速瘫痪，但皇帝一直迟迟不肯宣布退位。自基尔水兵起义以来，威廉二世就躲进设在比利时斯帕的最高统帅部，拒绝接受帝国最后一任宰相马克西米利安亲王劝其"自愿"退位以挽救君主政体的建议，但是革命爆发使他再也无法维持自身的统治。他不得不开始考虑大臣们从11月初就劝他退位的郑重建议。除了马克西米利安亲王不断从柏林来电，敦促他尽快做出退位决定，兴登堡也悲伤地向皇帝证明，军队不再支持他了。"弗里德里希大王的后代决不退位！"威廉二世反驳道。他在犹豫不定中想出了一条出路，想继续担任普鲁士国王。但是，马克西米利安亲王不再等待，他未经授权就自作主张，用急电向全世界宣告德国皇帝已经退位。异常气恼的威廉二世连声高叫："背叛！背叛！"第二天凌晨，他携带儿子仓皇逃往荷兰避难。在那里，作为流亡者，他生活了23年。他常常希望他的国民召他回国，但一直没有人理睬他。11月11日，德国代表与协约国签订停战协定，第一次世界大战宣告终结。

　　持续4年多的第一次世界大战，对欧洲主要参战国的人口和物质资源带来巨大损失和破坏。除了战时因饥饿、封锁等而死去的75万人，德国有200万士兵阵亡或失踪，150万人负伤，其中一部分因伤重而永远残疾。各参战国的死亡或失踪人数超过850万，轻重伤员达1500万，超过500万平民伤亡（俄国相关人数未计算在内）。在双方反复争夺的地区，无数幢房屋被摧毁，公路、铁路和电报线路被炸断，田野一片荒芜，牲畜横遭屠杀，森林被夷为平地。田野遍布尚未爆炸的地雷和炸弹，大片土地无法耕种。加上船舶损失和战费支出，战时德国和其他参战国的总消耗达2600亿美元。第一次世界大战结束后，德国的工业生产比战前降低30%，农业产量低于战前的1/3，出口额不及战前的一半。

第一次世界大战结束后，各国代表在巴黎召开和会，签订了《凡尔赛和约》。但该和约没有体现威尔逊总统标榜的自由民主精神，它反映的是战胜国对战败国的残酷掠夺。依据《凡尔赛和约》，德国丧失了1/8的领土、650万人，25%的煤、86%的锌、近75%的铁矿、13%的小麦、16%的黑麦、17%的马铃薯；德国军队被迫缩减至10万人，海军限制为1.5万人；禁止德国建立重炮兵、航空兵和潜水艇部队，德国总参谋部被取缔，武器弹药供应受到限制；1600吨以上的商船被全部没收，1000吨至1600吨的商船被没收一半；德国必须向战胜国提供大量铁路器材、海底电缆、木材、牲畜，以及巨额战争赔款，赔款数额和赔付时间待后确定。和约还规定，莱茵河以西的德国领土由协约国军队分区占领15年，以东50千米内为非军事区；萨尔区由国际联盟一个委员会托管15年，矿井由法国开采，期满后通过公投决定其归属；在德国东部，一条穿越西普鲁士，一直延伸到波罗的海但泽港的出海通道被割让给波兰，但泽变为国际自由市，而东普鲁士则因这道波兰走廊的开辟与德国其余部分分割开来。《凡尔赛和约》剥夺了德国战前在海外拥有的全部殖民地，它们分别被英、法、日、比、澳、南非等国以"国际托管"的名义占有。

《凡尔赛和约》集中反映了战胜国对战败国的掠夺本质，严重伤害了德国人民的民族感情，激发了新的民族仇恨。它不仅不能保证维持持久的国际和平，而且为新的战争爆发埋下了隐患。1939年，第二次世界大战爆发，因此人们更愿意把这一和约维持的"和平"视为走向未来战争的"休战"时期。

第七章 战时帝国

第一次世界大战的显著政治后果是，通过一场革命使半专制的君主政体走向瓦解。第一次世界大战是对古老的君主制度和贵族封建制度的一次毁灭性打击。随着威廉二世逃亡和德国在第一次世界大战中失败，俾斯麦开创的德意志帝国和霍亨索伦王朝在德国的漫长统治一并告终，成为历史陈迹。但是，德意志帝国的扩张传统和专制主义遗产并未被彻底清除。以社会民主党为主要设计师的魏玛共和国，成立之初就缺乏构成共和主义基础的深刻的社会改革。随着它被迫承受种种负担——《凡尔赛和约》、巨额赔款、居高不下的通货膨胀带来的压力，它急于维护既定秩序，远甚于进行大胆的社会改革。这种保守态度，使它在与亲布尔什维克的德国共产主义者决裂之后不久就受到来自右翼集团，包括保皇派、军官、容克地主和大企业家为首的真正反动派的威胁。但是，魏玛政府没有采取足够坚定的措施制止反民主势力对民主政体的侵害，而是通过一次又一次妥协退让加深了自身统治的危机。随着时间推移，魏玛共和国的民主试验失去了它原先对德国民众的吸引力。民主政体开始被视为一种价值有待重估的外来事物，一种进口的学说，一种由不久前的战争强加给德国的外国制度，而遭到许多德国人的排斥和怀疑。正如《凡尔赛和约》是走向新战争的短期"休战"一样，新生的魏玛共和国也正在成为由君主专制向极权主义统治转变的过渡性桥梁。十多年后，魏玛共和国出现的道德混乱和经济动荡最终导致了法西斯独裁体制的建立。这一过程再现了德意志帝国的扩张传统和专制主义遗产的消极影响，给德国带来灾难性后果。德国人民历经一系列充满"悲剧"和"喜剧"的选择后，向新的历史阶段迈进。

附 录
霍亨索伦家族世系表
（1417—1918）

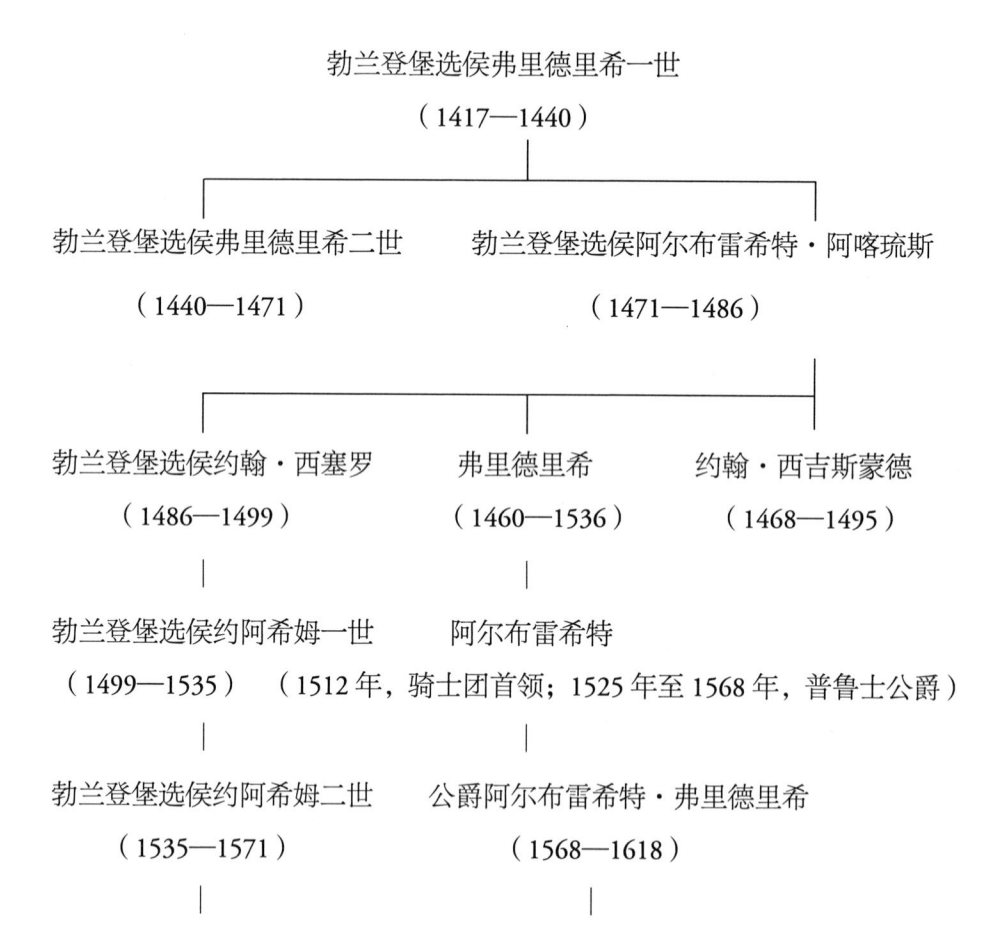

勃兰登堡选侯弗里德里希一世
（1417—1440）

├─ 勃兰登堡选侯弗里德里希二世（1440—1471）
└─ 勃兰登堡选侯阿尔布雷希特·阿喀琉斯（1471—1486）

- 勃兰登堡选侯约翰·西塞罗（1486—1499）
- 弗里德里希（1460—1536）
- 约翰·西吉斯蒙德（1468—1495）

- 勃兰登堡选侯约阿希姆一世（1499—1535）
- 阿尔布雷希特（1512年，骑士团首领；1525年至1568年，普鲁士公爵）

- 勃兰登堡选侯约阿希姆二世（1535—1571）
- 公爵阿尔布雷希特·弗里德里希（1568—1618）

附录　霍亨索伦家族世系表（1417—1918）

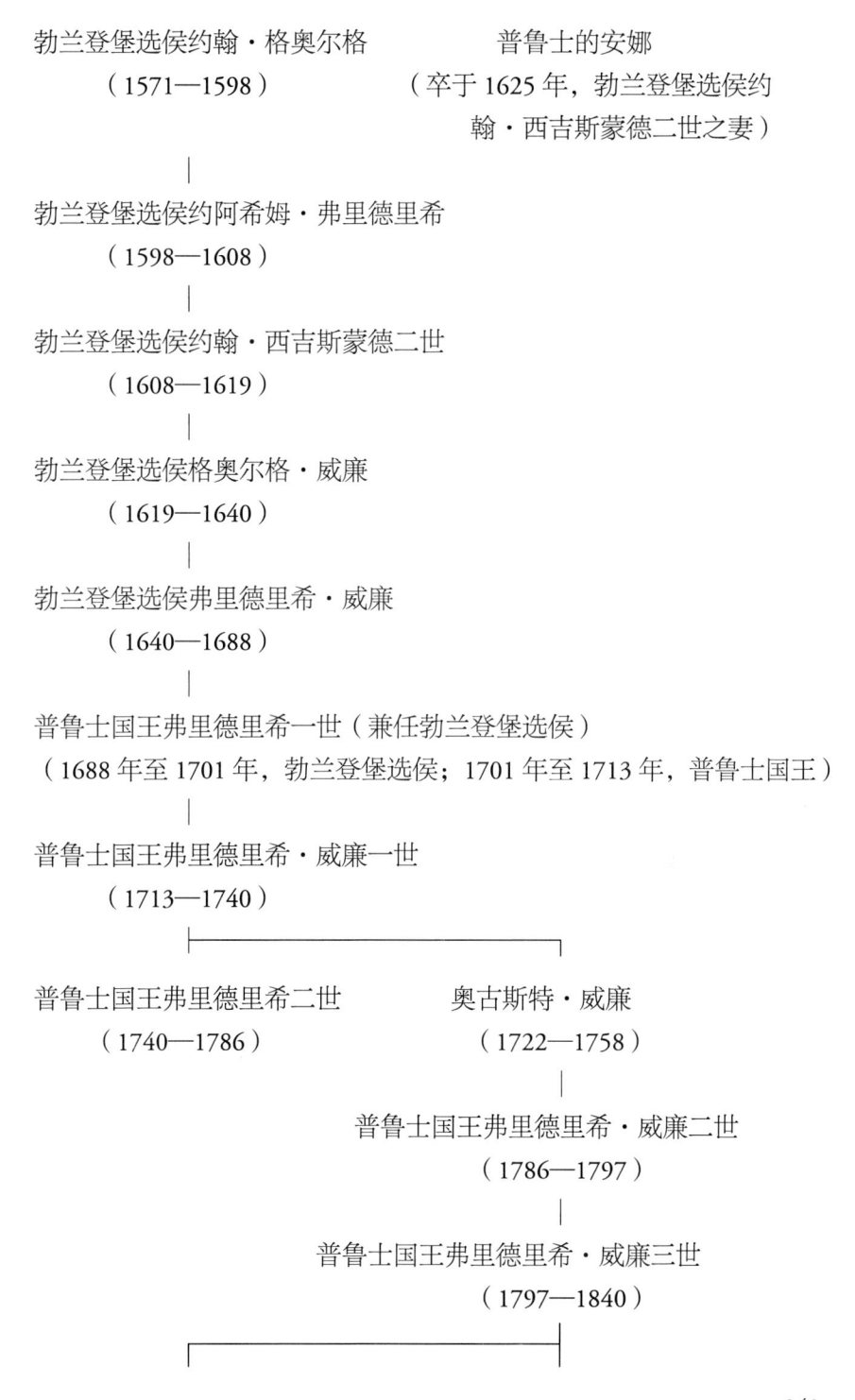

勃兰登堡选侯约翰·格奥尔格　　　　　普鲁士的安娜
　　（1571—1598）　　　　　　　（卒于1625年，勃兰登堡选侯约
　　　　　|　　　　　　　　　　　翰·西吉斯蒙德二世之妻）

勃兰登堡选侯约阿希姆·弗里德里希
　　（1598—1608）
　　　　　|
勃兰登堡选侯约翰·西吉斯蒙德二世
　　（1608—1619）
　　　　　|
勃兰登堡选侯格奥尔格·威廉
　　（1619—1640）
　　　　　|
勃兰登堡选侯弗里德里希·威廉
　　（1640—1688）
　　　　　|
普鲁士国王弗里德里希一世（兼任勃兰登堡选侯）
　　（1688年至1701年，勃兰登堡选侯；1701年至1713年，普鲁士国王）
　　　　　|
普鲁士国王弗里德里希·威廉一世
　　（1713—1740）
　　　　　├──────────────────────────┐
普鲁士国王弗里德里希二世　　　奥古斯特·威廉
　　（1740—1786）　　　　　　　（1722—1758）
　　　　　　　　　　　　　　　　　　|
　　　　　　　　　　　普鲁士国王弗里德里希·威廉二世
　　　　　　　　　　　　　（1786—1797）
　　　　　　　　　　　　　　　　　|
　　　　　　　　　　　普鲁士国王弗里德里希·威廉三世
　　　　　　　　　　　　　（1797—1840）
　├──────────────────────────┐

343

普鲁士国王弗里德里希·威廉四世　　德意志帝国皇帝兼国王威廉一世
（1840—1861）　　　　　　　　（1861年至1871年，任普鲁士国王；
　　　　　　　　　　　　　　　　1871年至1888年，德意志帝国皇帝，
　　　　　　　　　　　　　　　　　　兼任普鲁士国王）

皇帝兼国王弗里德里希三世　　　　　　　路易丝
（1888）　　　　　　　　　　　　（1838—1923）

皇帝兼国王威廉二世
（1888—1918）

大事年表

公元962年　奥托一世在罗马加冕称帝，由此开启德意志民族神圣罗马帝国（简称神圣罗马帝国）的历史，尽管这一称谓直到15世纪才被完整采用。

1190年　条顿骑士团建立。

1234年　普鲁士作为教皇封地被赐给条顿骑士团。

1242年　亚历山大·涅夫斯基在派普斯湖水上会战中战胜条顿骑士团，阻止了条顿骑士团进一步向东扩张。

1317年　施普雷河两岸的柏林和克尔恩合并，组成柏林市。

1410年　条顿骑士团在坦能堡被波兰和立陶宛联军打败。

1415年至1417年　神圣罗马帝国皇帝西吉斯蒙德把勃兰登堡边区和选侯爵位正式授予纽伦堡伯爵弗里德里希，霍亨索伦家族对这一地区的统治由此开始。

1544年　柯尼斯堡大学建立，成为新教的东北部中心。

1618年至1648年　三十年战争。

1701年　1月18日，勃兰登堡选侯弗里德里希三世经神圣罗马帝国皇帝承认加冕为普鲁士国王弗里德里希一世，标志着普鲁士王国建立。

1736年　哥廷根大学建立。

1740年　弗里德里希二世继位为普鲁士国王。

1740年至1748年　普奥争夺西里西亚的战争打响，根据战后双方《亚琛和约》，西里西亚被割让给普鲁士。

1756年至1763年　普奥七年战争。

1772年　普鲁士、奥地利和俄国第一次瓜分波兰。

1791年　奥地利、普鲁士联合发表《庇尔尼茨宣言》，威胁干涉法国大革命。

1792年　奥地利、普鲁士和法国之间爆发战争。

1793年　俄国和普鲁士第二次瓜分波兰。

1795年　普鲁士、奥地利和俄国第三次瓜分波兰。

1806年　拿破仑迫使弗朗茨二世放弃皇位，德意志民族神圣罗马帝国至此终结；普鲁士在耶拿和奥尔斯塔特被法军战败。

1807年　普鲁士、法国签订《提尔西特和约》，普鲁士改革开始。

1810年　威廉·冯·洪堡创建柏林大学。

1811年　普鲁士颁布《关于调整地主和农民关系的敕令》。

1813年　德意志反拿破仑解放战争开始，莱比锡"民族大会战"。

1814年　普鲁士实行义务兵役制。

1815年　滑铁卢会战。

1834年　德意志关税同盟建立。

1835年　德国第一条铁路在纽伦堡和菲尔特之间开通。

1848年　马克思、恩格斯发表《共产党宣言》，维也纳和柏林爆发三月革命。

1849年　法兰克福全德国民议会召开，普鲁士实行三级选举制。

1861年　威廉一世任普鲁士国王。

1862年　奥托·冯·俾斯麦出任普鲁士首相。

1864年　普鲁士、奥地利与丹麦之间的战争。

1866年　普奥战争，战败的奥地利重组为奥匈帝国。

1867年　北德意志联邦宪法诞生。

1870年　埃姆斯急电公布，普法战争爆发。

1871年　德意志帝国在凡尔赛宫镜厅宣告成立，普鲁士国王威廉一世任帝国皇帝，俾斯麦任宰相。

1873年　针对天主教会的《五月法令》通过，标志着俾斯麦时期反教权主义的文化斗争进入高潮。

1875年　德国铁路开始国有化。

1878年　帝国议会通过《反社会党人非常法》。

1879年　保护关税法通过，德奥同盟条约签订。

1882年　德国、奥匈帝国和意大利缔结三国同盟条约。

1883年至1889年　帝国议会通过俾斯麦有关工人健康、事故保险、养老金等方面的社会立法。

1884年至1885年　德国在西南非洲、多哥、喀麦隆，以及东非和南太平洋部分岛屿建立殖民地。

1887年　德意志殖民协会成立，德俄签订《再保险条约》。

1888年　威廉二世继任德国皇帝。

1890年　俾斯麦被解除宰相职务，利奥·冯·卡普里维接任其职位；英德签订《黑尔戈兰–桑给巴尔条约》。

1891年　泛德意志协会成立。

1894年　克洛德维希·霍恩洛厄–希灵斯菲斯特被任命为帝国宰相。

1895年　威廉·伦琴发现X射线。

1897年　德国海军吞并中国的胶州湾。

1898年　德意志海军协会成立，帝国议会通过第一个海军法案。

1900年　德国参加八国联军镇压中国义和团运动。

1900年　6月，德国议会批准第二个海军法案。

1900年　10月，伯恩哈特·冯·比洛被任命为帝国宰相。

1900年　12月，普朗克发表量子论。

1905年　爱因斯坦发表相对论，第一次摩洛哥危机，德国制订施里芬计划。

1906年　德国通过第三个海军法案。

1908年　威廉二世接受伦敦每日电讯报采访。

1908年　德国通过第四个海军法案。

1909年　特奥巴尔德·冯·贝特曼－霍尔韦格被任命为帝国宰相。

1911年　第二次摩洛哥危机。

1912年　英国国防大臣霍尔丹应邀来柏林与德国进行英德海军裁军谈判。

1914年　奥匈帝国皇储弗朗茨·斐迪南遇刺，第一次世界大战爆发。

1914年　德军突破比利时防线，马恩河战役，施里芬计划失败。

1915年　德军在东线进攻，德国、奥匈帝国、保加利亚和奥斯曼土耳其组成"四国同盟"。

1916年　德军在凡尔登发起进攻，日德兰海战。

1917年　德国宣布实行无限制潜艇战，美国对德国宣战。

1918年　德国和苏维埃俄国签订《布列斯特－立托夫斯克和约》；

德国在西线春季攻势和协约国反攻；基尔水兵发动起义；革命蔓延至全德；威廉二世逃往荷兰，宰相马克米西利安宣布皇帝退位，帝国终结。

参考文献

1. 埃尔德曼.德意志史：第4卷[M].高年生,等译.北京：商务印书馆,1986.
2. 巴勒克拉夫.当代史导论[M].张广勇,等译.上海：上海社会科学院出版社,1996.
3. 博恩,等.德意志史：第3卷[M].张载杨,等译.北京：商务印书馆,1991.
4. 布莱斯.神圣罗马德国[M].孙秉莹,等译.北京：商务印书馆,1998.
5. 布劳巴赫,等.德意志史：第2卷[M].陆世澄,等译.北京：商务印书馆,1998.
6. 丁建弘,陆世澄.德国通史简编[M].北京：人民出版社,1991.
7. 杜美.德国文化史[M].北京：北京大学出版社,1990.
8. 费舍尔.争雄世界：德意志帝国1914—1918年战争目标政策[M].何江,等译.北京：商务印书馆,1987.
9. 格隆德曼,等.德意志史：第1卷[M].张载杨,等译.北京：商务印书馆,1999.
10. 海涅.论德国宗教和哲学的历史[M].海安,译.北京：商务印书馆,1974.

11. 赫沃斯托夫. 外交史：第2卷［M］. 高长荣，等译. 北京：生活·读书·新知三联书店，1979.

12. 基钦. 剑桥插图德国史［M］. 赵辉，徐芳，译. 北京：世界知识出版社，2005.

13. 卡勒尔. 德意志人［M］. 黄正柏，等译. 北京：商务印书馆，1999.

14. 肯尼基. 大国的兴衰：1500—2000年的经济变迁与军事冲突［M］. 王保存，等译. 北京：求实出版社，1988.

15. 拉夫. 德意志史：中文版［M］. 波恩（德国）：Inter Nationes，1987.

16. 鲁特维克. 俾斯麦［M］. 韩洁，等译. 北京：国际文化出版公司，1999.

17. 路德维希. 德国人［M］. 杨成绪，等译. 北京：生活·读书·新知三联书店，1991.

18. 洛尔. 皇帝和他的宫廷：威廉二世与德意志帝国［M］. 杨杰，译. 北京：北京大学出版社，2004.

19. 洛赫. 德国史［M］. 北京大学历史系世界近代史教研室，译. 北京：生活·读书·新知三联书店，1976.

20. 梅林. 中世纪末期以来的德国史［M］. 张才尧，译. 北京：生活·读书·新知三联书店，1980.

21. 米尔. 德意志皇帝列传［M］. 李世隆，等译. 北京：东方出版社，1995.

22. 莫瓦特. 新编剑桥世界近代史：第12卷［M］. 丁钟华，等译. 北京：中国社会科学出版社，1999.

23. 帕麦尔. 俾斯麦传［M］. 高年生，等译. 北京：商务印书馆，1982.

24. 平森. 德国近现代史［M］. 范德一，译. 北京：商务印书馆，1987.

25. 施特恩堡. 从俾斯麦到科尔［M］. 许右军, 等译. 北京: 当代世界出版社, 1997.

26. 泰勒. 争夺欧洲霸权的斗争 1848—1918［M］. 沈苏儒, 译. 北京: 商务印书馆, 1987.

27. 韦勒. 德意志帝国［M］. 邢来顺, 译. 西宁: 青海人民出版社, 2009.

28. 欣斯利. 新编剑桥世界近代史: 第11卷［M］. 丁钟华, 等译. 北京: 中国社会科学出版社, 1999.

29. 朱庭光. 外国历史大事集［M］. 重庆: 重庆出版社, 1985.

30. 朱庭光. 外国历史名人传［M］. 北京: 中国社会科学出版社, 重庆: 重庆出版社, 1984.

31. BLACKBOURN D. The Long Nineteenth Century: A History of Germany, 1780–1918［M］. Oxford and New York: Oxford University Press, 1998.

32. CHILDS D. Germany in the Twentieth Century［M］. New York and London: Harper & Row, Publishers, Inc., 1991.

33. GRAIG G A. Germany 1866–1945［M］. Oxford: Oxford University Press, 1997.

34. KOCH H W. A History of Prussia［M］. London and New York: Longman, 1978.

35. ORLOW D. A History of Modern Germany: 1871 to Present［M］. Englewood Cliffs, N. J.: Prentice Hall, Inc., 1999.

36. PULZER P. Germany, 1870–1945［M］. Oxford: Oxford University Press, 1997.

37. SAGRRA E. A Social History of Germany, 1648–1914［M］. London and New York: Holmes & Meier Publishers, 1977.

38. SCHULZE H. Germany: A New History［M］. Cambridge, MA: Harvard University Press, 1998.

39. SIMPSON W. The Second Reich: Germany, 1871–1918［M］. Cambridge: Cambridge University Press, 1995.

图书在版编目（CIP）数据

德意志帝国：铁血宰相的霸业 / 陈振昌著. —北京：中国国际广播出版社，2021.12

（世界帝国史话）

ISBN 978-7-5078-4993-6

Ⅰ.①德… Ⅱ.①陈… Ⅲ.①德意志帝国—历史 Ⅳ.①K516.42

中国版本图书馆CIP数据核字（2021）第185633号

德意志帝国：铁血宰相的霸业

著　　者	陈振昌
责任编辑	林钰鑫
校　　对	张　娜
设　　计	国广设计室
出版发行	中国国际广播出版社有限公司 ［010-89508207（传真）］
社　　址	北京市丰台区榴乡路88号石榴中心2号楼1701 邮编：100079
印　　刷	北京九天鸿程印刷有限责任公司
开　　本	710×1000　1/16
字　　数	280千字
印　　张	23.25
版　　次	2021年12月　北京第一版
印　　次	2021年12月　第一次印刷
定　　价	49.00元

版权所有　　盗版必究